어웨어니스

어웨어니스

1판 1쇄 인쇄 2025. 9. 26.
1판 1쇄 발행 2025. 10. 24.

지은이 곽정은

발행인 박강휘
편집 이정주 디자인 유상현 마케팅 정희윤 홍보 김예린
발행처 김영사
등록 1979년 5월 17일 (제406-2003-036호)
주소 경기도 파주시 문발로 197(문발동) 우편번호 10881
전화 마케팅부 031)955-3100, 편집부 031)955-3200 | 팩스 031)955-3111

저작권자 ⓒ 곽정은, 2025
이 책은 저작권법에 의해 보호를 받는 저작물이므로
저자와 출판사의 허락 없이 내용의 일부를 인용하거나 발췌하는 것을 금합니다.

값은 뒤표지에 있습니다.
ISBN 979-11-7332-373-7 03100

홈페이지 www.gimmyoung.com 블로그 blog.naver.com/gybook
인스타그램 instagram.com/gimmyoung 이메일 bestbook@gimmyoung.com

좋은 독자가 좋은 책을 만듭니다.
김영사는 독자 여러분의 의견에 항상 귀 기울이고 있습니다.

AWARENESS

어웨어니스

곽정은

자기인식의 힘

김영사

일러두기
1. 단행본, 경전집, 정기간행물은 《 》로, 시, 경전, 영화, 보고서 등은 〈 〉로 표기했습니다.
2. 인명, 지명, 작품명 등의 외래어는 국립국어원 표기법을 따르되 몇몇 경우는 관용적 표현을 참고했습니다.
3. 본문에서 언급한 경전의 구절은 팔리어 원전과 한국어 번역본을 함께 참고하여 저자가 직접 풀이했습니다. 또한 경전의 인명, 지명, 작품명은 한국 빠알리성전협회의 표기 방식을 따랐습니다.
4. 저작권 허락을 받지 못한 일부 인용 구절에 대해서는 추후 저작권이 확인되는 대로 절차에 따라 계약을 맺고 저작권료를 지불하겠습니다.

들어가는 말

 우리는 참 열심히 삽니다. 이 책을 선택한 당신은 아마도 평균보다 더 열심히 사는 사람일 것입니다. 하지만 묻고 싶습니다. 그저 열심히 달리기만 하면 충분한가요? 외부적 성공을 좇는 것과는 별개로, 내적인 성장과 평온을 추구하며 살고 있는지 자신을 애틋하게 돌아볼 필요가 있습니다. 저 역시 놓치고 싶지 않던 소중한 것들과 아프게 작별하고 나서야 비로소 알았습니다. 그저 열심히 살았을 뿐 내 마음을 돌본다는 것에 대해 무지했다는 것을요. 깨닫고 나자 더는 돌아보지 않았습니다. 이제는 진짜 공부를 해야겠다고 생각했습니다. 낯선 학문의 영역이었던 상담심리학과 선학禪學을 공부하며, 며칠이고 나 자신과 대면하는 명상의 여정을 걸으며, 과거에 대한 탄식과 성장의 환희가 교차한 낮과 밤이었습니다.

초기경전은 마음과 행복의 길에 대해 명확한 가이드를 제시합니다. 현대의 심리학을 공부한 저에게도 경전이 마음의 문제에 접근하는 방식은 지극히 객관적이며 실용적으로 다가왔습니다. 깨달은 자 붓다의 지혜로운 가르침에 매료되지 않을 수 없었고, 저는 그것을 '신앙에 기대지 않는 영성spiritual but not religious'이라는 관점에서 받아들였습니다. 그러므로 당신의 종교적 신념과 관계없이, 이 책을 자신의 성장을 위해 활용할 수 있을 것입니다.

삶에서 일어나는 사건들에 대해 내 마음이 어떻게 반응하는지, 감정과 사고, 인식이 어떻게 움직이는지를 있는 그대로 바라보는 것, 이것이 바로 마음챙김sati, mindfulness입니다. 그리고 그를 통해 지금 이 일이 어떤 의미를 갖는지 분명히 이해하는 단계, 그것이 알아차림sampajañña, awareness입니다. 마지막으로 이러한 훈련이 충분히 쌓일 때 비로소 지혜paññā, wisdom라는 열매를 맛보게 됩니다.

　이 여정은 결코 추상적이거나 멀리 있지 않습니다. 외부적으로 아무리 큰 성공을 거두더라도, 내면에 지혜가 없다면 그 성공은 빛을 잃을 것입니다. 돈과 명예를 모두 가졌음에도 여전히 괴로움에 잠겨 있다면, 그것을 '무명無明'이라는 표현 말고 무엇으로 설명할 수 있겠습니까? 어웨어니스는, 마인드풀니스 수행을 통해 자연스럽게 도달하는 상태입니다. 이는 진정한 성공과 행복을 위해 훈련하고 성취해야 할, 삶의 실용적 도구이기도 합니다. 《어웨어니스》는 마음챙김을 훈련하고, 알아차림의 단계로 가는 데 필요한 모든 것을 담고 있습니다.

　이 책은 저에게 여덟 번째 단독 저서이자, 지난 10년간의 시행착오와 공부를 집약한 기록입니다. 언어로 감지되지 않을 어떤 것들을 언어로 표현해야만 했기에 필연적으로 부족함도 있을 것입니다. 모든 글에 붓다께서 강조하신 자애mettā의 마음을 담았습니다. 이 책을 읽는 당신 또한 도반의 마음으로 함께해주신다면, 무엇과도 바꿀 수 없는 기쁨일 것입니다.

차례

들어가는 말　　　　　　　　　　　　　　　　　　　5

1 고요함 STILLNESS

어떻게 하루를 시작할 것인가	12
훈련된 마음은 왜 필요한가	20
집중하는 마음을 어떻게 얻을 것인가	29
나는 왜 고요함을 훈련하게 되었나	39
나는 어떻게 사마타 수행을 했나	50
시간의 주인이 되기 위해 무엇을 바꿔야 하는가	61
시간의 주인이 되기 위해 무엇을 훈련할 것인가	69

2 회복 RECOVERY

어떻게 몸과 마음을 연결하고 회복할 것인가	82
글을 통해 마음을 회복하는 방법	91
나를 안다는 것은 무엇인가	100
나를 사랑한다는 것은 무엇인가	110
긍정적으로 산다는 것은 무엇인가	120

3 이타심 COMPASSION

타인을 향한 이타심은 왜 중요한가   **134**
타인을 위해 마음을 일으키는 자애 훈련은 왜 필요한가   **143**
자애 수행과 사무량심   **154**
사무량심을 어떻게 커리어에 적용할 것인가   **165**
자애를 통한 회복력과 리더십   **174**

4 수용 ACCEPTANCE

네 가지 필연적 고통은 무엇인가   **188**
고통과 괴로움의 차이를 인식하기   **198**
수용하는 마음을 어떻게 훈련할 것인가   **210**
자신의 취약성을 어떻게 받아들일 것인가   **220**
수용을 실천하는 여덟 가지 방법   **229**

5 관계 RELATIONSHIP

타인과의 관계를 어떻게 만들 것인가	**242**
관계 속의 외로움 어떻게 할 것인가	**254**
공적인 관계와 사적인 관계 어떻게 대할 것인가	**263**
고통 끝에 어떤 관계가 찾아오는가	**272**
어떻게 대화를 이어갈 것인가	**280**

6 지혜 WISDOM

어떻게 일상에서 지혜를 만들 것인가	**294**
인생을 관통하는 세 가지 진실을 어떻게 이해할 것인가	**304**
지혜와 마인드풀니스에 대한 당신의 오해	**314**
지혜를 닦는 통찰 수행, 위빠사나 수행기	**323**
어떤 의도를 갖고 살아갈 것인가	**335**

나가는 말	**346**

고요함

S T I L L N E S S

1

어떻게 하루를
시작할 것인가

―

우리의 삶은 두 가지 모드로 나뉜다. 행동에 집중하는 행동모드와 상태에 집중하는 존재모드가 그것이다. 글을 읽는 것은 행동모드다. 그러나 글을 읽으면서 그저 존재하고 있다는 감각에 집중하고, 내 마음에 일어나는 생각들에 주의를 기울이면 그것은 존재모드가 된다. 두 모드가 적절하게 어우러질 때 삶의 모든 요소가 균형을 이룬다. 모든 것이 새롭게 시작되는 시간, 우리의 아침은 어떠해야 하는가.

우리의 아침 풍경은 대부분 둘 중 하나인 것 같다. 시끄러운 알람 소리에 마지못해 일어나는 것, 자연스럽게 매일 비슷한 시간에 눈을 떠 아침을 시작하는 것. 보이는 모습으로는 후자가 훨씬 바람직하게 느껴진다. 전자는 피로를 다 풀지 못한 모양새 같기도 하고, 조금은 수동적인 삶의 태도로 여겨진다.

더 열심히 살겠다고 다짐한 이들은 바로 이렇게 겉으로 드러난 모습부터 조정하려고 한다. 밤늦게까지 깨어 있지 않으려고 하거나 알람을 맞추더라도 뭉그적거리지 않고 바로 일어나려 애쓰는 등의 노력을 기울인다. 코로나19 시국에 유행했던 미라클 모닝 루틴도, 결국 겉으로 드러나는 모습을 조정하려는 노력이다. 유튜브에서 쉽게 찾아볼 수 있는 다양한 아침 루틴 클립도 마찬가지다. 내용은 조금씩 다르더라도 사실 똑같은 이야기를 하고 있다. 일어나자마자 특정한 행위를 해야 하고, 그렇게 하면 건강에든 성공에든 도움이 된다는 것이다. 하지만 과연 이것이 전부일까? 아침에 눈을 떠서 어떤 행동들을 열심히 추가하면 그것으로 충분할까? 그러면 정말로 기적과 같은 순간이 늘어나고, 어느 순간 행복과 성공을 거머쥔 사람이 되어 있을까?

여러 가지 이유로 한동안 수면장애를 겪었다. 아침 일찍 일정이 있는 날에는 긴장이 되어 잠을 깊게 자지 못하고 계속 깬다거나, 일어날 기운이 없어 침대에서 몇 시간이고 누워 있는 일이 늘어나며 하루를 깊은 자책감과 자괴감으로 시작하는 날들이 많아졌다. 그나마 직장 생활을 할 때엔 어쩔 수 없이 몸을 일으키기라도 했는데, 방송과 강연을 주 업무로 하게 되자 불규칙한 스케줄이 의지를 완전히 꺾어놓았다. 몸의 내구성이 약해짐에 따라 의지는 점점 박약해졌다. '아침에는 좀 허송세월하는 것 같지만 낮에 열심히 사니까 괜찮아.' '어떻게 모든 순간에 사람이 열심일 수가 있어? 오전은 그냥 릴렉스모드로 살자.' 자책감에서 벗어나려고 스스로에게 건넸던 말들이다. 하지만 자책감은 쉬이 가시지 않았고, 아침의 무기력이 저녁까지 이어지는 날이 많아지며 나의 문제의식은 증폭되었다. '미라클 모닝이든 나처럼 게으른 아침이든, 우리는 모두 뭔가 놓치고 있는 것이 아닐까?'

마음챙김 기반 인지치료MBCT, Mindfulness-Based Cognitive Therapy 분야의 연구를 수행해온 옥스퍼드대학교의 임상심리학자 마크 윌리엄스Mark Williams는 지나치게 노력하는 아침도, 노력 없는 방만한 아침도 대안이 될 수는 없다고 말한다. 이유는 명확하다. 두 모습은 겉으로는 다르게 보이지만 같은 뿌리를 갖고 있기 때문이다. 무언가 열심히 해내려고 애쓰는 것과 아무것도 하고 싶지 않아 방황하는 것은 정반대의 행동인 것 같지만, 관점을 조금만 달리하면 큰 차이가 없다고 보는 것이다. 인간의 상태는 간단히 '행동모드doing mode'와 '존재모드being mode'로 구분할 수 있다. 행동모드에 있을 때 인간은 행위를 기준으로 선택하고, 판단하고, 가치를 매긴다. 열심히 공부하고, 일에 집중하고, 사람을 만나고, 운동을 하는 모든 순간이 행동모드의 주관에 의해 이루어진다. 삶에 필요한 모드임엔 틀림이 없다. 그러나 눈을 떠서 잠들 때까지의 시간이 오직 행동모드에 의해서만 운영된다면 그것은 문제가 된다.

다시 아침 풍경으로 돌아가보자. 아침을 좀 더 의미 있게 보내기 위해 자기계발에 투자하겠다는 각오를 다지면서 우리는 주로 어떤 것들을 결심하는가? '운동하기' '독서하기' '감사 일기 쓰기'······. 하나같이 모두 '행위'에 초점을 둔 리스트들이다. 눈을 뜬 첫 순간부터 잠자리로 돌아오는 마지막 순간까지 우리는 바로 이러한 방식으로 우리의 모드를 선택한다. 끊임없이 무언가를 계획하고 시도하고 해내면서, 얼마간의 결과와 성장도 얻지만 그러다 일순간 찾아드는 공허감에 당황하기도 하면서 말이다. 운동으로 시작하는 아침과 스마트폰을 들어 소셜미디어를 체크하며 시작하는 아침. 행위의 내용은 상반되어 보일지 몰라도 결국 행동모드에서 기인했다는 공통점을 갖는다. 운동을 하는 것이 스마트폰을 켜고 소셜미디어부터 확인하는 것보다는 건강에 유익할 수 있겠지만, 삶의 모드라는 관점에서 두 가지 행위는 큰 차이가 없다. 그래서 그저 운동이라는 행위 자체에 몰입하던 사람은, 어느 순간 내면의 역동성이 사라지면 무기력하게 스마트폰을 보며 시작하는 삶으로도 쉽게 옮겨온다. 행동의 내용은 바뀌었지만, 삶의 모드는 그대로기 때문에 마음은 안정되기 어렵다.

행동모드가 내 몸 바깥에서 벌어지는 일들을 따라가는 삶이라면, 존재모드는 내 마음 안에서 벌어지는 일들을 담담히 지켜보는 삶에 가깝다. 순간순간 내면의 상태에 주의를 기울이고, 안으로부터 고요함을 기르는 데 집중하는 것이다. 문제는 우리가 행동모드에 지나치게 경도된 삶을 살아간다는 점이다. 급속하게 바뀌는 환경들, 스트레스로 가득한 상황들에 대처하는 방식으로서 우리는 우리에게 보다 익숙한 행동을 습관적으로 선택한다. 스트레스를 받으면 술을 마시며 풀고, 우울한 날에는 온종일 넷플릭스를 보며 하루를 보내는 식이다. 문제는 마음에서 일어나는데, 해결책은 언제나 밖에서 찾는다. 우리가 행동모드에 치우쳐 살아가는 것은 어떤 면에서는 당연하다. 대부분의 사람이 이렇게 살아가기도 하거니와, 내면에서 일어나는 일들에 대해 어떻게 대처해야 하는지 제대로 배우지 못한 채 삶의 파고를 맞닥뜨리도록 사회화되었기 때문이다.

새가 두 날개로 날듯, 우리는 존재모드와 행동모드 사이를 자유자재로 오가며 최적의 선택을 할 수 있어야 한다. 너무 오랫동안 단지 행동모드에 사로잡혀서 많은 것을 결정해왔기에 내면의 힘을 더 끌어올릴 수 있도록 존재모드에 접속하는 법을 배울 필요가 있다. 스마트폰 알람과 바쁜 스케줄, 업무 회의와 식사 메뉴 선정처럼 다양한 감각적 자극이 일상으로 밀어닥치기 전에 우리의 존재모드는 반드시 켜져야 한다. 이것이 외부적 삶과 내면적 삶의 균형추 역할을 하기 때문이다. 겉으로는 아무리 생산적인 아침을 보냈다 하더라도 내면에 주의를 기울이지 않는다면 그의 하루는 행동모드만이 강화될 것이다. 반면 하루의 시작에 조금은 지쳤을지라도 고요한 호흡과 함께 마음을 돌아보는 노력을 기울인다면 삶이 점차 균형점을 찾아갈 것이다.

삶을 보다 주체적으로 살아가길 원한다면 누구든 자신의 아침을 확인해야 한다. 어제의 피로가 어느 정도 가시고 새로운 날을 맞이하는 아침, 어떤 행동으로 하루를 시작할지 결정하는 것도 물론 도움은 된다. 하지만 너무 오랫동안 그렇게 하루를 시작하지 않았나? 외부에서 일어나는 일들을 처리하고, 외부의 상황에 나를 조율하는 삶은 지금까지로 이미 충분하지 않은가? 가장 고요한 시각에, 그 누구도 나를 방해하지 않을 때 이렇게 스스로에게 물어보아야 한다. '지금 나는 어떠한 상태에 머물고 있는가?' '지금 내 몸의 느낌은 어떠한가?' '지금 나는 어떤 감각과 감정을 경험하고 있는가?' '오늘 하루를 시작하기에 앞서, 내 마음에는 고요함과 평온함이 깃들어 있는가?'

스스로에게 말을 걸고, 10분 혹은 15분 정도 고요한 나의 호흡을 따라가는 연습을 반복하면 나라는 존재에 집중한다는 것이 무엇인지 점차 그 감각이 깨어날 것이다. 그리고 이것은 하루의 고단함을, 일상의 피로를, 삶의 고통을 다루는 힘을 키워주는 동력이 된다. 참 다행인 것은, 단지 이러한 질문들을 스스로에게 건네는 것만으로 존재모드에 접속할 수 있다는 점이다. 잠들기 전 스스로에게 고요하게 물어보라. 오늘 나는 어떤 마음이었는가. 눈을 뜨고 또 한 번 다정하게 물어보라. 오늘 나는 어떤 마음으로 살아가기 원하는가. 일상의 힘든 순간에 잊지 말고 또 한 번 물어보라. 지금 내 마음은 무엇으로 가득한가. 고요하고 다정한 질문이 많아질수록, 그렇게 내면을 바라보는 시도가 잦아질수록 마음의 균형과 고요함이 충전될 것이다. 나에게로 돌아오는 여정은 그렇게 시작된다.

Awareness Journal

조용한 곳에 혼자 앉아보세요. 눈을 감고 몇 차례 깊은 호흡을 이어가보세요. 그저 가만히 앉아 숨 쉬는 것만으로도 마음은 제자리를 찾아갑니다. 몸이 조금 이완되었을 때, 눈을 뜨고 아래의 내용을 천천히 기록해봅니다.

요즘 나의 마음은 어떤가요? '편안하다' '걱정이 많다' 등과 같이 객관적인 표현으로 묘사해보세요.

마음이 힘들거나 지친 순간이 있었다면, 그것에 어떤 방식으로 대처했나요? 그렇게 대처하게 된 생각의 흐름은 무엇인가요?

어웨어니스 저널Awareness Journal은 자신의 마음을 기록하고 명상의 방법을 차례로 익혀가기 위한 공간입니다. 이 책에는 총 열일곱 개의 기록 페이지가 있으니, 특별히 마음이 머무는 페이지의 가이드는 매일의 루틴처럼 활용하여 나만의 노트에 따로 적으며 기록을 이어가보세요. 마음의 변화를 기록하는 과정에서 자신과 더 친해지고, 알아차림이 강화될 것입니다.

훈련된 마음은
왜 필요한가

―
무엇에 관심을 기울일지 정하지 않으면, 우리는 완전히 혼란에 빠진다.

_ 윌리엄 제임스 William James

집중력이라는 단어를 들으면 당신은 가장 먼저 어떤 생각이 떠오르는가? 중요한 시험을 앞둔 학생이나 취업 준비생에게나 요구되는 것이지, 나에게는 이제 그렇게까지 중요하지는 않은 것으로 느껴질지 모르겠다. 혹은 별다른 목적도 이유도 없이 스마트폰을 손에 쥐고 하염없이 스크롤바를 내리며 쇼츠를 보는 자신의 모습이 떠올라 별안간 걱정스러운 마음이 들 수도 있을 것이다.

집중력에 대해 어떤 입장을 갖고 있든, 일상 속에서 우리가 집중력의 부재를 자주 경험하는 것만큼은 사실이다. 외출을 하고 나서 가스불을 켜둔 건 아닌지 헷갈린다든지, 중요한 미팅을 하는 자리에서 맥락을 놓친다든지 하는 식이다. 사람에 따라서는 이런 에피소드를 집중력의 부재보다는 기억력의 감퇴 정도로 인식하기도 하는데, 충분히 집중하지 않아 기억력이 영향을 받는 경우라고 보아야 할 것 같다. 나의 경우엔 집중력이 극도로 떨어지는 특정한 순간이 있는데, 바로 체력적으로 힘들었던 일정을 마치고 집에 돌아와 주차를 하는 때다. 20년 넘게 운전을 하면서 도로에서는 단 한 번도 접촉 사고를 내지 않았는데, 귀가하여 주차장에서

후진하다 기둥이나 벽에 부주의하게 차를 박은 것이 세 번이나 된다. 집을 향해 운전 중일 때는 아무리 피곤해도 사고를 내면 안 된다는 생각 때문에 집중을 지속할 수 있었지만, 이제 다 왔다는 안도감이 밀려들자 자연스럽게 집중의 힘이 사라져버렸던 것이다. 짧은 순간이지만 집중의 힘을 놓쳤을 때 금전적인 손해를 입는 일을 반복 경험하면서, 집중력이라는 것에 대해 돌아보지 않을 수 없었다.

집중력에 대한 가장 흔한 오해는 그것이 단지 학습이나 업무에만 필요하다는 생각이다. 실적을 올리거나 시험에 합격해야 하는 경우라면 모를까, 일상에서 집중력을 꺼내 쓸 일은 크게 없다고 생각하는 사람이 많은 것 같다. 그러나 이는 진실이 아니다. 《습관적 몰입》을 쓴 크리스 베일리Chris Bailey는 우리가 깨어 있는 시간의 47퍼센트를 잡념으로 낭비한다고 지적한다. 열여덟 시간 정도를 깨어 있다면, 무려 아홉 시간 동안 마음이 이리저리로 끊임없이 방황한다는 것이다.* 그런데 문제는 이 아홉 시간의 방황이 나머지 아홉 시간에 미칠 영향이다. 하루의 절반 동안 마음이 멋대로 방황한다면, 그만큼의 습관이 몸과 마음에 쌓일 것이다. 그리고 머잖아 이 방황하는 마음이 기본 성향으로 자리 잡게

• 크리스 베일리 지음, 소슬기 옮김, 《습관적 몰입》, 알에이치코리아, 2023.

된다.

각종 정보와 알람이 감당할 수 없을 정도의 빠른 속도로 쏟아지며 현대를 살아가는 모두의 집중력을 갈수록 앗아가는 상황에는 이러한 배경이 자리하고 있다. 학습이나 업무 과정에서 필요한 집중력은, 말하자면 좁은 의미의 집중력에 가깝다. 하지만 우리 모두가 경험하고 있는 문제는 보다 넓은 의미의 집중력에 관한 것이다. 마음이 한곳에 있지 못하고 끊임없이 방황하는 상태는, 동서고금을 막론하고 모든 사람이 맞닥뜨려온 본질적이고 근원적인 장애라 말해도 과언이 아니다.

무려 2500년 전의 사람들도 산란하게 방황하는 마음에 대해 많이 고민했고 마음을 다스리고자 노력했다. 한곳에 온전히 머물지 못하고 이리저리 방황하는 마음이 초기경전에서 매우 중요하게 다뤄지는 주제인 것이 그 증거다. 붓다의 직설을 가장 원형에 가깝게 전하고 있는 초기경전의 곳곳에서 하나로 집중된 마음에 대해 강조한 것을 살펴볼 수 있다. "물에서 잡혀 나와/ 땅바닥에 던져진 물고기처럼/ 이 마음은 펄떡인다./ 불의한 삶으로부터 해방되어야 한다./ 원하는 곳에는 어디든 내려앉는/ 제어하기 어렵고 한없이 가벼운/ 마음을 다스리는 일이야말로 훌륭한 것이니,/ 마음을 다스리는 자 진정한 안락을 맛볼 것이다."* 경전은 마음이 기본적으로 쉴 새 없이 움직이는 성향을 갖고 있기 때문에 제어하기 어려운데, 이것을 제대로 다스리고자 노력하지 않는다면 편안함이나 기쁨 같은 긍정적인 감정을 경험하기 어렵다고 밝히고 있다.

2500년 전, 그러니까 스마트폰은커녕 종이책조차 제대로 존재하지 않던 시절, 작은 지역사회에서 살아가며 세계 구석구석의 뉴스 같은 것은 알 수도 없었을 때조차 산란한 마음에 대한 엄중한 경고가 있었던 것에 대해 역으로 생각해 볼 필요가 있다. 그때와는 비교할 수 없을 만큼 많은 자극과 정보가 넘쳐나는 현대를 살아가는 사람들에게, 마음을 닦는 일의 난이도는 이루 말할 수 없이 높아졌기 때문이다. 우리는 지나치게 바쁘고 복잡하며, 온전한 집중의 힘을 기르기엔 너무 어려운 세상에서 고군분투하며 살아가고 있다. 그러다 보니 자신의 마음이 방황하고 있다는 것조차 제대로 인지하기 어렵다. 마음이 방황하면 소셜미디어로 손을 뻗고, 거의 무의식적으로 유튜브의 쇼츠를 본다. 겉으로는 집중을 하고 있는 것처럼 보이니 자각하지 못하지만, 사실상 마음은 계속해서 방황하는 상태에 불과하다.

바로 이것이 얕은 집중과 훈련된 집중이 구별되는 지점

- 《법구경Dhammapada》, 〈Dhp.34-36, 마음의 품Cittavagga〉

이다. 대부분의 사람은 집중하는 힘 자체를 기르려고 훈련하지 않는다. 내가 집중을 해야 할 만큼 중요한 일이 있거나 절박한 상황일 때만 애써 노력해 마음을 한곳에 모을 뿐이다. 이러한 얕은 집중은 대체로 긴장과 스트레스를 동반하기에 오래 지속되기도 어려울뿐더러, 중요한 일이 끝나면 마음은 익숙한 패턴대로 다시 방황한다. 그런데 이와 반대로 집중 자체를 훈련하면 그 결과가 사뭇 달라진다. 수행이라는 형태의 집중 훈련은 특정한 목적을 이루기 위한 긴장 상태가 아니라, 반복적이고 부드럽게 주의를 가져오는 일종의 '태도 훈련'이다. 단지 긴장도를 높이는 것이 아니라 끊임없이 현재로 돌아오도록 연습하는 것이기 때문에 이 과정에서 주의력과 마음의 고요함이 쌓이고 확장된다. 얕은 집중에서는 긴장도가 올라갔다면, 훈련된 집중에서는 긴장이 점차 사라지는 신기한 일이 일어난다. 마음의 기본적인 모드가 점차 변화하며, 과도한 스트레스를 느끼지 않은 채로 온전히 집중할 수 있는 가능성이 열린다.

그러면 어떻게 집중된 마음을 훈련할 것인가? 어떻게 하면 물 밖에 내던져진 물고기와 같이 펄떡이는 마음으로부터 벗어나 고요한 마음을 얻을 수 있을까? 그 답은 의외로 간단한 곳에서 발견할 수 있다. 그것은 바로 '지금 이 순간'으로 끊임없이 돌아오는 연습을 하는 것이다. 과거의 후회나 미래에 대한 걱정, 혹은 눈앞에 있는 자극적인 미디어에 경도된 지금의 상태를 알고, 주의를 부드럽게 돌려 자신의 호흡으로 가져오면 된다. 너무도 단순해 보이지만 이 단순한 방법을 실제로 해본 사람은 대번에 알 수 있다. 내 몸에 일어나는 호흡이고, 내가 평생을 해온 호흡이지만 단지 이것에 마음을 둔다는 것이 얼마나 어려운 일인지를 말이다. 단 5분은 고사하고, 1~2분간 아무것도 하지 않고 앉아서 호흡에 마음을 두는 것이 생각보다 고단한 과정이라는 것을 알고 나면, 대부분은 작은 충격과 자괴감에 빠지는 것 같다. '내가 이렇게 잡념이 많은 사람이었나?' '이렇게 집중을 못하는데 지금까지 어떻게 공부하고 일을 했던 거지?' 이런 다양한 의문과 생각은, 즉각적으로 편안한 기분이나 고요한 마음을 갖기 바랐던 많은 사람이 호흡 수행을 포기하게 만드는 가장 큰 요인이 되는 것으로 보인다.

지속적인 호흡 수행을 통해 잘 훈련된 마음을 갖게 되면 어떤 이점이 있을까? 많은 사람은 명상을 하면 우울감과 번아웃 등을 극복하고, 자존감과 면역력을 회복하며 스트레스 지수와 혈압이 낮아진다고 기대하는 것 같다. 서구의 명상 지도자들이 명상의 이점을 그렇게 설파했기 때문이다. 하지만 경전의 입장은 이러한 과학적인 이점들과 그 결을 사뭇 달리한다. "치장을 했어도 평정함을 잃지 않고/ 고요하고 자제하며 또렷하고 청정하여/ 어떤 존재에 대해서도 불의한 일을 하지 않으면/ 그가 성직자이고 수행자이며 수행승이다./ 마음, 계행, 정진과/ 삼매, 원리의 탐구와/ 명지와 덕행 그리고 마음챙김을 통하여/ 그대는 커다란 고통을 극복할 것이다."* 경전은 끊임없이 현재의 순간으로 돌아오는 연습을 통해 삼매Samādhi, 즉 마음이 완전히 집중된 상태를 이룰 수 있고, 이것이 숙달되면 인간으로서 겪는 내적이며 근원적인 괴로움까지도 해결할 수 있다고 강조한다.

잠시 눈을 감아보자. 그리고 나의 호흡에 마음을 두고 1분간 앉아 있어보자. 이런 질문들이 시작될 것이다. 내가 잘하고 있는 것일까? 호흡이 일어나는 것에 마음을 둔다는 것은 정확히 어떻게 하는 것일까? 정말로 이런 연습을 통해 마음의 집중과 고요함을 얻을 수 있을까? 마음속에 많은 의문이 일어나는 것도 당연한 일이다. 불교 수행의 양대산맥 중 하나인 사마타Samatha 수행에 대해 다음 장에서 자세히 알아보자.

- 《법구경Dhammapada》, 〈Dhp.142-144, 폭력의 품Daṇavagga〉

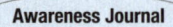

Awareness Journal

타이머를 3~5분 사이로 맞추세요. 그리고 조용한 곳에서 눈을 감고 앉아 있어보세요. 타이머가 울리면 아래의 질문에 대한 답을 적어보세요.

눈을 감고 있으니 어떠한 생각이나 장면이 떠올랐나요?

전부 적고 나니 또 어떤 생각들이 떠오르나요? 그것 또한 남김없이 기록해보세요.

집중하는 마음을 어떻게 얻을 것인가

—

붓다는 마음의 본성을 '맑고 밝게 빛나는 것'으로 규정했다. 그러나 이 본성으로 인해 두 가지 결과가 나타날 수 있다. 하나는 마음이 바깥에서 들어오는 번뇌에 쉽게 오염되는 것이고, 다른 하나는 바깥에서 들어오는 번뇌로부터 벗어나는 것이다. 즉 바깥의 번뇌에 어떤 대비책을 세우느냐에 따라 삶의 질이 달라진다. 2500년 전의 수행자들은 번뇌의 문제를 해결하기 위해 어떻게 노력했을까? 사마타 수행에 그 답이 있다.

2010년 하버드대학교의 매슈 킬링스워스Matthew A. Killingsworth와 대니얼 길버트Daniel T. Gilbert는 '당신의 행복을 트래킹하세요Track Your Happiness'라는 애플리케이션을 개발해 2,000여 명의 참여자에게 하루에 수차례, 불시의 타이밍에 짧은 질문을 보내는 실험을 했다.* 참여자들은 현재 무슨 일을 하고 있으며 어떤 생각을 하고 있는지 답변했고, 지금 이 순간의 행복도를 평가했다. 연구의 결과는 매우 흥미로웠다. 특정한 일을 하고 있지만 다른 생각을 하는 경우, 즉 마음이 방황하고 멀리 가 있는 경우 행복도는 30~40퍼센트 감소하는 것으로 보고되었다.

우리는 행복해지기 위해 다양한 시도를 한다. 멋진 카페나 고급 음식점을 찾아 나서고, 나에게 딱 맞는 연인을 만나려고 노력하며, 다양한 경험을 하기 위해 낯선 나라로 여행을 간다. 그런 과정에서 모종의 행복과 충만감, 성

- 매슈 킬링스워스와 대니얼 길버트의 논문(Matthew A. Killingsworth·Daniel T. Gilbert, "A wandering mind is an unhappy mind", *Science 330*, 2010. 11.)에서 연구 결과를 더 자세히 살펴볼 수 있다. 이는 마인드풀니스, 호흡명상 등이 행복에 도움이 되는 이유를 과학적으로 뒷받침하는 주요 연구 중 하나다.

취감을 만끽하기도 한다. 그러나 이 연구는 우리에게 중요한 한 가지를 시사한다. 행복해지기 위해 우리가 하는 많은 계획과 시도는, 우리가 정작 그 순간에 온전히 머물지 못한다면 결국 그다지 성공적일 수 없다는 것이다. 멋진 카페에 앉아 있으면서 다가올 시험을 걱정한다면, 럭셔리한 리조트에서 수영을 하는 도중에 머릿속으로는 떨어지는 주식을 생각한다면, 사랑하는 연인과 함께하면서도 그의 마음을 의심한다면, 우리는 결코 내면의 깊은 곳으로부터 행복할 수 없다. 물론 남들의 시선에는 제법 행복해 보일지 모르겠지만.

내 삶을 담담히 돌아보고 이러한 문제의식과 만난 시점에, 이대로는 안 되겠다고 느꼈다. 일이며 관계들이 내가 원하는 대로 잘 풀리고 있을 때는 특별한 문제의식이 없었다. 때때로 불안이 찾아오긴 했지만 이 정도면 잘 살고 있는 거라는 정신 승리로 불안을 마비시켰다. 그러나 내가 하던 일과 내가 아끼던 관계들이 나에게서 떠나가자 비로소 삶에 대해 의문이 생겼고, 계속 이렇게 살아서는 안 된다고 자각하게 되었다. 내가 해왔던 그 수많은 노력이, 대부분 남의 시선에 행복해 보이고 싶은 갈망 위에 세워졌던 것임을 깨달았다. 무슨 일에든 열심히 임했지만, 어떤 일을 해도 마음 속 깊은 곳까지 충만하지도 평온하지도 않았던 것은 내가 내린 크고 작은 선택에 온전히 마음을 기울일 수 없었기 때문이었다. 킬링스워스와 길버트의 연구가 시사하듯이, 일생 동안 내 마음은 방황wandering하고 있었고 그래서 나는 깊이 행복할 수 없었던 것이다. 현존할 수 없으니, 언제나 행복은 요원했다.

초기불교의 사마타 수행은 2500년이 지난 지금의 현대인에게도 쉴 새 없이 방황하는 마음을 고요하게 집중시키는 확실한 방법을 제공한다. 초기불교 수행이 아직은 낯선 사람이라 해도, 지관止觀 수행, 지관겸수止觀兼修라는 말은 한 번쯤 들어보았을 것이다. 여기에서의 '지止'라는 글자가 바로 사마타 수행을 가리킨다. '사마타'는 고요함, 평정을 뜻한다. 수행을 의미하는 '바와나Bhāvanā'를 붙여 '사마타 바와나'라고 하면, 마음을 하나의 대상에 집중시켜서 산란함을 가라앉히고 깊은 집중과 고요함의 상태로 들어가기 위한 훈련법을 일컫는 말이 된다. 많은 이들이 사마타 수행을 두고 '불교의 수행'이라고 이야기하지만 이는 정확한 사실은 아니다. 붓다의 유년 시기에 이미 많은 이가 사마타 수행을 하고 있었기 때문이다.

괴로움에서 벗어나는 방법을 알기 위해 당시의 유명하다는 지도자들을 찾아다니고, 6년간 죽기 직전까지 자신을 몰아붙이는 수행*에 골몰하던 붓다는 몸이 너무도 쇠약해지고 오히려 정신이 흐려지자 결국 고행을 중단하고 수행의 중대한 전환점을 맞이한다. 왕자로 살던 어린 시절, 아버지인 숫도다나 왕이 주관하는 축제에 참석했던 날의 기억이 떠올랐던 것이다. 그는 단지 나무 아래에 앉아 들숨과 날숨에 주의를 집중하며 마음이 고요해지고 평온한 상태에 들어갔던 것을 떠올리고 스스로에게 질문을 던진다. '어렸을 때, 나는 욕망도 고행도 없이 고요하고 행복한 상태에 있었다. 혹시 이것이 깨달음의 길이 아닐까?'** 이후 붓다는 욕망과 고행이라는 극단을 버리고 다시 수행을 시작한다. 보리수나무 아래 앉아, '나는 이 자리에서 해탈하지 못하면 절대 일어서지 않겠다'라고 결심하고 붓다는 깊은 집중 즉 삼매에 들어갈 수 있었다. 현재하는 대상에 집중하는 것을 통해 초선初禪에서 2선, 3선, 4선이라는 단계적 선정을 모두 실현했다. 이렇게 해서 얻은 고요하고 집중된 마음을 통해 붓다는 통찰 수행, 즉 지혜를 깨우치는 위빠사나Vipassanā, 觀의 길을 발견할 수 있었다.

- 붓다가 한 극단적 고행은 숨 멈추기, 굶기, 몸을 학대하기 등의 방법이었다. 당시 인도에 널리 퍼져 있던 자이나교의 수행방식에서 영향을 받은 것으로 추측된다. 자이나교는 모든 업을 고행으로 불태워야 해탈에 이를 수 있다고 보았다.
- 이 내용은 《맛지마니까야Majjhima Nikāya》, 〈MN.36, 쌋짜까에 대한 큰 경Mahāsaccakasutta〉을 통해 확인할 수 있다.

1 고요함 STILLNESS   33

수년 동안 오직 한 마음으로 극단까지 자신을 몰아붙이는 고행도 마다하지 않았으니, 고요하게 앉아 들숨 날숨에 주의를 기울이는 수행은 붓다에게 상대적으로 수월한 여정이었을지 모른다. 하지만 수행의 경험이 거의 없고, 자극적인 정보와 오래된 마음속의 이야기에 시달려온 우리에게는 들숨과 날숨에 집중한다는 것은 결코 만만치 않은 과정이다. 눈을 감으면 마음이 고요해질 줄 알았는데, 오히려 온갖 생각들이 꼬리에 꼬리를 물고 이어진다. 1분은커녕 단 10초도 완전히 집중하기 어렵다는 것을 알고 나면 자책하는 마음에 사로잡히기 일쑤고, 또다시 마음을 다잡아보지만 이제는 졸음과 함께 몸 이곳저곳이 쑤시기 시작한다. 마음이 고요해지기 위해서 명상을 시작한 건데, 그야말로 사서 고생한다는 느낌에 억울함과 조급함이 올라온다. 명상이 유행이라고는 하지만 올바른 방식으로 명상을 이어가는 사람을 찾아보기가 어려운 것은 이런 이유에 기인한다. 우리의 마음은 너무나 오랫동안 예측 불가능한 방향으로 나뭇가지 사이를 건너뛰는 원숭이처럼 방황해왔는데, 갑자기 그것을 호흡에만 붙들어 매려고 하니 처음부터 잘될 수가 없다. 거친 마음의 습관들을 지켜보고 인내할 의지는 없으면서 열매는 빠르게 얻고 싶어 하는 것이 수행에 독이 된다. 욕구와 현실이 충돌하니, 정말 진지하고 간절한 마음을 갖지 않았다면 당연히 나가떨어질 수밖에 없다.

마음을 한곳으로 모으는 사마타 수행의 구체적인 방법은 《청정도론Visuddhimagga, 淸淨道論》에 체계적으로 정리되어 있다. 흙, 물, 불, 빛 등의 물질적인 대상에 집중하는 방법, 자애, 연민, 기쁨, 평정이라는 고귀한 마음 상태에 집중하는 방법, 죽음이라는 주제에 집중하는 방법 등 모두 마흔 가지의 방법이 제시된다. 각각의 방법을 전부 수행의 대상으로 삼아 보면 좋겠지만, 그러기에 우리는 시간도 인내력도 부족한 것이 현실이다. 하나의 길로 묵묵히 올라가는 것이 정상에 오르는 가장 확실한 방법일 것이기에, 많은 이들이 붓다가 선택한 호흡에 집중하는 수행을 사마타 수행의 근간으로 삼는 것 같다. 나 역시 사마타 수행의 방법 중 들숨 날숨을 관찰하는 것을 가장 많이 훈련했고, 또 가장 많이 추천하기도 했다.

사마타 수행은 방법이 복잡하지 않아 누구나 시도할 수 있다. 조금 시니컬한 사람이 들으면, 그렇게 간단한 방법으로 어떻게 고요함을 얻을 수 있느냐고 반문할 정도다. 편안하지만 바른 자세로 앉아, 호흡을 있는 그대로 알아차려보자. 여기에서 중요한 것은 들숨과 날숨을 코끝이나 윗입술처럼 매우 좁은 지점에서 감각하는 것이다. 처음엔 어색하거나 너무 미세해서 잘 느낄 수 없는 경우도 많다. 호흡에 집중하려고 하지만 오히려 호흡이 부자연스러워져 두통을 겪기도 하고, 내가 생각에 완전히 빠져 있다는 것조차 알아차리지 못한 채 생각 파티를 하며 그냥 앉아 있기도 한다. 이는 연습이 부족해서 일어나는 자연스러운 현상이다. 생각이 멋대로 날뛰면, 여기에 자책이나 또 다른 생각을 덧붙이지 않고 부드럽게 다시 호흡이 느껴지는 곳의 감각으로 돌아오는 것이 중요하다.

막상 시도해보면 단 세 번의 호흡에도 생각이 끼어들지 않는 것이 어렵다는 사실을 깨닫게 된다. 이렇게 끊임없이 생각을 하는 자기 자신이 못 견디게 싫어지기도 하고, 몸을 가만히 두고 앉아 있는 것 자체가 고역스럽게 느껴지기도 한다. 하지만 어색해하며 저항하는 자신의 몸과 마음을 그저 거기에 두고 계속해서 호흡에 머물려고 노력하면 점차 변화를 느낄 수 있다. 단 1분 앉아 있기도 힘들었는데 이제 5~10분은 능숙하게 앉아 있고, 머릿속에 가득하던 생각이 줄어들고 마음이 잔잔해지는 것을 경험한다. 30분, 한 시간도 앉아 있게 되면 어느 순간 들숨과 날숨이 점차 부드러워져서 아예 호흡이 느껴지지 않는 것 같은 상태에 접어든다. 그저 자기 자신과 대면하여 묵묵히 앉아 있음으로써 지금까지 내가 경험했던 것과는 차원이 다른 어떤 고요함과 잠시 조우한다. 호흡과 하나 되는, 한순간 내가 사라지는 것 같은 정말 특별한 순간이다.

여기에 만족하지 않고 더 깊은 수행을 이어가면, 붓다가 나무 아래에서 어린 시절 경험했다는 초선을 만날 수 있다. 생각은 더러 일어나지만, 집중된 마음이 이루 말할 수 없는 기쁨을 불러일으키는 단계다. 이 단계에 이르면 사마타 수행은 더 이상 극기 훈련이 아닌 자기 자신을 아름답게 갈고 닦는 여정으로 여겨진다. 그리고 여기에서 더욱 성실히 수행에 매진하면, 2선, 3선, 4선을 차례대로 경험하며 극도의 집중과 일념 상태에 접어든다.

오래 걸리더라도 이전의 수많은 수행자를 따라 진지한 수행의 길을 걷겠다고 결심하는 사람에게 사마타 수행은 명료한 가이드가 되어준다. 이미 귀한 노력과 열정을 바쳐 삶을 특별하게 고양한 사람들이 그들의 경험을 체계적으로 경전에 정리해놓았기 때문이다. 이 길이 맞는지 아닌지를 고민하면서 방황할 필요도 없고, 설혹 종교적 입장이 다르다 하더라도 자신의 호흡에 머무는 연습은 그저 정신적인 영역의 훈련이기 때문에 누구든 편안한 마음으로 시작할 수 있다. 하지만 2500년이 지나, 온갖 복잡하고 자극적인 것들로 넘쳐나는 현대를 살아가는 사람들에게 방에 고요히 홀로 앉아 몇 시간이고 앉아 있는 사마타 수행을 이해시키거나 납득시키기란 그리 쉬운 일이 아니다. 수행을 가르치는 나조차도 호흡 수행과 도파민을 자극하는 습관 사이에서 번민하다 두 손 들고 항복할 때가 있다.

의미 없이 반복되고 기약 없이 흘러가는 삶의 여정 속에서, 공허감을 느껴보지 않은 사람은 없을 것이다. 이 삶을 어떻게 살아야 공허감이 아니라 온전함과 충만함에 접속할 수 있을까? 흘러가는 시간의 강물을 잡을 수 있는 사람은 아무도 없으며, 시간 안에 고요히 존재하는 자신을 경험하고 번뇌로부터 해방될 수 있는 사람도 극히 소수다. 모두가 붓다와 그의 제자들처럼 수승한 수행자가 될 순 없다. 모두가 뛰어난 해탈의 경지를 탐할 수도 없다. 하지만 적어도 지금보다 나은 사람이 되기 위해 조금은 애쓸 수 있다. 지금까지 경험해보지 못했던 고요함으로 한 발짝 다가가기 위해 아침의 20분 정도는 할애할 수 있다. 자신의 코끝에서 감지되는 호흡에 주의를 기울이고, 내 안에서 일어나는 생각과 다채로운 감각들에 부드럽게 인사할 수 있다. 지금 이 순간 일어나는 호흡을 통해 나를 보고, 나와 만나고, 나를 대면함으로써 몸과 마음에 닻을 내리고 안전하게 삶을 영위해나갈 수 있다. 이것이 시작이 되어, 우리는 결국 더 귀하고 더 찬란한 진실을 갈구하게 될 것이다. 이 땅에 한때 존재했고 떠나간 수많은 수행자처럼, 그렇게 될 것이다. 당신이 그저 호흡에 마음을 두는 연습을 시작하기만 한다면 말이다.

나는 왜 고요함을
훈련하게 되었나

―

세계적인 불교명상 지도자 헤네폴라 구나라타나 Henepola Gunaratana 는 우리 마음을 흙탕물이 든 잔에 비유한다. 흙탕물이 든 잔에서 어떻게 하면 깨끗한 물을 얻을 수 있을까? 그는 그 잔을 평평한 바닥에 가만히 놓아두는 것 말고는 방법이 없다고 말한다. 마음의 앙금이 가라앉아야 마음이 깨끗해질 수 있으며, 신체의 감각들이 뒤로 물러나도록 그저 내버려둘 수 있어야 한다고 강조한다.

명상에 처음 관심을 갖게 된 것은 마흔을 코앞에 둔 시점이었다. 사회생활도 열심히 해봤고, 여행도 원 없이 해봤고, 돈 벌고 돈 모으는 재미도 어느 정도 경험했다고 생각했던 그때. 별안간 닥쳐온 여러 가지 불행한 사건들 앞에서 속절없이 무너져가던 어느 날, 아주 우연한 계기로 명상 수업에 초대를 받았다. 처음엔 거절했다. 열심히 공부하고 잘 살려고 애를 써도 삶이 이렇게 힘든데, 한가하게 눈을 감고 앉아 있는다고 해서 문제가 해결될 리 없다는 냉소적인 생각 때문이었다. 하지만 그로부터 1년 후 나는 인도에서 꽤 강도 높은 명상 프로그램을 경험하고 돌아와 본격적으로 마음에 대해 공부해보겠노라 작정하고 상담심리대학원에 입학했다. 평소 대학원을 다니는 친구들에게 '굳이 이 나이에 왜 그렇게 애를 쓰느냐'라며 타박하던 나였는데, 스스로도 놀랄 만큼 강력한 내면의 이끌림으로 만학도의 삶을 시작하게 됐다.

석사 과정에 입학할 때까지만 해도 내가 불교 수행에 관심을 갖게 될 것이라 예상하지 못했다. 심리학의 다양한 이론을 배우면서 지식을 쌓아가는 기쁨에 기꺼이 경도되었고, 인도의 구루가 하는 명상 수업을 그리워했기에 불교 수행에는 그리 큰 관심이 없었다. 어쩐지 나와는 거리가 먼 세계처럼 느꼈던 것도 사실이다.

하지만 심리학의 다양한 이론들을 배우면서 생각이 조금씩 달라졌다. 수용전념치료 ACT, Acceptance and Commitment Therapy, 변증법적 행동치료 DBT, Dialectical Behavior Therapy, 마음챙김 기반 스트레스 감소 프로그램 MBSR, Mindfulness-Based Stress Reduction, 마음챙김 기반 인지치료 MBCT, Mindfulness-Based Cognitive Therapy 등의 치료기법이 다른 고전적 상담기법들보다 내 흥미를 끌었다. '기법'이라고 표현하면 대화나 분석과 관련된 테크닉을 연상하기 쉽지만, 상담에서의 기법은 궁극적으로 특정한 세계관의 반영이다. 특정한 상담기법은 인간을 바라보는 특정한 방식과 관점으로부터 발생하고 발전한다. 지크문트 프로이트 Sigmund Freud의 정신분석, 버러스 프레더릭 스키너 Burrhus Frederic Skinner의 행동치료 같은 고전적 상담기법에는 딱히 흥미를 느끼지 못했고, 앨버트 엘리스 Albert Ellis의 인지행동치료나 칼 로저스 Carl R. Rogers의 인본주의 상담의 단면성에 대해 다소의 한계를 느꼈던 나에게 마음챙김 기반의 치료법들은 훨씬 매력적으로 다가왔다. 정확히 표현하자면, 내가 매력적으로 느꼈던 상담기법들이 알고 보니 모두 '마인드풀니스 mindfulness'라는 공통점을 갖고 있었다.

이런 것을 운명이라 할 수 있지 않을까. 그때부터 가야 할 길이 명확하게 보였다. 인도 명상학교에서의 경험이 나를 상담심리학 공부로 이끌었고, 상담심리학의 지식 탐험은 나를 마인드풀니스라는 철학적 지향으로 이끌었다. 그러고 나니, 마인드풀니스 철학의 근원인 불교 철학을 공부하지 않을 수 없었다. 150년의 역사를 지닌 현대심리학을 공부하다 2500년 전의 경전을 연구하게 될 줄은 예상하지 못했고, 맨땅에 헤딩하는 듯 고단하고 난해한 시간이었지만 과히 괴롭지는 않았다. 그 길 위에서 더 성장하여 나처럼 고통받는 다른 사람들에게 공부한 내용을 전하고 싶다는 생각만으로 충분했다. 공부를 통해 이득을 얻기를 바라는 것이 아니라, 다만 더 좋은 사람이 되어 동시대를 살아가는 다른 이들에게 이득을 선물하고 싶은 마음이었다.

그렇게 불교명상 전공으로 박사 과정을 시작하고 나서도 사마타 수행을 본격적으로 시작하기까지는 다소의 시간이 필요했다. 명상을 처음 공부할 때 접했던 인도의 명상 테크닉이 훨씬 익숙했던 까닭이다. 편안한 음악과 부드러운 목소리의 가이드가 있어야만 명상을 할 수 있다고 생각했던 내게 어떠한 오디오도 없이 자신의 호흡만 지켜봐야 하는 사마타 수행은 상당한 인내심을 요구했다. 인도의 명상 수업에서는 신성과의 합일이 중요한 주제였기에, 내가 어딘가에 의지하고 기댄다는 느낌이 모종의 편안함을 주었다. 그러나 불교 수행은 그 어디에도 기댈 데 없이 온전히 나 자신만 믿고 가야 했다. 마음이 편안해지기 위해 명상을 시작했는데, 몸의 불편함이 더 크게 다가왔다. 음악 없이 단 5분 앉아 있는 것조차 쉽지 않았고, 10분 넘게 앉아 있으면 피가 통하지 않아 마치 다리가 떨어져 나갈 것만 같은 불편감이 찾아와 견딜 수 없었다. 오랫동안 앓은 목과 허리의 디스크, 불편한 무릎은 불교 수행과 내가 맞지 않는 것 같다며 좌절하게 만들었다. 도대체 어떻게 지루하게 한 시간씩 앉아서 호흡을 바라볼 수 있는 것인지, 수행 시간을 늘리려 해도 생각만큼 쉽지 않아, 조바심과 오기가 동시에 일어났다.

하지만 그 조바심과 오기 사이에서 끊임없이 방황한 것도 의미가 없지는 않았는지, 나는 갖은 상념과 졸음 속에서도 어찌저찌 30분 정도는 혼자 호흡을 보며 앉아 있을 수 있게 되었다. 5분에서 10분, 10분에서 15분, 조금씩 시간을 연장하면서 30분 앉아 있는 것이 그리 힘들지 않은 상태까지 나를 훈련시켰다. 그리고 더욱 마음이 동한 어느 날, '깨닫기 전에는 자리에서 일어나지 않겠다'라고 결의를 다졌다던 붓다의 말을 떠올리며 자리에 조용히 앉았다. 깨달을 때까지 앉아 있을 수는 없겠지만, 그래도 한 시간까지는 어떻게든 앉아 있어 보리라 다짐하면서 타이머를 켰다. 그리고 나는 타이머가 울릴 때까지, 고군분투하는 심정으로 그 자리를 지켰다. 다리가 앉은 모양대로 굳어버린 것 같았고 상념들이 복잡하게 뒤엉켰지만 분명한 성취감이 있었다. 내가 일으킨 생각들과 싸우기도 하고, 때로 그 생각을 바라보기도 하면서, 한 시간 동안 끝없이 나 자신과 대면하려고 노력했기 때문이다.

매일 같은 시각에 같은 자리에 앉아 호흡을 보는 습관을 들이는 과정을 가장 힘들게 했던 것은 마음속 계산들이었다. 이 30분 동안 다른 것을 할 수도 있지 않을까? 잠을 더 자거나, 독서를 하거나, 유산소 운동이라도 하고 오는 것이 더 남는 일이지 않을까? 수행이 잘되면 모르겠지만 잘되지 않고 내내 졸거나 잡념이 많이 떠오른다면 그건 시간 낭비를 하는 게 아닐까? 사마타 수행이 깊은 고요함과 집중된 마음을 선물한다는 것을 머리로는 충분히 이해하고 있었지만, 마음의 오랜 습관과 계산들은 자리에 앉을 때마다 나를 갈등으로 가득 채웠다. 하지만 마음속으로는 늘 알고 있었다. 좋은 것은 쉽사리 얻어지지 않으며, 오래된 목소리를 이겨내는 사람만이 특별한 성취를 거둘 수 있다는 사실을 말이다.

초기경전은 이렇게 수행을 하는 사람조차 피해가기 어려

운 다섯 가지 마음의 장애, 즉 오개五蓋에 대해 설명한다. 첫 번째는 탐욕개貪欲蓋로, 감각적 욕망이다. 편안한 것, 부드러운 것, 쾌적한 것, 맛있는 것을 바라고 갈망하는 마음이다. 사람이면 누구나 불편한 느낌보다는 편안한 느낌을 추구하게 되어 있다. 편안함을 바라는 마음 자체가 잘못되었다는 것은 아니지만, 그것이 우리로 하여금 삶에서 진정으로 소중한 것을 놓치게 만든다는 것이 문제다. 수행 도중에 몸이 불편하거나 마음이 혼란하다고 느끼면 지금 이 순간의 호흡을 알아차리기 힘든 것처럼 말이다.

두 번째는 진에개瞋恚蓋로, 악의 또는 혐오다. 마음은 자신에게 좋게 느껴지는 것을 갈망하는 한편으로 자신에게 해로운 요소를 혐오한다. 이렇게 일어난 혐오를 제대로 알아차리고 단속하지 않는다면, 혐오가 점점 확장되어 마음을 사로잡아버린다. 수행 도중에 옆 사람이 부스럭거리는 소리에 짜증이 올라오고, 그 짜증스러운 마음을 곱씹는 경우처럼 말이다. 누군가를 싫어하지 않으려고 하지만 오히려 그 사람을 더 싫어하게 된 적이 있다면 그것은 내가 오개 중 진에개에 잠식되어 있는 상태인 것이다.

세 번째는 도회개掉悔蓋로, 들뜸과 걱정이다. 중요한 발표를 앞두고 혹시라도 실수를 하지 않을까 안절부절못하거나, 수행 도중에 '내가 이렇게 열심히 하는데 별로 성과가 없으면 어쩌지?'라는 걱정으로 가득 차는 경우다. 불안과 조바심, 긴장을 주로 경험하는 사람이라면 도회개에 잠식되었다고 생각할 수 있다.

네 번째는 수면개睡眠蓋로, 게으름과 혼미다. 활력이나 의욕이 부족하거나, 몸과 마음의 피로함으로 인해 도저히 집중할 수 없는 상태일 때 수면개에 빠져 있다고 표현한다. 수행을 하며 어떤 날은 명료하게 호흡을 볼 수 있지만, 어떤 날은 머리가 띵하고 마치 안갯속을 걷는 듯한데, 이 또한 마음이 경험하는 대표적 장애에 속한다.

오개의 마지막 구성 요소는 의법개疑法蓋로, 의심이다. 수행이 빨리 진전되지 않는다고 해서 '이 길이 맞는가?'라고 생각하는 것 또한 의심이 가득한 상태다. '지금 이 회사를 다니는 것이 정말 맞는 선택일까?'라고 끊임없이 의심하는 사람이 업무에 제대로 집중할 수 없는 것처럼, 수행에 대해 끊임없이 의심하는 사람은 수행을 통해 충분한 성장을 거두기 어렵다. 익숙해지기까지 다소의 시간이 걸리는 수행의 특성상, 현대인들이 수행을 이어가는 데 가장 큰 장애로 기능하는 것은 아마도 이 의법개일지도 모른다.

그간 머리로 부지런하게 해왔던 계산을 내려놓고, 하나의 거대하고 아름다운 세계관을 향해 지금껏 해본 적 없는 몸과 마음의 헌신을 다하겠다고 결정한다는 것이 누구에게

나 수월할 수는 없다. 하지만 이 다섯 가지 장애를 극복하겠노라 단호히 마음을 먹고 그저 자리에 앉을 수 있다면, 그야말로 이 세상의 것이 아닌 거대한 고요함과 조우하게 된다. 그리고 그 조우가 아무리 짧은 순간이었다 해도, 다시는 예전처럼 살 수 없겠다는 내면의 묵직한 울림과 결국은 만날 것이다. 적어도 그 순간만큼은 모든 생각은 물론 오개로부터 완전히 해방되어 이루 말할 수 없는 고요함과 집중의 경지를 맛볼 수 있다. 처음엔 고작 1~2초 정도일지 몰라도 그 순간이 더욱 길어지고 마음의 힘이 더욱 강해지면, 고단했던 수행이 낳은 작은 열매들이 일상에 새로운 씨앗을 뿌리기 시작한다. 눈을 감고 방석 위에 앉아도 쉽게 찾아지지 않던 평온과 집중이, 그저 일상을 살아가며 호흡의 순간마다 마주하는 나의 기본 마음 성향이 된다. 단순히 명상을 하는 동안 마음이 편안해지는 것이 아니라, 명상을 통한 훈련이 일상으로 스며들어 삶을 밑바닥부터 변화시킨다.

이 수행은 너무나 간단하고 쉬워서 누구든 시도할 수 있지만, 처음의 고단함과 막막함을 견디는 사람만이 그 열매를 거둘 수 있다. 깊고 고요한 자신의 마음을 확인한 사람은, 절대로 뒤로 돌아가지 않는다. 정확히 표현하자면, 뒤로 돌아갈 수가 없다. 그저 그렇게 된다.

신성과의 합일이 아닌, 오직 내가 나의 의지처로서 나와 대면하는 성찰의 여정은 사마타 수행을 통해 그렇게 시작되었다.

Awareness Journal

편안한 곳에 기대어 코끝의 감각에 주의를 두고 부드럽게 호흡을 해봅니다. 이런저런 생각들이 떠오르겠지만 그럴 때마다 마음속으로 "그래"라고 말하고 다시 코끝의 느낌으로 돌아오세요.

이제 부드럽게 눈을 뜨고 오늘 내가 경험한 마음속 이야기들을 떠올려보세요. 오늘 나는 다섯 가지 마음의 장애 중 어떤 것들을 경험했나요? 그 상황을 최대한 객관적으로 기록해보세요.

나의 마음속 어려움을 사람이라고 상상해보세요. 그 사람에게 당신이 해주고 싶은 따뜻하고 온화한 말을 생각해서 적어보세요.

나는 어떻게
사마타 수행을 했나

—

수행자는 감각적 쾌락의 욕망을 벗어나고 악하고 불건전한 상태를 떠난다. 사유와 숙고를 갖추어, 멀리 여읨에서 생겨나는 희열과 행복으로 가득 찬다. 이것이 바로 첫 번째 선정이다.

_《디가니까야 Dīgha Nikāya》,
〈DN.2, 수행자의 삶의 결실에 대한 경 Sāmaññaphalasutta〉

이 세상을 관장하는 아름다운 신성과의 합일을 목표로 하는 인도의 명상은 그것대로 나를 많이 변화시켰다. 서정적인 음악과 함께 마음을 뒤흔드는 아름다운 가이드 멘트들을 듣고 있으면, 딱딱해진 마음이 한없이 녹아내렸다. 마음속에 남아 있던 앙금들이 털어져 나가는 것 같았다. 평온한 미소의 구루들에게 내 마음을 털어놓고 상담을 받거나, 삶의 깊은 지혜 같은 것들에 대해 강의를 들으면 마치 온 세상의 선함이 나에게로 스며드는 듯했다. 인도에서 오래 머물고 돌아와 만난 한 친구가 어떻게 이렇게 얼굴이 맑아졌냐고 놀라며 물었을 때는, 내가 투자한 시간과 노력들이 헛되지 않았다고 생각했다.

그러나 구루들의 아름다운 목소리와 그들이 주관하는 명상 세션을 들을 때 느껴졌던 평온과 감사는 일상 속에서 원하는 만큼 이어지지 않았다. 수십 년 동안 살아온 나의 일상은 강력한 습관의 힘을 그대로 가지고 있어, 이내 익숙했던 마음의 패턴으로 젖어들었다. 구루들과 함께 있을 때는 느껴졌던 내 마음의 사랑도 점점 희미해졌다. 명상학교에서는 존재했던 고요한 마음과 평온, 감사를 복잡하고 시끄러운 버스 안에서는 흔적조차 발견할 수 없었다. 어디에서 문제가 생긴 것일까? 어디서부터 다시 고치고 공부를 반복해야 할까? 나는 늘 그래왔듯 문제를 찾으려고 했다. 하지만 이내 알 수 있었다. 문제는 그 어디에도 있지 않다는 것을. 그 어떤 훌륭한 선물이라 해도 받을 때의 행복이 영원히 유지되지 않는다는 것을. 한동안 내가 느꼈던 마음의 고요함은 스스로 길러낸 것이 아니라, 자신의 수행을 모두 마친 구루가 내게 맛보여준 일종의 선물이었기 때문에 온전히 내 것이 될 수 없다는 사실을 깨달았다.

나는 여전히 그때의 미세한 절망감을 기억한다. 열심히 노력해서 나 자신을 어느 수준까지 고양시켰다고 생각했지만, 그것이 바라는 만큼 유지되지 않음을 깨달았을 때의 슬픈 절망감. 하지만 전화위복이라고 하지 않던가. 그 절망감이 오히려 훌륭한 자극제가 되었다. 그 무엇에도 기대지 않고, 타인이 만든 평온과 아름다움을 추구하지 않고, 오직 내가 나의 의지처가 되어 고요히 앉아 모든 것을 대면하고자 하는 마음이 일어난 것은 이러한 절망의 축적 덕분이었다.

사마타 수행을 하기 위해서 필요한 것은 단 두 가지였다. 방석처럼 사용할 도톰한 담요 한 장과 나의 몸이 준비물의 전부다. 고요한 장소를 찾을 수 있다면 좋지만, 소음이 있는 장소라 해도 상관은 없다. 소음에 마음을 빼앗겨 그 순간 마음이 수많은 이야기를 만들어낼지라도 그것을 알아차리고 다시금 호흡으로 돌아오기만 하면 되기 때문이다. 하지만 아무리 굳게 결의했다 하더라도, 유혹이 많은 집이라는 공간에서 수행을 묵직하게 이어가는 것이 쉽지만은 않았다. 시시때때로 오는 스마트폰 알람, 텔레비전과 간식에 대한 유혹, 이런저런 집안일들이 맞물려 온전히 마음과 시간을 할애하기가 어려웠다. 늘어지게 누워서 스마트폰을 보면 30분은 훌쩍 지나기 일쑤인데, 아침저녁으로 수행을 하려니 갖은 유혹과 갈등이 뒤따랐다. 하루 건너뛰면 이틀을 건너뛰게 되고, 그러다 보니 명상이 습관으로 자리 잡기란 여간 어려운 일이 아니었다.

그러다 결국 수행처에 가기로 결심했다. 우리가 일반적으로 만나는 불교 사찰의 주목적이 포교라면, 수행처의 존재 이유는 오직 수행자가 수행을 이어가도록 독려하는 것에 있다. 짧게는 2~3일 머물 수도 있지만, 길게는 한 달 이상 머물면서 새벽부터 밤까지 수행에만 전념한다. 템플스테이와 비슷할 것이라 생각할 수도 있지만, 수행처에서 수행자가 경험하는 것은 템플스테이에서 느끼는 것과는 아주 많이 다르다. 템플스테이가 현대인의 휴식을 위해 고안된 사찰경험 프로그램이라면, 수행처에서의 집중 수행은 수행 경험이 없는 사람이라면 하루 만에 도망칠 정도로 일정이 빡빡하게 구성되어 있다. 새벽 네 시에 일어나 밤 아홉 시에 잠들 때까지, 씻거나 밥을 먹는 시간을 제외하고 거의 열다섯 시간 이상을 오직 수행에 전념한다. 초기불교의 수행방식을 가장 잘 전승하고 있다고 여겨지는 남방불교, 그러니까 미얀마와 스리랑카 등지에서 지금도 활발히 행해지는 수행방식을 따라 강도 높은 수행을 이어간다. 한 시간 좌선이 끝나면 다음에는 한 시간 행선(걷기명상)을 하는 식으로 숨 돌릴 틈 없이 하루를 꽉 채워 이어지는 수행처의 스케줄은 한 시간 동안 꼼짝 않고 앉아 있는 것쯤은 얼마든지 할 수 있다고 말하는 사람에게도 그리 만만한 것이 아니다. 좋아하는 곳으로 여행을 가서 돌아다니거나 소파에서 넷플릭스만 봐도 저녁엔 제법 피곤해지는데, 코끝에만 주의를 두고 온종일 앉고 걷고 하는 과정을 이어가다 보면 초저녁만 되어도 곡소리가 절로 난다. 내가 무슨 부귀영화를 누리겠다고 이러고 있는지도 모르겠고, 도망갈 곳 없이 머릿속에서 떠오르는 갖은 잡념들을 있는 그대로 맞닥뜨려야 하니 더 곤혹스럽게 느껴진다. 내가 이렇게까지 산만한 사람이었나 자괴감이 들 때, 이 또한 과정이라며 더 열심히 코끝의 호흡을 보라고 독려해주는 스님이 아니면 어떻게 버틸까 싶은 시간이다.

하지만 때로는 마음속의 분노와 알량한 자존심 같은 것

도 도움이 되었다. 캐리어에 짐을 싸서 깊은 산속으로 의기양양하게 들어오며, 고요함을 얻을 때까진 절대 이곳을 떠나지 않겠다 결심했다. 깨달음을 얻을 때까지는 이 자리를 떠나지 않겠다 다짐했던 붓다처럼, 나도 소기의 목적을 이루리라 각오를 다졌다. 명색이 불교명상을 박사 전공으로 하고 있는 사람인데, 수행처에서 도망치는 굴욕을 겪을 순 없다고 스스로에게 얼마나 되뇌었는지 모른다.

깊은 집중을 성취하기 위해 필요한 것은 단 하나다. 도톰한 방석 위에 꼬리뼈만 살짝 기대고 앉아, 등을 곧게 펴고 그저 호흡에 마음을 고정하는 것이다. 처음에는 호흡에 마음을 고정한다는 것이 무슨 말인가 싶어 혼란스러울 수도 있겠지만, 하다 보면 누구나 가능하다는 사실을 알게 될 것이다. 코나 인중, 윗입술의 호흡이 드나드는 지점 중 한군데를 정해 그곳에 일어나는 감각에 마음을 집중하면 된다. 감각이 가장 선명하게 느껴지는 지점을 찾아 머물고, 이런저런 생각이나 느낌들이 일어나면 그저 그것을 잠시 지켜보고서 다시 원래의 지점으로 돌아온다.

시끄럽고 복잡한 환경 속에서 살던 이가 깊은 산사로 들어간다고 해서 한순간에 마음이 평온해질 리 없다. 몸은 고요한 곳에 있지만 마음은 여전히 평소의 습관에 얽매여 있기에, 첫 사나흘은 내가 왜 이러나 싶을 정도로 마음이 쉴 새 없이 재잘거릴 것이다. 하지만 그 생각을 하염없이 따라가선 안 된다. 조금이라도 더 편안해지고 싶다는 육체적 갈망이 끊임없이 몸을 움직이고 싶다는 충동으로 이어지겠지만 함부로 몸을 움직여서도 안 된다. 심지어 사소한 가려움이나 통증에도 반응해서는 안 된다. 그곳에 존재했던 신체 감각이 뒤로 물러나도록 기다려주는 것만이 허용된다. 호들갑 떨지도 않고, 조바심 내지도 않고, 그저 나의 몸에서 지금 일어나는 호흡을 지켜보는 과정을 반복하면 수행자는 오랜 습관을 차차 내려놓으며 몸과 마음을 가라앉히게 된다.

수행자는 그만두고 쉬고 싶다는 탐욕, 참을성이 없다며 스스로를 미워하는 진에, 빨리 집중하지 못하는 자신을 걱정하는 도회, 조금 호흡이 편안해졌다 싶으면 곧장 잠에 빠져들고 마는 수면, 지금 이렇게 하고 있는 것이 맞는가 회의하는 의법이라는 다섯 가지 장애를 거듭 경험하며 심신이 지쳐간다. 더불어 답도 없는 문제를 풀고 있는 것 같은 좌절이 몰려올 때, 수행자는 기로에 서게 된다. 그러나 이러한 순간에 지지 않고 오직 자신과 진리를 믿고 더 묵묵히 몰아붙이는 수행자에게는 선정이라는 고요함의 단계들이 예비되어 있다. 더 묵묵히 앉아 있으면 선정을 경험하지만, 여기에서 포기하면 '역시 나랑 명상은 안 맞더라'라는 쓸쓸한 경험만이 남을 것이다.

사마타 수행에서 말하는 선정(삼매)은 총 여덟 단계에 이른다. 이 여덟 단계는 다시 두 단계로 나뉘는데, 처음의 네 단계는 색계色界 선정이라 부르고, 다음의 네 단계는 무색계 無色界 선정이라 부른다. 여기에서 무색계 선정은 비전공자에게는 난해한 개념일 수 있어, 편의상 처음의 네 단계까지만 소개한다. 초선初禪, 즉 첫 번째 선정은 일상적인 사고나 지각이 사라진 단계다. 참을성 있게 온전히 호흡에 주의를 둔 상태를 이어나가면 누구나 초선의 상태에 다다를 수 있다. 어제까지 사정없이 마음이 방황했다고 해서 내일 초선에 닿지 못할 것이라 단언할 수 없다. 아무리 잡념으로 속이 시끄러워도 그 모든 여정에 깨어 있으려고 노력하면 그것으로 충분하기 때문이다. 한순간 마음이 호흡 속으로 빠져들어 그곳에 머무는 듯하고, 바로 이전까지 느껴지던 몸의 다양한 감각이 별안간 사라져버린다. 무릎의 시큰거리는 통증, 어깨의 묵직했던 감각 같은 것은 홀연히 사라지고 그저 호흡하는 감각만 남는다.

초선의 단계에서 나는 이루 말할 수 없는 몰입의 기쁨을 느꼈는데, 그것은 살면서 한 번도 경험해본 적 없는 황홀경이었다. 물론 너무 행복한 이 상태가 더 지속되었으면 좋겠다고 생각한 지 얼마 지나지 않아 그 느낌은 사라져버렸지만 말이다. 통증이 영원하지 않듯, 형용할 수 없는 환희도 영원하지 않음을 나는 한여름 깊숙한 산골의 어느 수행처에 홀로 앉아 있던 그날 비로소 깨달았다.

초선에서 더 열심히 수행을 이어가면 2선정을 경험하게 된다. 2선정에서는 호흡에 대한 아주 미세한 생각들까지 놓아버린다. 초선에는 언어적인 사고가 다소 존재했지만, 2선정에서는 언어로 하는 생각들까지 사라진다. 초선과 마찬가지로 행복한 느낌이 존재하지만, 집중은 더 깊어진 상태로 접어든다. 이 단계에서는 정시에 울리는 종소리조차 상관하지 않고 더 앉아 있게 된다. 이후 3선정에서는 2선정까지 존재했던 환희와 기쁨은 사라지고 마음이 더 섬세해지고 안정되며, 알아차림과 집중의 힘이 더욱 강해진다. 몸은 극도로 고요하며 호흡은 이루 말할 수 없이 부드러워진다. 기쁨이 사라진 자리에 깊은 평정심이 자리 잡는다. 여기에 만족하지 않고 더 깊은 선정을 추구하는 수행자는 4선정에 도달한다. 이 단계에 이르면 생각이라고 말할 수 있는 것은 아예 존재하지 않으며, 수행자는 하나의 대상에 온전히 집중해 깊은 평정에서 온전히 쉰다. 4선정에서는 마치 호흡이 완전히 멈춘 것처럼 느껴진다고 한다. 나는 아직 가본 적 없는 이 단계를 헤네폴라 구나라타나의 설명을 빌려 설명하자면 알아차림, 즉 열려 있는 자각(마인드풀니스)과 깊은 집중이 하나로 합쳐져 존재의 본성을 깊이 꿰뚫어 볼 수 있는 상태다.

초선에서 4선까지 단계적으로 발전하는 과정에서 특별한 것은, 집중과 고요가 깊어질수록 전 단계 선정에서 경험한 것들을 차례대로 놓아버린다는 점이다. 더 많이 갖고 더 많이 느끼기 위해 명상하는 것이 아니라, 우리는 우리가 가졌다 믿은 것을 다시 내려놓기 위해 수행한다. 더 내려놓을수록, 더 고요해진다. 더 내려놓을수록, 더 또렷해진다. 더 내려놓을수록, 더 지혜로워진다. 수행처에서 우연히 마주쳤던 불교학 교수님이, 도대체 뭐 하고 있는 건지 모르겠다고 푸념하던 나를 독려하면서 해주신 말씀이 기억난다. "사마타는 노력해서 집중하는 것이 아닙니다. 단지 끊임없이 내려놓는 과정입니다. 내려놓는 것이 세상에서 가장 어렵습니다. 그래도 내려놓다 보면 알게 되지요. 이것이 내가 해야 하는 가장 중요한 일이라는 것을요."

사마타 수행의 여정은 단호한 용기 없이는 불가능했을 것이다. 결국 그 용기는 내 삶에서 내가 일으킨 가장 귀중한 것이 되었다. 고요한 마음은 누가 주는 것이 아니라, 이미 내 안에 존재했던 것임을 알게 되었다. 몸의 괴로움을 버티고 끌어안으며, 마음의 혼란을 인정하고 끊임없이 내려놓으며, 그 길에서 처음부터 그 자리에 존재하고 있던 내면의 고요함을 만났다. 더 이상 과거의 어리석음으로 돌아가지 않을 거라는 기쁨의 탄식, 나도 몰랐던 내 안의 고요함을 마주한 경이로움과 환희와 함께, 사마타 수행은 그렇게 내 인생의 중요한 변곡점이 되었다.

시간의 주인이 되기 위해 무엇을 바꿔야 하는가

―

아직 생겨나지 않은 잘못된 것들은 혹시라도 생겨나지 않도록 의욕을 일으켜 열심히 마음을 독려하라. 이미 잘못된 것들이 생겨났다면 버리도록 의욕을 일으켜 마음을 독려하라. 아직 일어나지 않은 좋은 것이 있다면 의욕을 일으켜 이것이 일어나도록 하고, 이미 일어난 좋은 것이 있다면 이것이 더욱 증장되도록 최선을 다해 노력하라. 수행자들이여, 이것을 일컬어 올바른 정진 正精進 이라고 한다.

_《쌍윳따니까야 Samyutta Nikāya》, 〈SN.45:8, 분별의 경 Vibhaṅgasutta〉

시간이란 흔히 모두에게 공평하게 주어지는 선물에 비유된다. 그런데 이렇게 공평한 선물을 받으면서도 사람들의 삶은 어느 순간 질적으로 달라져 있다. 좋은 조건을 갖고도 시간을 잘 다루지 못해 삶을 낭비하는 사람이 있는가 하면, 좋지 않은 조건에서도 시간을 잘 다루어 자신이 원하는 삶을 사는 사람이 있다. 시간이라는 변인이 워낙 중요한 까닭에, 시간을 잘 활용하기 위한 조언은 차고 넘친다. 시간을 관리하는 법, 활용하는 법, 디자인하는 법, 쪼개 쓰는 법 등 다양한 팁을 얼마든지 쉽게 접할 수 있다. 그러나 어느 순간 그 모든 테크닉이 공허하게 느껴지고 시간을 관리한다는 것에 매너리즘이 찾아올 때가 있다. 시간을 잘 활용하고 싶어 애를 썼지만, 문득 더 지쳐버리는 것 같을 때 우리는 번아웃을 의심한다. 너무 열심히 살아서 지친 것일까 두려워하고, 무언가 잘못 판단한 것은 아닐까 스스로를 돌아보기도 한다. 그래서 또 다른 노력들을 추가한다. 시간 관리에 대한 자기계발서를 찾아 읽고, 뇌과학을 바탕으로 한 시간 관리 트렌드 같은 것들을 파악하려고 한다. 그러나 이러한 노력들은 어디까지 유효할까? 시간 관리에 진심이라면

이 주제에 대해 진지하게 고민하고, 여러 시도를 해보았을 것이다. 하지만 그 많은 시도를 끈기 있게 이어가기란 쉽지 않고, 강박만 심해지기도 했을 것이다. 시간을 잘 관리하겠다고 다짐하는 것이 몇 초 사이로 휙휙 바뀌는 쇼츠에 빠져 시간을 날리는 것보다는 나을 테지만, 오히려 조급함과 압박감을 겪는 경우도 많은 듯하다.

내게도 이것은 쉽지 않은 문제였다. 수많은 자기계발서의 조언들을 주워섬기며 나는 시간을 관리하고 활용하려 노력했다. 그들이 그렇게 조언했기 때문이다. 그들은 내게 어떻게 하면 시간을 아낄 수 있는지, 어떻게 하면 시간을 쪼개어 사용할 수 있는지 알려주었다. '아낀다' '쪼개어 쓴다'라는 표현에서 많은 자기계발서가 시간을 대하는 태도가 읽힌다. 즉 시간을 돈이나 유형의 '물건'처럼 바라보는 관점이다. 시간을 물성物性을 바탕으로 인지하여 최대한 절약해야 한다는 관점으로 바라본다. 그러나 이렇게 시간을 물건이나 물질처럼 인식하는 데서 불필요한 긴장이 발생하는 것이 아닐까? 내가 먼저 쟁취하지 않으면, 당장 어떤 식으로든 움직이지 않으면 내 손에서 사라져버리는 물질로 시간을 인식하기 때문에 압박감을 느끼고, 이러한 내면의 부정적인 감각들을 다루다가 지쳐서 시간에 끌려가는 삶을 살게 되는 것이 아닐까? 시간의 속성을 제대로 알지 못한 채,

얕은 테크닉에만 사로잡혀 있는 것은 아닌지 생각해볼 필요가 있다.

시간의 주인이 되기 위해서는 집중하는 힘이 가장 필요하다는 것은 주지의 사실이다. 하지만 잘 해내야 한다는 내면의 강력한 욕구가 긴장과 스트레스를 유발한다. 뇌에서 분비된 스트레스 호르몬을 처리하는 과정에서 집중하는 마음은 지속되지 않는다. 혼자 집에서 발표를 준비할 때는 제법 괜찮았는데, 막상 상사나 다른 사람들 앞에서는 긴장되어 실력을 제대로 발휘하지 못한 경험이 있을 것이다. 잘 보이고 싶다는 욕망과 사람들 앞에서 실수하면 안 된다는 압박에 따른 긴장이 내가 본래 갖고 있던 집중의 힘을 앗아갔기 때문이다. 이때 긴장 자체를 다루면 긴장을 더 인식하게 된다. '긴장하지 말아야지'라고 생각하는 순간 긴장이라는 감정이 그 순간의 주제가 되어버리는 것이다. 밤에 라면을 먹어서는 안 된다고 생각하면 오히려 라면 생각이 더 간절해지는 것과 같다. 답은 이미 나와 있다. 불필요한 긴장과 스트레스를 내려놓고 싶다면, 단지 그것을 없애고 싶어 해서는 곤란하다. 이러한 단순한 갈망을 넘어서, 이 긴장과 스트레스를 불러일으킨 내면의 욕구를 가감 없이 볼 수 있어야 한다. '내가 이 발표를 정말 잘하고 싶구나' '내가 정말로 이 프로젝트를 열심히 해왔구나'라는 보다 근원적인 욕구 그 자체에 주의를 기울일 수 있어야 한다.

물론 발표 현장에서 갑자기 자신의 마음을 바라보려고 하면 대부분 실패한다. 현장에서의 긴장감과 잘해야겠다는 욕심이 뇌의 위기 대응 시스템인 편도체를 자극하고, 이것이 모든 것을 압도하기 때문이다. 바벨을 들어본 적 없는 사람이 역도 대회에 나가서 뭘 할 수 있겠는가? 스케이트장에서 훈련해본 적 없는 사람이 어떻게 피겨 경기에 출전할 수 있겠는가? 중요하고 어려운 이벤트의 순간에 마음속 번뇌와 욕구들을 완전히 지켜보고 싶다면, 아무 일도 없는 평범한 아침에 마음의 힘을 훈련해두어야 한다. 매일 아침 10~20분이라도 앉아 호흡을 바라보는 것이 자기의 마음을 살펴보는 힘을 키우는 정확한 방법이다. 이 훈련은 참 단순하지만 그만큼 진실되다. 생각해보라. 자기 몸에서 일어나는 호흡조차 제대로 볼 수 없는 사람이, 어떻게 내면에서 끝없이 일어나는 미세하고 거친 마음들을 지켜볼 수 있겠는가? 그 어떤 과학적인 분석도 존재하지 않았던 기원전에, 호흡을 지켜보는 수행을 몸소 익혀 체계화한 수많은 수행자의 노력이 실로 경이롭다는 생각이 든다.

시간을 잘 관리하여 원하는 대로 활용하겠다고 다짐하면 내가 시간의 주관자가 된 듯한 어리석은 착각에 빠지기 쉽다. 하지만 시간은 물건이 아니니, 활용하고 쪼개겠다는 그

1 고요함 STILLNESS

태도부터 내려놓을 필요가 있다. 시간에 대한 나의 결론은 '임하는 태도'를 결정하는 일이 제일 중요하다는 것이다. 아침에 일어나면, 오늘 하루에 어떻게 임할지를 결정하는 시간이 필요하다. 중요한 미팅을 앞두고 있다면, 관련 자료를 보는 것에만 치중할 것이 아니라 내가 이 미팅에 어떤 태도로 임할 것인지를 정해야 한다. 시간을 활용하기 전에, 시간에 임하는 나의 태도를 정하라는 말이다. 외적인 것은 내적인 것의 반영인데, 내적인 것은 생각해보지 않고 외적인 것만 바꾸려고 하니 그 길 끝에 공허함이 두 팔 벌리고 나를 가로막는 것이다. 그러니 집중하되, 올바른 마음으로 집중해야 한다. 단지 내가 잘 해내야 하고, '나는 이래야만 한다'라는 아상我想에 사로잡힌 채로 하는 집중은 필연적으로 깨어지게 되어 있다. 욕심이 자신을 무너뜨리는 셈이다.

초기경전 중 하나인 《맛지마니까야Majjhima Nikāya》에서 시간 관리와 집중에 대한 붓다의 혜안을 얻을 수 있다. 팔정도八正道에 대한 조언 중 정정진과 관련된 내용이다. '아직 생겨나지 않은 나쁜 것은 생겨나지 않도록 애쓰고[samvarappadhāna, 방지의 노력], 이미 생겨난 나쁜 것은 버리도록 애쓰며[pahānappadhāna, 버림의 노력], 아직 좋은 것이 생겨나지 않았다면 이것이 일어나도록 노력하고[bhavanāppadhāna, 수행의 노력], 이미 좋은 것이 생겨났다면 이것이 더 늘어나도록 노력하라[annurakkhaṇappadhāna, 수호의 노력]'라는 전언이다. 이 내용을 현대인의 집중과 시간 관리에 적용해볼 수 있다. 방지의 노력으로는 아침에 일어나 스마트폰부터 보는 습관을 방지하기 위해 스마트폰을 거실에 두고 자는 것을 예로 들 수 있다. 버림의 노력으로는 늦게 자고 늦게 일어나는 습관을 버리기 위해 낮에 커피를 줄이고 활동량을 늘리는 것이 방법이 될 수 있다. 수행의 노력으로는 아침에 명상하는 습관을 만들기 위해 온라인 명상 그룹에 참여하는 것을, 수호의 노력으로는 이미 독서를 잘하고 있다면 감상을 남겨 다른 이들과 공유하는 것을 해볼 수 있다. 붓다는 시간을 쪼개어 쓰라고, 남들보다 앞서 나가기 위해 고군분투하라고 조언하지 않았다. 다만 자신이 자신의 기준이 되어, 나쁜 것은 예방하고 교정하며, 좋은 것은 새롭게 시작하고 지속적으로 성장시켜야 한다고 강조했다. 출발선에서 결승선까지 쉴 새 없이 뛰어가며 남들과 경쟁하는 것이 삶의 본질이 아니라, 고요한 태도로 자신과 타인, 세상을 바라보는 것이 인간이 배워야 할 핵심적인 태도라고 가르쳤다.

그저 열심히만 살고 있는가. 더 높은 위치에 올라가, 더 많은 연봉을 받으면 행복의 모든 조건이 채워질 것이라고 스스로를 설득했던 것은 아닌가. 열 배 더 많이 벌면, 열 배 더 행복해질 것이라고 단순하게 계산하고 있던 것은 아닌

가. 시간을 대하는 기본적인 태도를 점검하라. 정복하고 쪼개고 나누겠다는 생각을 내려놓고, 오직 지금 이 순간의 내면적 태도를 점검하는 것으로 충분하다. 나에 대한 과한 집착, 타인에 대한 과한 경계, 과거나 미래로 향하는 습관적 마음들을 순간순간 알아차리고 바라볼 수 있는 마음의 힘을 기른다면, 우리는 더 이상 시간과 씨름할 필요가 없다. 오직 순간 안에 머물 수 있는 사람만이 긴장과 불안으로부터 해방된다. 그에게 시간은 아름다운 영원처럼 길고, 시간 위에 존재하는 모든 것이 그의 편이 된다. 인생은 더 이상 투쟁이 아니게 되며, 모든 것은 제자리를 찾아간다.

"과거로 거슬러 올라가지 말고, 미래를 기다리지도 말라. 과거는 이미 지나갔으며, 미래는 아직 오지 않았다. 현재 일어나는 일들을 그저 그때그때 잘 관찰하라. 정복되거나 흔들리는 일 없이 수행하라."

《맛지마니까야》의 〈한밤의 슬기로운 님의 경Bhaddekarattasutta〉에 전해지는 붓다의 말씀이다. 지금 이 순간 온전한 의식으로 깨어, 그때그때 잘 관찰하는 힘을 기르기 위해서 어떤 방법을 배워두면 좋을까? 내가 루틴으로 만들어 실행하고 있는 방법들을 다음 장에서 공개해보려 한다.

시간의 주인이 되기 위해 무엇을 훈련할 것인가

―

이상하게도 명상과 리더십에는 공통점이 많다. 둘 다 눈을 크게 뜨고 살아가게 한다. 수련으로서 명상은 믿기 힘들 만큼 단순하다. 그저 하던 일을 멈추고 앉아서 몸과 정신, 마음을 완전히 인식한다. 생각과 감정이 들어오고 나가게 내버려둔다. 선의와 호기심을 키우고 삶의 고통과 실망, 즐거움과 가능성을 어루만진다.

_ 마크 레서 Marc Lesser

- 마크 레서 지음, 김잔디 옮김, 《리더의 마음챙김》, 카시오페아, 2021.

앞의 장에서 시간에 임하는 태도가 얼마나 중요한지 살펴보았다. 시간을 내 맘대로 정리하고 주무르겠다는 생각은 우리를 좌절시키지만, 순간에 임하는 태도를 단속하겠다는 겸허한 마음은 우리를 더 나은 집중과 해방으로 이끈다. 단순히 열심히 하는 것은 마음에 대해 배운 적 없어도 누구나 할 수 있지만, 순간에 온전히 깨어 있는 것은 훈련된 마음을 가진 사람에게만 허락되는 고차원적이고 특별한 자질이다. 그에 도달할 수 있도록 돕는 구체적인 방법들을 일상에서 실천해보자.

첫째, 아침은 마음의 태도와 의도를 세우는 데 할애하자. 많은 사람이 아침의 중요성을 이야기하고, 미라클 모닝을 유행처럼 따르기도 했다. 하지만 아침을 알차게 활용해야 한다는 그 생각이 우리를 오히려 조급하게 한다. 아침에 명상을 하겠다고 다짐해놓고, 명상을 하면서 끊임없이 오전 스케줄을 떠올리는 것은 이러한 이유에서다. 명상을 하겠다고 방석 위에 앉는 행위가 중요한 것이 아니라, 방석 위에 앉는 마음과 태도가 관건이다. '이것도 해야 하고, 저것도 해야 해'라는 생각이 아니라, 새롭게 시작하는 하루의 첫 시간을 나라는 존재와 연결하고 마음을 깨우겠다는 마음의 의도가 먼저 일어나야 한다. 일찍 일어나는 것이 중요한 게 아니라, 일찍 일어나서 어떤 존재가 되어가고 싶은지에 대한 스스로의 해석이 선행되어야 한다.

아침의 첫 한 시간, 피로감이나 괴로움으로 점철되어 출근을 준비하는 시간일 수도 있고, 한가한 주말엔 할 일 없이 스마트폰을 보며 누워 있게 되기도 쉬운 시간이다. 다 같은 한 시간인 것 같지만, 앞으로 이어질 하루의 흐름에 영향을 끼치는 중요한 시간이라는 점을 염두에 두자. 아침에 정해야 할 것은 몇 시에 어디에서 누구를 만나고, 어떤 옷을 입어야 하는지의 문제만이 아니다. 오늘 하루 내가 어떻게 살 것인지, 어떤 사람을 만났을 때 내가 어떻게 행동하기 원하는지 스스로에게 묻고, 가능하다면 손으로 기록해보라. 물론 그 전에, 등을 곧게 세우고 앉아 20분 정도의 호흡집중 명상을 한다면 당신의 기록은 더욱 깊어지고 명료해질 것이다. 마음속 오래된 이야기들은 점차 고요해지고, 직관과 영감의 힘이 성장할 것이다. 후회할 결정은 줄어들고, 주변 사람들이 당신을 대하는 태도 또한 달라질 것이다. 출처가 불분명한 이런저런 자기긍정 확언을 유튜브에서 듣고 따라 하는 노력도, 물론 안 하는 것보다는 나을지 모른다. 하지만 이왕이면 근거 있고 체계적인 방법으로 내면을 돌보고 단속하는 것이 좋다. 운동도 좋고 영어 공부도 좋지만, 하루 종일 내가 접속할 수 있는 고요한 마음의 밭을 일구는 데 아침의 20분을 할애하자.

둘째, 힘들 때 돌아갈 수 있는 마음 루틴을 연습해두자. 아침 시간을 자신만의 고요함으로 채웠다 해도, 하루를 보내며 경험하는 모든 일에 완전히 겸허할 수는 없다. 분명 아침에 명상을 하고 나왔어도 사무실에서 어떤 일 때문에 너무 화가 나거나 사람과의 관계에서 크고 작은 스트레스를 경험하는 건 당연하다. 나의 경우도 마찬가지였다. 극강의 고요함을 반드시 찾고야 말겠다며 열흘간 들어간 수행처에서조차 분노의 마음을 일으키는 나를 발견하게 됐다. 수행 공간에는 텀블러를 지참해서는 안 된다고 공지되어 있었는데도 굳이 텀블러를 갖고 들어와 시시때때로 물 따르는 소리를 내며 마시는 다른 수행자가 얼마나 신경 쓰이고 또 화가 나던지. 수행처에서조차 내려놓지 못한 내 분노와 어리석음 앞에서 좌절하는 동시에 헛웃음이 나기도 했다. 인간으로 태어난 이상, 마음의 번뇌를 겪는 것은 피할 수 없다. 그러나 우리에게는 선택권이 있다. 분노가 일어날 때마다 그 마음에 사로잡혀 나중에 후회할 행동을 할 것인가, 분노가 일어날 때 오히려 그 마음에 주의를 기울여 마음을 성장시키는 계기로 삼을 것인가. 누구든 후자를 원한다고 하겠지만 막상 그러기 위해 마음을 단속하려고 노력하는 사람은 찾기 힘들다. 구체적인 방법을 모르기 때문이다. 오랫동안 명상을 수행하면서 내가 정리한 방법이 있는데, 이 방법은 쉽고 빠르게 지금 이 순간의 지혜로 돌아올 수 있도록 도와준다. 마음이 게을러지거나 분노와 욕망으로 들끓을 때, 아래의 세 가지 질문을 단계적으로 하면 된다.

자, 지금 이 순간 내 몸에 어떤 느낌이 있지?
자, 지금 이 순간 내 마음에 어떤 이야기들이 있지?
자, 지금 이 순간 제일 중요한 것은 무엇이지?

마음을 대번에 보기란 어려우니, 질문의 첫 단계에서는 몸이 마음의 세계를 반영한다는 것을 고려한다. 괴롭고 절박한 상황일 때도 우리는 몸이 무엇을 느끼는지는 알아차릴 수 있다. 긴장감, 떨림, 뜨거움, 답답함 등 지금 이 순간 몸에 흐르는 느낌을 먼저 느껴본다. 그 느낌이 이리저리로 돌아다니는지, 조금씩 잦아들고 있는지 충분히 지켜본다면 더욱 좋다. 이렇게 몸의 느낌을 가감 없이 알아차릴 수 있다면 마음에 일어나는 이야기를 알아차리기 훨씬 수월해질 것이다. 마음을 읽을 수 있는 몸풀기를 이미 했기 때문이다.

질문의 다음 단계에서는 꼬리에 꼬리를 물고 일어나는

내면의 이야기들을 최대한 알아차리도록 노력해본다. 이 또한 연습과 적응이 필요한 과정이라서 처음부터 명료하게 되지는 않을 수도 있다. 하나의 생각을 발견했지만 거기서 마음은 또 다른 이야기를 만들어갈지도 모른다. 하지만 이는 지극히 자연스러운 현상이니 너무 걱정할 필요 없다. 다만 생각이 자기파괴적이거나 우울한 방향으로 번져가지 않도록 하기 위해서는 그저 생각나는 것들을 스스럼없이 손으로 모두 써보는 것이 큰 도움이 된다. 시간을 3분 정도 잡고, 머릿속에 떠오르는 모든 생각을 기록하는 것이다. 펜이 멈추지 않을 정도의 속도로 계속 기록해보고, 반복적으로 떠오르는 생각이 지나치게 파괴적이거나 부정적이지는 않은지 점검해볼 필요도 있다. 힘든 마음들이 많이 떠오르는 상태라면, 이것에 핑계나 원망 등 다른 감정을 덧붙이지 않고 '지금 내가 이러한 감정들을 경험하고 있는 상태구나'라고 옆에 새로운 문장으로 기록해본다. 현대심리학의 수용전념치료에서는 감정을 객관적으로 바라보는 것의 중요성을 강조한다. '나는 슬퍼' '이건 절망적이야'라고 말하는 대신 '나는 슬픔을 경험하고 있어' '지금 절망스러운 감정을 경험하고 있어'라고 감정을 객관화하여 보라고 이야기한다. 내 감정과 내가 한 덩어리가 되어 데굴데굴 굴러간다면 우리는 점점 더 혼란에 빠질 수밖에 없다. 그러나 내 감정을 있는 그대로 알아내는 마음의 지혜를 닦아간다면, 수행의 결실이 점차 또렷하게 드러나 감정의 주인이자 시간의 주인으로 살 수 있을 것이다.

가장 중요하고 핵심적인 질문의 마지막 단계에서는 보다 본질적인 알아차림에 다가간다. '지금 가장 중요한 것은 무엇인가'라는 질문은 뇌과학적인 차원에서는 전두엽의 기능을 활성화하는 모드로 우리를 이끌 것이고, 영성spirituality의 차원에서는 보다 가치 있는 방향으로 우리의 선택을 독려할 것이다. 몸과 마음의 상태를 있는 그대로 지켜볼 수 있는 사람은, 그래서 '지금 가장 중요한 것은 무엇인가'라는 가치 중심의 질문 앞에서 자신이 할 수 있는 가장 현명한 답변에 접촉할 수 있다. '지금 이 순간 나는 어떤 가치를 추구해야 하지?' '지금 이 순간 나의 의도는 어떤 것이지?' '이 결정을 통해 내가 얻고자 하는 귀한 가치는 무엇이지?'와 같은 질문을 해도 좋겠다. 나는 힘든 순간뿐 아니라 중요한 결정을 내려야 하는 모든 순간에 스스로에게 이 질문을 한다. 처음엔 몸을 알아차리는 첫 번째 질문에서 시작해 세 번째 질문에 대한 답을 내리기까지 오랜 시간이 걸렸지만, 이제는 혼란한 마음이 드는 바로 그 순간 현명한 답을 생각해낼 수 있게 되었다. 마음의 혼란을 막자, 시간의 낭비가 줄어들었다. 좋은 사람이 되려고 노력하자, 비로소 시간의 주인이 될 수 있었다.

시간의 주인이 되고 싶다는 생각은 우리를 더 많은 효율성을 추구하는 모드로 변화시켰다. 이러한 방식은 어느 정도는 효과적일지 모르지만, 더 빠르게 더 많은 부와 이득을 얻고자 하는 인간의 욕망과 결합해 우리를 극한으로 몰아붙인다. 시간의 주인이 되기 위해 추구해야 하는 것은 시간 그 자체가 아니라, 내면세계의 고요함이다. 고요하지 못한 내면으로 행하는 시간 관리의 테크닉은 허상에 불과하다. 시끄러운 내면을 단속하지 못한 채로 내리는 모든 결정은 언젠가 내면이 고요해졌을 때 돌아보면 그저 후회를 불러일으키는 과거의 이력이 된다. 시간을 정복하겠다는 생각으로 자신을 몰아붙일 것인가, 아니면 시간 안에 깨어 있는 사람이 될 것인가. 선택지는 두 개뿐이고, 그중 무엇을 선택할지는 온전히 당신의 몫으로 남아 있다.

Awareness Journal

당신은 최근에 크고 작은 후회를 한 적이 있나요? 아마 있을 것입니다. 잠시 눈을 감고 내가 후회한 '그 일'에 대해 떠올려보세요.

무엇에 대해 구체적으로 후회를 했나요? 그때 나는 스스로에게 어떤 말을 했나요? 마지막으로, 후회를 하는 것이 당신에게 유익한지 그렇지 않은지에 대해서도 기록해봅니다.

당신은 비슷한 상황을 또 경험할 수 있습니다. 또 후회하게 될지도 모릅니다. 하지만 당신에게는 이제 선택지가 하나 더 있습니다. 당신이 되돌리고 싶은 그 순간을 떠올리세요. 그때로 돌아가, '지금 가장 중요한 것은 무엇이지?'라고 스스로에게 묻는다면 어떤 선택을 할지 생각하고 그것을 기록해보세요.

사마타 Samatha

마음의 산란함을 가라앉히고 고도의 집중을 훈련하는 불교 수행법. '고요.' '평정'이라는 의미로 호흡, 소리, 형상 등 하나의 대상에 주의를 집중하는 방식으로 수행한다. 이 중 가장 쉽게 접근할 수 있는 것은 코끝의 감각에만 주의를 두는 호흡집중 수행이다. 주의를 흩뜨리는 생각의 파도로부터 벗어나기 원하는 사람에게 반드시 필요한 마음의 시도로, 간단해 보이지만 생각만큼 쉽지는 않다. 수행자는 사마타 수행을 통해 자신의 마음이 얼마나 시시각각 요동치는지 비로소 깨닫게 된다.

오개 Pañca Nivaraṇa, 五蓋

탐욕, 성냄, 혼침昏沈, 불안, 의심. 수행을 방해하고 마음을 흐리게 하는 다섯 가지 방해 요소를 일컫는다. 인간이라면 누구나 갖고 있는 마음의 요소이지만, 이것을 잘 다루는가 그렇지 못하는가에 따라서 삶의 모습은 확연하게 달라질 것이다. 수행의 과정에서 오개를 마주하게 되는 것은 자연스러운 과정이다. 더 잘하고 싶은 것, 원하는 만큼 집중이 되지 않아 화가 나는 것, 호흡을 바라보려고 하지만 졸음이 쏟아지는 것, 시간을 투자했는데 아무것도 변하지 않으면 어쩌지 싶어 불안한 것, 내가 잘하고 있는 것이 맞나 의심이 드는 것은 수행자가 감당해야 하는 통과의례기도 하다.

선정 Samādhi

마음이 하나의 대상에 완전히 몰입해 흔들림이 없는 경지. 일상 속에서도 무언가에 깊이 몰입하면 우리는 평상시와는 전혀 다른 깊은 집중의 순간을 경험할 수 있다. 그러나 사마타 수행을 통해 얻어지는 순수한 몰입은 일상에서 경험하는 집중보다 훨씬 깊고 강렬하다. 일반적으로 수행자가 경험할 수 있는 선정의 단계는 첫 번째 단계인 초선부터 4선까지로, 이를 색계 선정이라 한다. 선정을 가능하게 하는 깊은 집중의 힘은 지혜를 닦기 위한 통찰 수행의 기반이 된다.

주의 기울임 Manasikāra

공원이나 강변에 가만히 앉아 그저 구름이 고요히 지나가는 것을 바라본 적이 있다면, 당신은 주의를 기울인다는 것이 무엇인지 모르지 않는 사람이다. 하늘의 구름을 일일이 평가하며 '이 구름은 사라졌으면 좋겠다' '이 구름은 내가 원하는 형태가 아니다'라고 하지 않듯이, 우리는 우리 마음에 일어나는 많은 생각과 감정에 있는 그대로 주의를 기울일 수 있다. 주의 기울임, 마나시까라 manasikāra는 마음챙김 수행이 성립하기 위한 핵심적 토대가 된다. 이를 통해 수행자는 대상을 판단하거나 분석함 없이 있는 그대로 바라보고 마음을 향하게 할 수 있다.

회복

RECOVERY

2

어떻게 몸과
마음을 연결하고
회복할 것인가

—

누구든 자신의 몸이 건강하기를 바라고 또 그러기 위해 노력한다. 온갖 건강 정보를 찾아보고, 다이어트를 하고 성인병을 예방하려 하며, 좋은 음식과 영양제를 섭취하고 건강 검진을 챙긴다. '잘 기능하는 몸'에 초점을 맞춘 노력들이 몸을 사랑하는 행위라 생각한다. 그러나 이것으로 충분할까? 모든 노력 이전에 내 몸을 바라보는 태도, '기능하는 몸'에서 '회복하는 몸'으로의 시각 전환이 필요하다.

대학교를 졸업하고 13년간을 과로와 야근이 기본값인 직장에 다녔다. 월간지 기자의 일정은 너무도 불규칙했기 때문에 식습관이나 수면 시간을 조절하기가 쉽지 않았다. 작업이 팀 단위로 돌아가 마감 기간에는 내가 할 일을 다 끝냈어도 새벽 두세 시까지 집에 갈 수 없었고, 야근을 버티기 위해 졸린 눈을 비비며 가공식품을 입에 욱여넣었다. 그래도 30대 초반까지는 버틸 만했다. 새벽 다섯 시까지 종로 4가 사무실에서 일을 하고도 잠시 엎드려서 잔 뒤에 아침 일곱 시에 종각에 있는 어학원에서 수업을 듣고 집에 가서 씻고 다시 출근하기도 했으니까. 내 몸이 어떻게 되어가는지도 모르는 채 젊음의 에너지를 과신했던 것이다. 어느 날 갑자기 목덜미가 뻣뻣해져 아무것도 할 수 없고, 허리 디스크가 터져 꼬박 사흘을 집 밖으로 나갈 수 없게 되기까지, 스스로를 그저 열심히 살고 있는 직장인이라고만 생각했다. 내 몸을 내가 소외시키고 홀대했다는 것을 깨닫지 못했다. 내 몸과 마음의 연결이 완전히 끊어진 상태라는 것을 알게 되기까지 너무 오랜 시간이 걸렸다.

무한 경쟁을 바탕으로 압축적 성장을 거듭해온 한국의

직장인들에게 이런 사례는 조금도 특별하지 않다. 모두가 '조금 더 많이, 조금 더 빠르게'라는 만트라라도 외우는 것처럼 달리고 또 달린다. 만성피로의 늪에서 빠져나오기 위해 하루 종일 커피를 달고 살고, 몸의 컨디션을 빠르게 올리기 위해 수십만 원짜리 수액을 맞는다는 이야기도 더 이상 신기하게 들리지 않는다. 사람을 갈아 넣는다는 거칠기 이를 데 없는 표현이 자조적으로 통용될 만큼, 성공을 위해 시간을 아껴 고군분투하며 달리는 모두에게 몸은 그저 내가 사용하는 도구나 자동차처럼 여겨지는 것 같다.

그러나 그 도구는 세상의 모든 물건이 그렇듯이 영원히 잘 작동해주지 않는다. 모든 것은 닳아지고, 쇠해가게 마련이다. 서른 중반까지만 해도 제법 버티던 몸은 조금씩 내구성이 떨어지기 시작한다. 몸이 버텨줄 때는 가능했던 일들이, 더 이상 가능하지 않아지는 일들을 목격한다. 그즈음 내 몸에 해온 일들에 대해 뒤늦은 청구서가 도착한다. 몸이 받은 스트레스가 고스란히 마음의 스트레스로 전환된다. 몸이 버텨주지 않으니, 마음도 쉽게 무너진다. 하지만 일에 대한 스스로의 욕심과 함께 외부적인 압박과 기대가 더 커질 수밖에 없는 시점이기에 상황은 더욱 악화된다. 몸의 힘은 예전 같지 않은데 마음이 받는 압박은 점차로 커질 수밖에 없는 생존 경쟁의 구조, 어쩌면 우리는 자신이라는 씨앗 위에 욕심이라는 흙을 덮고 과로라는 물을 주고 있는 것은 아닌가.

스스로를 몰아치는 장시간 노동은 더 많은 연봉과 승진을 약속해줄 수는 있다. 하지만 여기엔 원치 않는 대가가 따라올 수 있다. 《작업환경의학Occupational and Environmental Medicine》에 발표된 연구에 따르면, 장시간 노동을 하는 사람은 뇌의 특정한 구조에 변화를 경험하는 것으로 분석된다.• 52시간 이상 과로를 경험한 그룹은 판단, 기억, 주의, 정서 조절과 관련된 뇌 영역 17곳에서 변화가 관찰되었고, 이는 불안감과 우울감의 증가로 이어질 수 있다는 것이다. 열심히 일해서 승진은 할지 몰라도, 불안하고 우울한 인간으로 산다면 그것을 어떻게 행복이라 부를 수 있을까? 더 열심히 해서 더 많은 것을 누리려고 하는 자본주의적 삶의 이면에는, 이처럼 인간이 스스로의 내면을 파괴하는 비극이 숨어 있다. 이는 몸을 단지 성공의 도구처럼 인식하는 우리 모두에게 예비된 비극일지 모른다. 과로는 피로만 남기는 것이 아니다. 우리가 지각하는 것보다 더 깊이, 몸과 마

- Wonpil Jang · Sungmin Kim · YouJin Kim · Seunghyun Lee · Joon Yul Choi · Wanhyung Lee, "Overwork and changes in brain structure: a pilot study", *Occupational and environmental medicine*, 82(3), 105-111, 2025.

음 모두에 흔적을 남긴다. 고칠 수 있을지언정 영원히 지속될 수 없고, 내 것처럼 사용하지만 모든 것을 내 맘대로 조절할 수 없는 몸의 특성에 대해 생각해볼 때다.

초기경전은 육체의 유한함과 고통에 대해 심도 있게 다룬 관점을 제시한다. 이는 몸에 대한 우리의 태도를 전면적으로 되돌아보게 한다. "이 아름다운 몸도 언젠가는 땅 위에 버려진 채 누워 있게 된다. 의식이 없으며, 더는 쓸모가 없는 나무토막처럼 될 것이다."• "감각으로 경험한 모든 것은 결국 부서진다. 이와 같이 세상은 부서지는 것들이다."••• "태어났으니 죽고 싶지 않아 하나, 다른 방도랄 것이 없다. 늙으면 반드시 죽음이 닥친다. 모든 삶의 운명은 이와 같다."•••• 붓다는 죽음을 바라보면 삶을 더 명료히 알 수 있음을 알려준다. 태어난 존재는 예외 없이 늙고, 병들고, 죽는다는 사실을 마음속 깊은 곳으로부터 매일 묵상하는 일이 모든 것의 시작이 되어야 한다. 그 끝이 오늘이 될지, 내일이 될지 알 수 없는 유한한 삶을 받고 태어났으나 삶이 허무하다고 함부로 말할 일은 아니다. 유한한 삶이기에 더욱

- 《법구경Dhammapada》, 〈Dhp.41, 마음의 품Cittavagga〉
- • 《쌍윳따니까야Saṃyutta Nikāya》, 〈SN.35:82, 세상의 경Lokasutta〉
- ••• 《숫타니파타Sutta Nipata》, 〈Stn.3.8, 화살의 경Sallasutta〉

소중하고 귀하게 여겨야 한다. 몸이 그 수명을 다하면 이 복잡하던 삶도 끝이기에, 살아 있는 한 몸으로 할 수 있는 고귀한 책임들을 다해야 할 의무가 있을 따름이다. 몸이 성공을 위해 내 멋대로 과용하는 도구가 아닌, 의식과 정신이 머무는 고요한 처소가 되어야 하는 이유가 여기에 있다. 몸과 마음을 연결하는 매일의 작업은 바로 이 지점에서 시작되어야 할 것 같다.

가장 먼저 시도해보기를 추천하는 것은 걷기명상이다. 자연 속에서 산책하는 것, 바른 자세로 걷는 것의 중요성은 많이 알려져 있다. 하지만 이렇게 걷는 도중에도 우리는 잡다한 생각으로 가득하다. 그냥 걷기에는 시간이 아까워서, 온갖 자기계발 유튜브를 듣기도 하고 전화를 걸어 밀린 일들을 처리하기도 할 것이다. 한 손으로 스마트폰을 쥔 채 눈앞의 화면을 보며 걷는 경우를 정말 많이 보는데, 이렇게 걷는다면 유산소 운동의 효과는 있을지 몰라도, 내면의 차원에서는 오히려 몸과 마음이 분리되는 경향성만 강해질 것이다. 이것은 걷는 것도 아니고, 보는 것도 아니기 때문이다. 두 가지를 동시에 한다는 것은, 사실상 어느 것 한 가지에도 마음을 제대로 두지 못하는 것과 같다. 심신 이완은 고사하고 마음은 오히려 더욱 산란한 쪽에 가까워진다.

걷기명상은 몸을 움직이는 시간조차 온전히 집중하지 못

하는 사람을 위해 이상적인 방법을 제시해준다. 방법은 어렵지 않다. 앞 장에서 시도했던 사마타 수행의 테크닉을, 걷는 동작에 적용하기만 하면 된다. 조용한 공원처럼 넓고 걷기 편한 장소에 가서, 등을 쫙 펴고 2미터 정도 앞에 시선을 둔다. 손은 앞이나 뒤로 모아서 맞잡는 것이 적절하다. 아주 천천히 발걸음을 옮기며, 드나드는 숨에만 주의를 두자. 아마 마음은 이내 이런저런 이야기들을 만들어낼 것이다. 몸을 움직이면서 코끝의 숨에 주의를 기울이는 것이 쉽지만은 않겠지만, 이런 동적인 명상을 통해서도 마음의 고요함과 집중을 기를 수 있다는 점을 기억하자. 마음이 산란해지면, 다시 코끝의 숨으로 돌아오기만 하면 된다. 테크닉은 아주 단순하다. 하지만 그 과정은 결코 쉽지 않다. 오래된 마음의 이야기가 우리의 마음을 잡아끌 것이다. 사람은 아름다운 산책로에서조차 오래된 원망의 감정을 떠올릴 수 있는 존재다. 하지만 그런 시간이 반복되면 걸을 때마다 원망할 만한 사람을 찾는 습관이 강화될 것이다. 반면 지금 이 순간 내 몸이 느끼는 감각에 마음을 두는 연습을 반복적으로 하면, 지금 이 순간에 접촉한다는 것이 무엇인지 점점 또렷해지고, 몸과 마음도 차차 연결될 것이다.

이렇게 하루에 몇 분씩이라도 감각에 집중하면서 걷는 걷기명상을 연습하면서, 아침저녁으로 좋은 습관을 추가

할 수 있다. 감정자유기법EFT, Emotional Freedom Techniques이라고 불리는 이 기법은 감정을 억지로 억제하지 않고 몸을 통해 흐르게 한다는 원리를 담고 있다. 동양의 경혈 자극 원리를 서양의 인지행동기법과 결합한 일종의 셀프 테라피인데, 방법은 아주 간단하다. 먼저, 한쪽 손날을 다른 손의 손가락 끝으로 태핑, 즉 두드리며 나 자신에게 소리 내어 이렇게 몇 차례 말해준다. "지금 많이 힘들지만, 나는 이완과 회복을 선택하기로 했어." 몇 차례 이 문장을 말한 다음, 본격적으로 태핑을 한다. 미간 바로 위, 관자놀이 부근, 눈 아래, 인중, 턱 끝, 쇄골 아래, 옆구리, 정수리 부분을 두 손끝으로 5~10회 정도 톡톡 두드리며 각 지점마다 느껴지는 것과 함께 자신을 부드럽게 독려하는 말을 해준다. "지금 불안하지만, 이건 정상적인 반응이야." "할 일이 많다는 압박감을 느끼네. 하지만 그래도 나는 안전해." "이런 스트레스를 느끼는 것은 이상한 일이 아니야." "내가 더 많이 이완할수록, 내 몸이 편안해질 거야." 이와 같은 식이다. 미간부터 정수리까지 순서대로 두세 바퀴 혹은 그 이상도 시도해볼 수 있다. 나는 중요한 강의나 발표가 있을 때, 현장에 도착했을 때 종종 차 안에서 감정자유기법을 한다. 몸이 다소 피곤해 머리가 먹먹한 느낌이 들 때도 한다. 우울한 기분이나 습관적인 불만들이 올라올 때도 이 방법은 효과적이었다. 감정자유기법이라는 간단한 테크닉을 통해, 우리는 몸이 있는 곳으로부터 멀리 달아나버린 우리의 마음을 '지금 이곳'으로 조금 더 수월하게 데려올 수 있다. 몸과 마음이 잘 연결되어 있으면, 몸과 마음이 가진 본연의 지혜는 우리 존재가 나아가야 하는 방향을 잘 알려준다. 그리고 우리는 그 지혜를 온전히 누릴 자격이 있는 존재들이다.

성공과 발전을 위해 열심히 일했을 뿐인데 마음이 너무도 지치고 힘든, 어려움의 시간은 누구에게나 온다. 하지만 그 시간은 또 다른 성찰을 일깨울 수 있는 기회의 장이기도 하다. 늘 열심히 살아야 한다며 스스로를 독려할 뿐 어떻게 마음을 다독일지에 대해 배우지는 못하지 않았던가. 감각에 집중해 나 자신과 함께 다정하게 걷자. 그리고 고요히 앉아 몸과 마음을 두드리자. 지금부터라도, 몸과 마음을 회복하는 귀한 여정을 시작하자.

글을 통해 마음을 회복하는 방법

—

피로나 스트레스로 가득한 채 집에 돌아온 저녁, 당신이 잠들기 전까지 어떤 방식으로 휴식과 회복을 시도하는지 돌아보라. 얼른 배달 음식부터 주문해 몸과 마음의 허기를 채우는가. 텔레비전 리모컨을 쥐고 하염없이 이 채널 저 채널을 부유하는가. 아마도 이미 습관으로 굳어진 자신만의 패턴이 있을 것이다. 그 패턴이 그리 유용하지 않다면, 고단한 몸과 지친 마음을 적극적으로 돌보기 원한다면, 마인드풀 저널링이 좋은 대안이 될 수 있다.

마음을 돌보고 회복하는 방법은 이미 다양하게 개발되어 있다. 가벼운 마음으로 참여할 수 있는 원데이 클래스부터 시작해 요가나 명상 수업, 심리상담 세션, 집단상담 세션까지, 누구나 자신에게 제일 잘 맞는 방식을 선택할 수 있다. 시간과 돈만 있으면 다양한 마음의 여정을 시도하는 것은 어렵지 않다. 하지만 그 다양한 여정을 하나로 묶어주는 기능을 하는 일상 속의 루틴이 있다면 어떨까? 자신을 위해 낸 시간과 비용, 노력이 더 효과적으로 연동되면, 우리는 조금 더 안정적으로 내면을 발전시킬 수 있지 않을까?

그 루틴으로 제안하고 싶은 것은 '저널 테라피journal therapy'다. 정신과 치료와 워크숍에 활용되던 저널링을 보다 대중적으로 쉽게 개발한 캐슬린 애덤스Kathleen Adams가 이 분야의 권위자로 알려져 있다. 저널링이라고 하면 보통은 일기를 생각하기 쉽다. 그날 있었던 일과 자신의 감정을 가감 없이 기록하는 정도로 생각하는 것이다. 하지만 저널링은 단순한 일기와는 다르다. 저널링은 체계적인 기법들을 적용하여 일상을 돌아봄으로써 내면을 보다 촘촘하게 들여다보고 그것을 통해 평온과 지혜를 개발하기 위한 것이기 때문이다.

 애덤스가 개발한 저널링 기법 중에서 대화형 쓰기와 편지 쓰기는 당장 시도해볼 수 있다. 대화형 쓰기는 내 안에 존재하는 생각과 스스럼없이 대화할 수 있도록 장을 여는 기법이다. 예를 들어 너무도 불안할 때, 내가 그 불안과 함께 대화하는 것을 상상해볼 수 있다. 내 안의 나와 불안을 구별해, 상황을 객관적으로 인식할 수 있도록 한다. 종이를 꺼내 '왜 불안해?'라고 묻고, '불안'이 그에 답하는 식으로 기록해본다. 내가 갖고 있는 불안이 어디에서 왔는지, 불안을 대하는 나의 태도는 어떤지, 지금 해야 할 일들이나 하지 말아야 할 일들이 무엇인지 금세 깨닫게 되는 장점이 있다. 불안한 마음이 곧 내가 아니라, 내 안에 잠시 찾아왔을 뿐이라는 사실을 명료하게 체득할 수 있는 방법이기도 하다.

 편지 쓰기 기법의 정확한 이름은 '보내지 않는 편지unsent letters'다. 말 그대로 편지를 쓰기는 하지만, 누군가에게 보내기 위한 것은 아니다. 편지에 특정 인물을 향한 마음을 솔직하게 털어놓는 과정에서 나의 기억과 감정을 돌아본다. 보내지 않을 편지이니 감정을 더 깨끗하게 털어놓을 수 있고, 결과적으로 감정의 정화에 어느 정도 도움이 된다. 압도될 정도는 아니지만 다소 스트레스를 받고 있고, 끊임없이 울리는 내면의 소리 때문에 명쾌한 결정을 내리지 못하는 것 같다면 이런 저널 테라피의 기본적인 테크닉들을 활용해볼 수 있다. 나 역시 이 두 가지 방법을 꾸준히 실행하면서 습관적인 생각들을 많이 내려놓을 수 있었다.

줄리아 캐머런Julia Cameron이 《아티스트 웨이》에서 소개한 모닝 페이지 기법은 애덤스의 방법보다도 조금 더 쉽다. 하지만 바쁜 아침보다는 조금은 여유로운 아침에 활용해보면 좋을 것이다. 그녀는 창의성 회복을 위한 12주 프로그램으로서 저널링과 창조적인 생활 습관을 시작할 것을 권한다. 모닝 페이지의 방법은 너무도 간단하다. 아침에 일어나서 그저 머릿속에 떠오르는 모든 생각을, 문법도, 형식도, 주제도 신경 쓰지 말고 A4 용지 세 장 정도 분량으로 쉬지 않고 적어 내려가는 것이다. 이를 통해 뇌 속의 잡음들을 쏟아내면 보다 창조적인 작업을 하기에 좋은 상태가 된다. 아침에 일어나자마자 시작되는 생각들이 귀찮다고 느껴본 적이 있는가? 그 상태에서 밤새 온 연락과 알람들을 확인하는 습관은 우리의 머릿속을 더 복잡하게 만든다. 따라서 머릿속에 잔여물처럼 남아 있는 생각들을 한번 가볍게 만들어줄 필요가 있다는 것이 캐머런의 이야기다. 이야기 안에 어떤 교훈이나 핵심, 논리가 있을 필요도 없다. 그저 머릿속을 비워낸다고 생각하고 기록의 행위 안에 자신을 내맡기면 된다. 이렇게 하고 나면 자고 일어났어도 여전히 살아 숨 쉬는 머릿속의 잔소리꾼들이 잠재워진다. 나의 경우 아침에 일어나 컨디션이 좋지 않은 날에 특히 이 작업의 도움을 많이 받았다. 컨디션이 좋지 않다는 자각이 마음속에 또 다른 이야기들을 만들고, 짜증이나 우울한 느낌으로 번지곤 했는데, 모닝 페이지로 이러한 연속반응이 일어나지 않도록 할 수 있었다. '기분이 태도가 되지 않게'라는 말이 있지 않던가. 머리를 비우고 적극적으로 새로운 하루를 시작할 수 있는 좋은 방법이다.

개인적으로 오랫동안 저널링을 하고 또 내가 진행하는 마인드풀니스 수업에도 적용하면서, 나는 저널링과 명상을 좀 더 적극적으로 결합할 방법을 고민했다. 마음을 기록하는 과정에서 자칫 감정의 편린들에 더 강하게 사로잡힐까 봐 우려되었기 때문이다. 평범한 일기 쓰기는 위험성을 가지고 있다. 오늘 정말 힘들었다고 쓰다 보면, 나를 힘들게 한 요인이나 타인에 대해 생각하게 되고, 그 생각은 현명한 고찰보다는 남을 탓하는 마음이나 파괴적인 생각으로 쉽게 옮겨갈 수 있다. 마음의 오래된 습관을 인지하지 못한 채로 무턱대고 감정에 대한 글을 쓰면 오히려 부정적인 생각들을 더 많이 떠올리고 이것이 우울감이나 자괴감을 강화할 가능성이 있는 것이다.

어떻게 해야 저널링의 자기 성찰 기능을 최대로 끌어올

릴 수 있을까? 먼저 저널링을 하기 전에 몸을 고요히 하는 시간을 확보하기로 했다. 긴장이나 불편감이 드는 바로 그 순간이 아니라, 자연 속에서 충분히 걷기명상이나 산책을 한 뒤에 마음을 기록했다. 누구도 보지 않을 나만의 저널링의 원칙은 간단하며 확고했다. 첫째, 내면적 검열의 과정 없이 기록할 것. 둘째, 내가 기록한 내용을 차분히 돌아볼 것. 셋째, 기록된 내용을 통해 지금 내가 깨닫거나 느끼는 점을 기록할 것. 이렇게 하고 나서 20분 정도 좌선을 수행했다. 몸과 마음을 어느 정도 차분하고 고요하게 만든 후에 나 자신과 대면하니 삶과 수행이 하나로 연결되는 것을 느낄 수 있었다.

또 이것을 독서와 연결하기도 했다. 독서 따로, 명상 따로, 저널링 따로가 아니라 이 모든 것이 하나로 연동되도록 하는 것이다. 나는 매일 최소 서른 장씩 독서를 하는 습관을 갖고 있는데, 우선 오늘 보았던 내용에서 가장 마음에 남은 단어나 구절을 하나 선택한다. 그리고 그 단어나 구절과 내 삶을 연결할 수 있는 글을 한 단락 정도 쓴다. 멋지게 글을 쓰려고 할 필요는 없다. 타인이 기록한 성찰의 결과물이, 나에게도 성찰을 불러일으키도록 일종의 길을 열어준다고 생각한다. 글을 쓴 다음 그 키워드로 도서를 검색해서 읽어보는 것도 나 자신을 돌아보고 내 삶의 지평을 넓히는 데 큰 도움이 되었다. 베스트셀러라서 읽고, 누가 추천해줘서 선택한 것이 아니라, 내 삶에 이미 나타난 한 권의 책을 통해 또 다른 책을 소개받는 것이 내게는 신성한 독서이자, 성찰의 이어달리기처럼 느껴졌다. 그 누구도 아닌 나의 내면이 권해준 책이었기에, 그 책들이 나를 더 없는 성장의 길로 이끈 것은 당연한 일이었다.

붓다는 《맛지마니까야》의 〈새김의 토대의 경 Satipaṭṭha Sutta〉에서 마음챙김의 네 가지 기초로 몸(신체)을 알아차리는 것, 느낌을 알아차리는 것, 마음 상태를 알아차리는 것, 마음을 둘러싼 진실들(법)*을 알아차리는 것을 제시하였다. 마인드풀니스는 단순히 지금 마음이 어떤가 보려고 한다고 해서 완성되는 것이 아니라, 체계적으로 접근하고 수행해야 한다고 강조한 것이다. 이러한 네 가지 수행의 영역을 지속적으로 관찰, 즉 아누빠사나 anupassanā 하려고 노력한다면 이를 통해 지혜의 문이 열린다고 보았다. 이러한 불교 철학의 지혜를 오늘의 저널링에 활용해볼 수 있다. 하루가 저물어가는 시간, 책상 앞에 고요히 앉아 네 가지를 돌아보는 것이다. 오늘 내 몸은 어떤 상태인지, 그리고 지금 나에게 '유쾌

• 여기서 말하는 '진실들'은 팔리어 'dhamma'의 번역어로, 불교에서 가르침, 법칙, 현상 등을 두루 가리킨다.

한 느낌, 불쾌한 느낌, 중립적인 느낌' 중에서 주로 어떤 느낌들이 감지되는지를 돌아보는 것이다. 또한 내 마음에 어떤 감정이나 정서들이 머물고 있는지, 전체적으로 오늘 하루에 어떤 현상들이 생겼다가 사라졌는지 등에 대해 관찰해볼 수 있다.•

인간이라면 피해갈 수 없는 고통으로부터 해방되기 위해 네 가지 대상을 있는 그대로 관찰해야 한다는 신수심법身受心法을 따라 하루를 돌아보는 연습을 이어가자. 다시 돌아오지 않을 귀한 하루를 마무리하는 아름다운 수행의 시간이 될 것이다. 마인드풀 저널링은 자신을 깊은 곳으로부터 회복하고 성장하기 원하는 사람을 위한 아름다운 회복의 여정이다.

- 몸과 마음을 관찰한다는 것이 처음엔 쉽지 않을 것이다. 관찰하는 과정 중에도 생각이 다른 곳으로 향할 수 있다. 이 과정을 제대로 하기 위해서는 경전에서 몸과 마음에 대해 설명하는 바를 학습하는 것이 매우 도움이 된다. 탐진치食嗔痴, 오개, 고통 등 마음의 작용에 대한 초기경전의 설명을 참조할 것.

Awareness Journal

조용한 곳에서, 약 3분 정도 타이머를 세팅하고 앉으세요. 눈을 감고 자연스러운 호흡의 흐름에만 주의를 기울여보세요. 편안한 음악을 틀어두는 것도 좋겠지만, 가능한 한 음악 없이 완전한 고요함 속에서 홀로 머물러보도록 합니다. 긴장감이나 피로가 있다면 누운 채로 고요함에 머물러 봅니다.

이제 눈을 뜨고 한 가지씩 관찰해 기록해보세요. 지금 내 몸에 어떤 감각들이 느껴지나요? 지금 내가 전반적으로 느끼는 느낌은 유쾌함, 불쾌함, 유쾌하지도 불쾌하지도 않은 느낌 중 어느 것에 가까운가요? 요즘 내 마음은 탐욕, 분노, 어리석음 중 어느 것을 가장 자주 경험한다고 생각하나요? 요즘 나는 삶에 있어서 만족, 불만족, 집착, 내려놓음 중 어떤 것을 자주 경험하나요?

이 네 가지를 기록하고 난 후, 마음에 남아 있는 느낌이나 감정에 대해 가감 없이 기록해보세요.

나를 안다는 것은
무엇인가

―

수많은 심리검사 도구 중의 하나일 뿐인 MBTI가 어느새 전 국민의 자아 테스트처럼 자리 잡은 분위기 뒤에는, 스스로를 규정하고 자신이 누구인지 알고 싶은 우리의 욕망이 있다. 이를 다른 시각에서 말한다면, 우리가 그만큼 자기 자신을 제대로 알지 못한 채 살고 있다는 의미이기도 할 것이다. 자신이 누구인지 안다는 것은 무엇일까? 자신이 누구인지 알기 위해 필요한 노력은 어떤 것이며 이러한 노력은 우리의 삶을 어떻게 변화시킬 수 있을까?

선학禪學을 전공하기 전 내가 가장 많은 관심을 두었던 것은 스토아 철학이었다. 루키우스 안나이우스 세네카Lucius Annaeus Seneca, 마르쿠스 아우렐리우스 안토니누스Marcus Aurelius Antoninus와 같은 철학자들이 세상을 바라보는 방식에 매혹되었고, 모든 문장을 머릿속에 넣고 싶은 마음으로 가득했던 기억이 난다. 이후에 선학을 전공하며 불교 철학과 스토아 철학에 공통적으로 흐르는 요소들을 인지할 수 있었고, 자기 성찰이라는 주제에 더욱 관심을 가지게 됐다. 두 철학은 서로 다른 문화권에서 발달했음에도 불구하고 삶에 대한 관점, 욕망에 대한 태도, 자기 성찰의 방법 등에서 공통점을 가진다. 삶을 고통 혹은 불행으로 가득한 것으로 바라보며, 집착이나 비이성적인 욕망을 삶을 더 큰 고통으로 몰고 가는 원인으로 본다. 삶의 무상함과 죽음을 매우 강조하며, 각각 무아無我와 이성의 통제를 통해 내면으로부터의 진정한 해방을 추구한다는 점에서 철학적 함의가 교차한다. 살아가면서 끊임없이 찾아오는 외적인 어려움과 마음의 고통 속에서도 삶의 의미와 그 이유를 찾고 싶었던 나에게 스토아 철학과 불교 철학은 중요한 관점을 제공해주었다.

세네카는 스토아학파의 대표적인 철학자로, "자신 안으로 최대한 깊이 물러나라. 당신을 더 나은 사람으로 만들어줄 이들과 함께하라"•라고 말했다. "자신 안으로 최대한 깊이 물러나라"라는 말에 숨겨진 의미는 무엇일까. 나는 이것이 자신을 완전히 파악하고, 자기 내면의 완벽한 주인으로 거듭나라는 의미라고 생각한다. 인간은 혼자서는 살 수 없기에 반드시 좋은 동반자들과 함께 가야 하지만, 자기 자신이 누구인지 알지 못하고서는 그런 사람들을 찾아낼 수 없을 것이라는 뜻이 담겨 있다고 본다. 감정을 이성으로 다스릴 것을 강조하며 이성의 역할을 중요시하고, 매일 자기 성찰과 자기 점검을 하라고 권면한 스토아학파의 기본적인 입장을 생각한다면 자신 안으로 물러나라는 말의 의미는 더욱 확실해진다. 자신을 깊이 있게 성찰하고 인지할 때, 우리는 처음부터 가지고 있던 이성의 힘을 더욱 정확히 발휘하여 진정한 성장과 자유로 향할 수 있다고 강조한 것이다.

우리에게는 질문이 필요하다. 세네카가 말한 자아 성찰의 여정에 우리는 얼마나 근접해 있는가? 2000년 전에도 인간의 고귀한 자아 통제와 자아 훈련이 강조되었는데, 하물며

• Seneca, *Moral Letters to Lucilius*, Translated by Richard M. Gummere · Loeb Classical Library, Letter 7, section 8, Harvard University Press, 1917.

기술문명이 눈부시도록 발달한 이 시대에 고작 여덟 개의 알파벳으로 인간을 분류하고 파악할 수 있다고 믿는 것은 얼마나 안일한가. 어쩌면 시선과 마음을 빼앗길 수밖에 없는 유혹적인 요소가 우리의 삶을 너무 가득히 채우고 있어 자신이 누구인지 깊이 침잠해 탐구할 용기도 의지도 거세된 것이 현재 우리의 자화상은 아닌가 싶다. 심리학을 전공한 사람으로서 이전보다 많은 사람이 심리학 이론에 관심을 가지는 것은 일견 반갑게 보이지만, 단순한 심리검사 결과로 자신을 규정할 수 있다고 믿고 더 이상의 자아 탐구를 포기하는 모습이 안타깝게 느껴지는 것도 사실이다.

우리에게는 새로운 질문이 필요하다. 정말로 나를 안다는 것이 무엇일까? 나는 나를 얼마나 알고 살아가는가? 친구와 이에 대해 잠시 대화를 나눈 적이 있는데, 놀랍게도 친구는 이 주제를 어색해했다. '내가 좋아하거나 싫어하는 것이 무엇인지 아는 것이 나를 아는 것일까?' '아니면 내가 언제 기쁘거나 슬픈지를 아는 것일까?' 일명 공부도 좀 했고 책도 좀 읽는다는 친구였지만 그럼에도 불구하고 잘 설명하지 못하는 것을 보며 조금은 놀라웠다. 정말이지 우리는 열심히, 기능적으로는 잘 살아가는지도 모르겠지만 대부분은 우리가 누구인지에 대해서는 생각해볼 겨를도 없이 살고 있다는 생각이 들었다. 우리에게 필요한 것은 삶을 바라보는 관점으로서의 철학적 사유다. 모든 철학은 결국 나를 어떻게 바라보고, 또한 세상을 어떻게 바라볼 것인가 하는 세계관으로 귀결된다. 자신을 바라보는 방식을 정할 때 우리는 스스로를 진정으로 성찰하는 문을 열 수 있고, 그 문을 열 때야 세상을 향한 문도 함께 열린다. 그 과정은 그렇게 수월하거나 즐겁지만은 않을 수도 있다. 하지만 이러한 과정이 증발한 채 무작정 노력하고 애쓰다 보면 필연적으로 공허감이라는 큰 장애를 만나 표류하게 된다는 사실을 기억해야 한다. 삶의 시간은 한정적이고, 그 시간은 생각보다 빨리 흐른다. 걷잡을 수 없이 밀려들다 사라지는 시간의 파도 속에서, 자신이 어느 방향을 바라보고 있는지도 모르는 채 맹목적으로 달려가는 존재로 살 순 없다.

  자신이 누구인지 알고 싶은가. 취향이나 취미를 파악한다고 해서 자신을 안다고 말할 수 없다. 그런 것이 자아를 아는 것이라면 텔레비전에서 본 캐릭터 인형을 사달라고 떼쓰는 세 살짜리 아이도 자아 탐구를 완성한 것일 테니까. 우리에게 필요한 것은 세 가지 방향성이다. 다음의 세 단계를 거치며 우리는 점점 더 깊은 차원의 자아 탐구를 하게 된다. 첫 번째는 심리학적 성찰이다. 심리학 도서를 깊이 있게 읽거나 전문가와 심리상담을 하는 것이 첫 번째 여정에 속한다. 독서나 전문가와의 대화를 통해 우리는 내 선택에 숨은 욕구와 이야기를 발견할 수 있다. 어린 시절 안정적인 애착을 형성하지 못해 성인이 되어서도 불안정한 정서와 애착 관계를 끊임없이 만들어온 이가 자신의 내적 고통을 이해하여 자아 성찰을 강화하는 것이 예시가 될 수 있다. 현대심리학의 다양한 상담기법은 모두 내담자 문제의 근원을 지속적으로 탐구해나가며, 여러 대화법을 통해 잘 짜인 성찰의 틀을 제공하고자 한다. 물론 상담자가 조력자로서 난이도를 낮춰주기는 하지만 내담자의 적극적인 노력도 반드시 필요하다. 내담자의 문제를 해결하는 것은 상담자가 아니라 스스로를 인식하고 수용하며 개선하려고 노력하는 내담자 스스로이기 때문이다.

두 번째 여정은 불교 철학의 영역에서 완성될 수 있다. 붓다는 《맛지마니까야》의 〈말룽끼야뿟따에 대한 작은 경 Cūlamāluṅkyaputtasutta〉에서 독화살의 비유를 든다. 독화살을 맞은 이가 자신을 쏜 이가 누구며 어느 계층의 사람인지, 화살은 무엇으로 만들었는지, 화살의 깃털은 어느 새의 것인지 알고 나서야 화살을 뽑으려고 한다면 그는 답을 얻기도 전에 죽을 것이라고 이야기한다. 붓다의 이 가르침은 자신의 내적 문제나 고통을 지나치게 깊이 분석하는 태도를 경계할 것을 요구한다. 사변적인 것에 과도하게 몰두하면 오히려 고통이 가중될 수 있고, 우리를 고통으로부터 해방하는 실천을 가로막을 수 있기 때문이다. 클릭 한 번으로 심리학적 지식을 손에 넣을 수 있는 세상이지만, 그 지식만으로 내적 고통을 내려놓을 수는 없다. 성인이 되어 부모가 나르시시스트였음을 알게 되었다고 해서 미움과 원망이 해갈되지 않는 것처럼 말이다. 오히려 자신이 피해자라는 생각에 사로잡혀, 나르시시스트 부모에 대한 자료를 반복적으로 찾아보며 자신의 아픔에 더 빠져들 수도 있다. 이것은 자아를 성찰하는 행동이 아니라, 스스로 자아의 성장을 제한하는 행동으로 보아야 할 것이다.

자신을 어떻게 성찰할 것인가? 불교 철학은 인간을 이루는 다섯 가지 요소, 즉 오온五蘊을 끊임없이 관찰할 것을 강조한다. 오온은 색色, 수受, 상想, 행行, 식識 다섯 가지로 구성된다. 각각의 개념을 가장 가까운 단어로 옮긴다면 물질(신체), 느낌, 지각, 의도, 의식이라 할 수 있을 것이다. 자아 성찰을 위해서는 몸과 마음에 일어나는 다섯 가지 대표적 요소를 계속해서 인지해야 한다. 마음의 오래된 습관으로 인해 처음에는 내가 일으킨 마음의 요소들을 관찰하는 것이 쉽지 않을 것이다. 빠르게 지나가는 미세한 내적 순간들을 다 잡아서 알아차림한다는 것은 훈련 없이는 불가능하기 때문이다. 하지만 고요한 마음을 훈련하고 내 마음을 바라보는 연습을 이어가면 알아차림의 능력이 점차 확장되어 내가 일으키는 오온을 실시간으로 주시할 수 있다. 이 여정이 어느 정도의 궤도에 오르면 조력자는 필요하지 않다. 오직 자신이 자신을 위한 섬이며 의지처가 되라고 당부한 붓다의 마지막 유언*처럼 스스로 삶을 이끌고 개선해나가는 주체가 되는 것이다. 순간순간 일어나는 몸과 마음의 작용을 알아차리며 우리는 탐욕과 분노, 어리석음이라는 세 가지 악한 마음으로부터 조금씩 벗어난다. 불교 철학의 자아 성찰은 자신의 문제를 깊이 들여다보는 탐구보다는 현재성에 대한 접촉과 내려놓음에 가깝다. 끊임없이 내려놓는 수행의 과정은 물론 고단하고 괴로울 것이나, 이 과정을 거쳐야만 비로소 마음의 깨끗한 본질과 만날 수 있다. 내가 나의 의지처가 되고 싶다면, 처음에 도전적일지라도 반드시 수행의 과정을 거쳐야 한다.

　자신을 알아가는 마지막 세 번째 여정은 영성의 영역으로, 어쩌면 가장 도전적인 시간일 것이다. 자아 성찰의 길은 어느 정도는 고통스러운 사건과 맞닿아 있는 것 같다. 크고 작은 실패와 질병, 이별과 파산 등은 결코 경험하고 싶지 않

---

* 붓다의 마지막 유언은 제자 아난다에게 하신 말씀으로, 한국에서는 "자등명 법등명 自燈明 法燈明"이라는 문구로 많이 알려져 있다. "그러므로 아난다여, 스스로 섬이 되고 스스로 의지처가 되어라. 진리를 너의 섬으로 삼고, 진리를 너의 피난처로 삼으며, 다른 어떤 의지처도 찾지 말라."

은 사건이지만, 이것을 경험하는 인간에게는 날카롭고 명징한 성찰의 문이 열린다. 실패와 시련 앞에서 어떤 이는 그저 좌절하고 어떤 이는 세상을 원망하지만, 우리 중 누군가는 그로 인해 자신의 인생을 새롭게 돌아보고 각성한다. 평범했던 목표를 영적인 목적지로 수정하고, 미처 깨닫지 못했던 이 삶의 의미를 새롭게 자각하는 길로 들어서는 것이다. 괴로운 사건 앞에서 단지 힘듦을 극복하는 것에 머무르지 않고, 고통을 디딤돌 삼아 자신의 숙명을 깨닫는 진실의 시간으로 삼는다. 고통에 의연할 수는 없을지라도, 고통을 통해 새롭게 성장할 수 있다는 믿음을 놓지 않는 한 극적인 성장의 기회는 열려 있다. 나 역시 실연과 실직, 예상치 못한 몸의 아픔 같은 사건을 거칠 때마다 깊고 특별한 자아 성찰의 장이 내면에 펼쳐졌다.

오늘, 그저 고요히 앉아 자신에게 물어보라. 나는 누구인가? 내가 좋아하는 것들이 나인가? 내가 살아온 과거가 나인가? 내 직업이나 내 재산이 나인가? 내 꿈이 나인가? 그 어떤 것에서도 나의 실체를 찾을 수 없다면, 어쩌면 그것이 하나의 정답일지 모른다. 자신이 누구인지 안다는 것은 죽는 날까지 완성되지 않더라도 끝없이 시도해야만 하는 인생의 과제임을 기억하라.

Awareness Journal

조용한 곳에서, 타이머를 약 5분 정도로 세팅하고 바르게 앉으세요. 호흡을 억지로 조절하지 않고, 평소처럼 자연스럽게 호흡이 일어나도록 둡니다. 그리고 '호흡을 관찰해보겠다'라고 생각합니다. 눈은 감아도 되고, 떠도 됩니다. 5분이 지난 후 아래의 내용을 기록해보세요. 익숙해지면 시간을 10분으로 늘려보세요.

가만히 호흡을 관찰하는 것이 가능했나요? 혹시 어려웠다면 그 이유는 무엇이었는지 기록해보세요. 생각이나 느낌이 계속 일어났다면 그 구체적인 내용도 기록해봅니다.

이렇게 잠시 나를 관찰해보았습니다. 이 연습을 통해 나 자신에 대해서 새롭게 발견하거나 생각하게 된 것이 있다면 기록해보세요.

나를 사랑한다는
것은 무엇인가

―

많은 청중 앞에서 강연을 할 때 "여러분은 스스로를 사랑하며 살고 계신가요?"라는 질문을 건네면, "아니오"라고 답하는 사람은 지금까지 한 명도 없었다. 하지만 실제로 우리는 진정으로 자신을 사랑한다면 결코 하지 않았을 행동들을 하면서 살아간다. 몸에 좋지 않은 음식들을 먹고, 스스로를 비난하고, 타인을 미워하는 마음을 품으며, 이미 지나간 과거를 후회한다. 나를 향한 사랑의 태도란 어떤 것이어야 하는가. 2500년 전, 깨달은 자 붓다의 수승한 지혜를 들여다보자.

초기경전 《쌍윳따니까야 Saṃyutta Nikāya》의 〈말리까의 경 Mallikāsutta〉에는 빠쎄나디 왕과 말리까 왕비의 아름다운 대화가 나온다. 빠쎄나디 왕은 왕비에게 묻는다. "말리까여, 당신에게는 당신 자신보다 더 사랑스러운 사람이 있는가?" 왕비는 대답한다. "왕이시여, 나에게는 나 자신보다 더 사랑스러운 사람은 없습니다." 그러자 말리까 왕비도 같은 질문을 왕에게 건네고, 빠쎄나디 왕 역시 자신에게 자기 자신보다 사랑스러운 사람은 없다고 대답한다. 이어 붓다에게 그들이 나눈 대화를 전하자, 붓다는 다음과 같은 경구를 전하신다.

마음이 어느 곳을 돌아다녀 보아도, 자기 자신보다 더 사랑스러운 존재를 찾지 못한다. 마찬가지로 다른 이에게도 자기 자신이 가장 사랑스러운 존재이니, 자기 자신을 위해 타인에게 해를 끼쳐서는 안 된다.*

- 《쌍윳따니까야 Saṃyutta Nikāya》, 〈SN.3:8, 말리까의 경 Mallikāsutta〉

또 하나의 일화가 있다. 우루벨라 지역으로 가시던 도중 붓다는 나무 아래에서 잠시 고요한 명상에 들어가 있었다. 마침 그 부근에 행락을 나왔던 남녀들이 있었는데, 그중 한 여인이 사람들이 놀고 있는 틈을 타 옷과 재물을 챙겨 도망을 쳤다. 사람들이 붓다에게 혹시 그 여인을 보지 못했느냐고 묻자, 붓다는 이와 같이 답하신다.

"그대들이여, 어찌하여 자기 자신을 찾으려고는 하지 않는가? 달아난 여자를 찾는 일과 잃어버린 자신을 찾는 일 중에 어느 것이 더 중요한가?"•

불교 철학은 고통이나 해탈 같은 다소 부정적인 주제에 치우쳐 있다고 많은 이들이 피상적으로 이해한다. 하지만 자기 자신을 사랑하는 마음에 대해 이보다 진지하고 세심하게 다룬 철학적 사유가 또 있을까 싶을 정도로, 자기 자신을 대하는 태도에 대한 붓다의 가르침은 매우 확고하고 날카롭다. 서로를 사랑하는 왕과 왕비라 해도, 이 세상에서 가

• 이 일화는 초기경전에 등장하는 내용은 아니다. 후대의 해석과 추가를 거친 설화를 통해 전해진 것으로, 자신을 찾는 일의 중요성을 강조한 붓다의 가르침과도 맥락이 잘 통한다.

장 사랑스러운 존재는 당신이 아닌 나 자신이라는 것을 이야기하는 이 장면에서 모든 것이 명확해진다. 초기경전은 나를 진심으로 아끼고 보호하고자 하는 귀한 마음이 바탕이 되지 않는다면 타인을 위하는 마음도 생겨날 수 없음을 확실히 한다. 자신을 온전히 사랑하는 사람들이 모여 비로소 서로를 배려하는 이상적 공동체를 만들 수 있다고 보는 것이다. 그러므로 자신을 사랑하는 것은 단지 개인적인 평온의 문제가 아니라, 우리 공동체가 겪는 공공의 문제다. 공동체적 가치가 사라지고 서로에 대한 혐오가 들끓는 한국 사회에, 자신을 사랑하는 마음을 경작하고 키워내는 붓다의 가르침이 요구되는 이유이기도 하다.

그러나 자기사랑의 실천은 많은 사람에게 어려운 과제로 여겨진다. 자기사랑을 주제로 강연이나 워크숍을 진행하면, 나 자신을 사랑하는 마음을 생각하는 것만으로 불편감을 느낀다고 고백하는 이들이 많았다. 더 행복한 삶을 꿈꾸며 어려운 시간을 힘들게 버텨왔지만 정작 나를 사랑하는 마음을 있는 그대로 일으키려고 하면 불편감이나 거부감이 일어나는 것을 스스로도 이해할 수 없다고 했다. 나는 이러한 반응들에 대해 곰곰이 생각해보았다. 나를 사랑해야 한다는 사실을 잘 알고 있을 것이고, 지금까지 해왔던 많은 노력 또한 자기사랑과 연관되어 있다고 생각했을 텐데 막상 마음이 불편해지는 이유는 무엇일까? 어쩌면 이 사회를 살아오면서, 자기를 사랑하는 마음이 왜곡된 것은 아닐까?

나 또한 이러한 왜곡된 마음으로부터 자유롭지 못했음을 고백한다. 결론부터 말하자면, 거기에 땀과 눈물은 있었으나 사랑은 없었다. 그저 대학을 가야 한다는 생각으로 12년간의 학교 생활을 버티고, 또 그저 밥값을 하는 사회인이 되어야 한다는 생각으로 4년간의 대학 생활을 버티고, 승진해서 높은 연봉을 받는 멋진 커리어우먼이 되어야 한다는 생각으로 13년간의 회사 생활을 버티며 쉼 없이 달렸다. 버티고 또 버티고, 억제하고 또 억제하고, 내가 나의 마부가 되어 너는 달려야만 하는 말이라고 다그쳤다. 모범적인 학생이고 착한 딸이었으며 성실한 직장인이었지만, 나는 나 자신에게 세상 누구보다도 엄격한 지배자로 살았다. 어디서든 인정받기 위해 모든 노력을 다했지만, 마음속 깊은 곳으로부터 나는 나 자신을 인정하지 않으려는 마음과 싸우고 있었는지 모른다.

올바른 자기사랑의 모습은 어때야 하는가? 불교학자 안양규는《붓다, 자기사랑을 말하다》에서 구체적인 방향을 제시한다.* 있는 그대로의 자기 모습을 비판하거나 너무

---

* 안양규 지음,《붓다, 자기사랑을 말하다》, 올리브그린, 2019.

미워하지 않고 받아들이는 자기수용, 자신의 건강 및 심리적 안녕을 유지하기 위한 관리와 취미 활동, 영양분 섭취를 게을리하지 않는 자기돌봄, 자신의 고통스러운 감정을 제거하려 하기보다는 이해하며 친절하게 돌보는 자기공감, 참된 자아를 발견하고 잠재해 있는 능력의 발현을 위해 노력하는 자기완성 등이 그것이다. 더 나아가 그는 이러한 노력은 나와 타인을 동등하게 여기는 마음을 바탕으로 하기에, 진정한 자기사랑의 모습은 타인을 배제하는 나르시시즘이나 이기주의, 자기중심적 사고와는 구별되어야 한다고 강조한다.

다시 빠쎄나디 왕과 말리까 왕비의 대화로 돌아가보자. 다른 이에게 사랑한다고 말하기 전에, 우리는 진정으로 자신을 아끼고 돌보는 내면의 힘을 경험해야 한다. 자신을 사랑하는 방법을 모른 채 타인을 사랑한다고 말하는 것은, 자기 내면의 불안과 갈증을 타인에게 해결해달라고 요구하는 것과 마찬가지일 수 있기 때문이다. 마음속에서 자신을 사랑하는 마음을 경험하지 못하기에, 우리는 때로 타인을 이용하여 그 갈증을 채우려고 한다. 혹은 더욱 손쉬운 방법으로, 자신을 위해 돈을 쓰며 그것을 사랑이라 이름 붙인다. '스스로를 사랑한다면 우리 브랜드의 이 제품을 꼭 사세요!'라는 식의 광고 카피는, 그저 그 제품을 갖기만 하면 모든 문제가 해결될 것처럼 우리를 속인다. 고도로 발달한 소비 자본주의 사회를 살아가는 인간은 자신을 사랑하는 마음의 근원적 힘과 자기애적 소비 행태 사이에서 혼돈하고 방황한다. '나를 위해 이 정도쯤은 살 수 있어!'라며 즐겁게 쇼핑을 즐긴 날, 집에 돌아왔지만 더 지치고 허전했던 경험이 있지 않은가? 카드를 긁는 것이 자신을 위한 행동이라 생각했지만, 사실 마음의 진짜 문제를 보는 것이 두려워 쇼핑이라는 행동으로 도망친 것은 아닌가? 즐거운 마음으로 쇼핑을 하는 것 같지만 그것이 실은 남들에게 인정받고 싶은 마음의 표출일 뿐이었다면, 불안한 감정을 해소하기 위해 쇼핑에 몰입하는 소비 중독일 뿐이었다면 물건만 쌓여가고 마음은 더 궁핍해질 것이다.

자신을 사랑하는 근원적인 마음을 어떻게 기를 것인가? 마음은 기본적으로 바뀌는 속도가 너무 빠르고, 자신을 향한 사랑의 마음은 외부 자극이나 마음의 오랜 습관으로 인해 쉽게 증발하고 망각되기 쉽다는 점을 생각하자. 나를 사랑하겠다고 다짐하기는 쉽지만 순식간에 몰려오는 다른 생각이나 자극들에 마음이 이곳저곳으로 방황할 것이다. 따라서 우리에게 필요한 것은 자기사랑의 정신을 일으키고, 이 정신의 힘을 반복적으로 연습하는 것이다. 메타 바와나Mettā Bhāvanā, 자애 수행에 그 답이 있다. 자신을 향한 깊은 사랑의 닻을 마음 안에 내리기 위해 필요한 것은 매일 작은 시간을 내어 이 정신적 훈련을 이어가는 것이다.

방해받지 않을 만큼 고요한 곳에 편안하게 앉자. 너무 지친 날에는 소파에 편안히 기대거나 등을 대고 누워도 좋다. 이제 편안한 호흡이 이어질 때까지 기다린다. 자애 수행을 해야 한다고 생각하는 순간 잘해야 한다는 생각이 또 올라올 것이다. 물론 이완을 돕기 위해 몇 차례 심호흡을 할 수는 있지만 계속해서 그렇게 할 필요는 없다. 호흡을 조절하지 않고 나의 원래 호흡으로 편안함을 느끼게 될 때까지 그저 앉아 있자(여기까지만 해도 상당한 시간이 걸릴 수도 있다). 그리고 조금 더 편안해지면, 정말로 내가 행복하고 평안하길 바라는 그 간절한 마음으로 스스로를 향해 이렇게 말해주자.

"내가 편안하기를."
"내가 행복하기를."
"내가 모든 위험으로부터 벗어나기를."

나를 향한 마음을 일으키면 아주 처음에는 어색하거나 먹먹한 기분이 들 수도 있다. 하지만 정말로 나의 안녕을 바라는 마음을 일으키다 보면 문득 이완되는 느낌도 들고, 또 마음 한편이 뭉클해지기도 할 것이다. 여기서 중요한 건 이 마음을 잠시 경험하고 끝나는 것이 아니라, 반복해서 '훈련' 하는 것이다. 이렇게 훈련할 때 비로소 우리는 마음의 기본 습성을 발견한다. 자신을 위한 자애의 마음을 일으키는 문구를 반복적으로 외더라도, 나도 모르게 마음이 다른 곳으로 향하고 어느 순간 잡생각을 하면서 문구를 기계적으로 반복하는 자신을 발견할 것이다. 동시에 '이런 걸 해서 정말로 변화가 생기는 게 맞아?'라는 의심도 올라올지 모른다. 자기 자신을 사랑하는 그 마음의 힘이 낯설고 약하다는 증거다. 하지만 어떻게든 마음을 자애 문구에 의지해 집중시킬수록 자애의 힘은 더 커진다. 조금 더 익숙해지면 들숨과 날숨에 문구를 붙여서 마음을 일으키는 연습을 해보자. 들숨에 마음속으로 '내가', 날숨에 '편안하기를'이라고 하며, 들숨에 '내가', 날숨에 '행복하기를'이라고 하는 것이다. 규칙적으로 끊임없이 일어나는 호흡에 문구를 붙이며 5~10분 정도 지속할 수 있는지 확인해보라. 마음은 또 정처 없이 어딘가로 달아나겠지만, 그때마다 자애 문구로 돌아와 자신의 마음을 경작하고 또 경작하라.

나는 아침마다 자애 수행으로 하루를 열고 있다. 나를 사랑하는 마음을 훈련하고 또 훈련하여, 다시 돌아오지 않을 하루를 귀하고 의미 있게 살기 원하기 때문이다. 자애 수행으로 아침을 연 이후, 내 삶은 행복과 정신적 풍요로 더욱 충만해졌다. 마음속에서 끝없이 일어나던 부정적인 이야기들, 의심 어린 말들에 덤덤하게 거리를 두고 내면의 평화를 지킬 수 있게 되었다. 외로운 마음이 찾아온 날, 나의 외로움과 공허함을 채워줄 다른 존재가 필요하지 않게 되었고, 괴로운 마음이 커지는 날, 다른 곳으로 도망치지 않게 되었다. 기쁠 때나 슬플 때나, 나의 제일 좋은 친구는 나 자신이라는 것을 온몸과 마음으로 체득한 것은 모두 자애 수행 덕분이다. 말로만 하는 자기사랑이 아니라, 마음속 깊은 곳에 단단하게 만들어져 나를 지탱해주는 자기사랑의 정신이 길러진 이후로, 나는 어떤 일에도 몸부림치거나 슬피 울지 않는 사람이 되었다. 스스로에게 상처 내고 아파하는 일을 그만두었다. 우울과 공허가 간혹 내 마음을 찾아와도 그것들에 성내지 않고 잘 다독여 보내줄 수 있는 사람이 되었다.

매일 아침을 자신에게 주는 선물로 시작하라. 세상에 단 하나뿐인 존재, 모두가 나를 떠나도 끝까지 나와 함께 있을 단 한 사람, 바로 나 자신이다. 그런 내가 아니면 그 누구도 내게 줄 수 없는 숭고한 선물, 그것의 다른 이름은 '자애 수행', 메타 바와나다.

긍정적으로 산다는 것은 무엇인가

―

몸과 마음의 깊은 회복을 위해서 필요한 마지막 조건은 긍정의 힘이다. 그러나 긍정을 단순히 '다 잘될 것이다'라고 생각하는 태도라 믿는 이들이 많다. 이런 식의 해석은 기분이 좋은 날이야 수월하게 느껴질지 모르지만, 몸이 지쳤거나 상황이 너무 좋지 않을 땐 이마저도 쉽지 않아 좌절하게 된다. 긍정의 본질적 의미를 알고 그에 대한 태도를 정한다면 우리의 삶은 날로 회복에 가까워질 것이다.

"다 잘될 거야" "다 잘되려고 이러는 거야"라는 말을 자주 하는 이들이 있다. 때때로 우리는 이렇게 생각하는 것만으로 기분이 좋아지고, 약간은 희망적인 마음이 되기도 한다. 삶의 난이도가 그리 높지 않은 상황일 때는 이 정도의 정신 승리적인 문구로도 어찌어찌 해결이 되는 것이다. 하지만 인생의 기로에 섰다고 느껴질 만큼 큰 사건이나 실패를 맞닥뜨렸을 때는 "다 잘될 거야"라는 마음속 말이 오히려 더 큰 좌절을 불러일으키기도 한다. '이런 생각이 다 무슨 소용이람?' '지금 나는 정신 승리나 하려는 거야, 난 이제 정말 망했어'라는 생각들이 우리의 머릿속을 가득 채우기 일쑤다.

심리학자 마틴 셀리그먼 Martin Seligman은 우리의 태도가 행복에 미치는 영향에 대해 다양한 실험과 사유를 제시하며 3세대 심리학의 대표적인 사조인 긍정심리학 Positive Psychology을 창시했다. 지크문트 프로이트, 카를 구스타프 융 Carl Gustav Jung 등의 초기 정신분석학자들이 인간의 과거 경험을 주로 다루며 병리적인 부분들에 집중한 것과 달리, 긍정심리학은 인간의 현재 경험과 긍정적인 미덕에 초점을 맞춘다. 심리학의 고전적 분석에서 인간은 치료와 개선의 대상으로 여겨지지만, 긍정심리학이라는 세계관 안에서 인간은 저마다의 고귀한 강점과 미덕을 가진 존재로 간주된다. 심리학의 다양한 사조 중에서도 나는 긍정심리학이 지닌 희망적이고 따뜻한 견해에 매료되었다. 개인적으로도 유년 시절의 경험을 돌아보는 과정이 쉽지 않았고, 쉽게 얻은 심리학 지식으로 인해 오히려 마음의 상처와 혼란을 경험하는 이들을 지켜보면서 안타까운 마음이 들었기 때문이다. 과거를 돌아보는 것이 중요하지 않다고 말할 수는 없겠지만, 고전적인 접근방법들이 오히려 우리로 하여금 과거에 얽매이도록 하는 것은 아닐까 하는 우려가 늘 있었다. 나는 긍정심리학을 알게 된 이후로 내 삶에 긍정심리학적 견해를 적용하려는 노력을 아끼지 않았다. 결론적으로 '행복' '강점' '의미 있는 삶'이라는 희망적인 단어들로 구성된 셀리그먼의 심리학적 견해를 통해 이후의 삶에 많은 변화가 생겨났다.

셀리그먼은 행복을 이미 설정된 행복의 범위(타고난 요소), 외적 환경(삶의 상황), 내적 환경(자발적 행동)이라는 세 가지 요소의 총합으로 정의한다. 여기에서 이미 설정된 행복의 범위란 간단히 말해 유전적인 특성과 타고난 기질 등을 이야기한다. 외적 환경이란 눈에 보이는 조건들, 즉 나이, 건강, 돈, 결혼 여부, 교육 수준, 날씨, 인종, 종교와 같은 것들이다. 유전적인 부분은 내가 조절할 수 없지만, 외적 환경은 어느 정도 노력으로 바꿀 수 있다. 물론 아무리 노력해도 바꾸기 힘든 요소도 존재한다. 부자가 되고 싶은 욕망은 이루기 어렵고, 지금보다 젊어지고 싶다는 갈망은 필연적으로 불가능하다. 긍정심리학이 강조하는 것은 세 번째 요소, 바로 '내적 환경'이다. 우리는 외적 환경만 바꾸면, 그러니까 지금보다 더 많은 돈을 벌고 지금보다 더 높은 위치에 올라가면 행복해질 거라 믿는다. 그러나 셀리그먼은 내적 환경, 즉 우리가 자발적으로 하는 내적 작업의 중요성을 강조한다. 과거를 어떻게 생각하는지, 미래를 얼마나 낙관적으로 바라보는지, 현재 이 순간에 얼마나 몰입하는지 등의 요소가 내적 환경을 조성하는 데 영향을 미치기 때문에, 자신의 내면을 올바른 방식으로 돌보고 진정한 긍정의 의미를 돌아볼 필요가 있다고 조언한다.

내면의 회복에 긍정심리학을 어떻게 활용할 수 있을까? 그 핵심적인 입장을 요약한다면 아래와 같다.

외적인 자극을 추구하는 삶 〉 행복을 느낌 〉 외적인 자극이 줄어들면 공허, 불안, 우울을 느낌

강점과 미덕을 발휘하는 삶 〉 행복을 느낌 〉 한 인간으로서 온전해짐, 의미 있는 삶

이 표만 보아도 알 수 있을 것이다. 긍정심리학은 단지 '다 잘될 거야'라고 믿는 긍정적 사고와 전혀 관련이 없다는 사실을 말이다. 긍정심리학은 즐거운 삶, 좋은 관계를 유지하는 삶, 성취를 통해 의미를 느끼는 삶, 음미를 통해 '결과적으로' 긍정적인 마음을 갖게 되는 여정을 탐구하는 시각이다. 말로만 긍정을 외치는 것이 아니라, 과학적 근거에 따라 긍정적인 마음으로 향할 수 있도록 돕는 학문 체계인 것이다. 생각이나 상황을 몇 마디 말로 쉽게 바꿀 수 있다고 믿지 않는다는 점에서, 긍정심리학은 이른바 《시크릿》류'의 서적이 지향하는 바와는 상당히 거리가 있다.

앞의 표를 좀 더 자세히 살펴보자. 긍정심리학에서 말하는 바는 명확하다. 행복한 감정을 느끼고 싶어 성공과 인정 등 외부적인 자극만을 추구한다면 그 결과는 우리가 기대한 바와는 사뭇 다를 것이다. 커다란 부와 명예를 두 손에 거머쥐고 있다고 해서 누구나 행복한 것은 아니며, 오히려 우울증을 앓기도 한다. 단순히 외적인 성공이 가져다주는 행복의 힘은 영속적일 수 없으며, 많은 재산을 가지고 좋은 기회를 누리면서도 인간은 얼마든지 불행하다고 느낄 수 있다. 더 많은 돈을 벌면 더 행복해질 것이고, 두 배 넓은 아파트에 가면 두 배 더 행복해질 것이라 믿는 사람은 그 모든 경제적 성취를 이루고 나서 찾아오는 허탈감에 대비해야만 한다. 돈은 편리함을 선물해줄 수 있지만, 인간의 깊은 내면까지 행복하게 하는 힘을 갖고 있지는 않기 때문이다.

따라서 우리는 한 명의 인간으로서 우리가 가지는 강점과 미덕에 집중해야 한다. 강점과 미덕은 일에서의 성취뿐 아니라 일상에서 나 자신과 타인을 대하는 태도에도 동일하게 적용할 수 있다. 이를 측정하는 도구가 바로 CST 성격강점검사Character Strengths Test다.* 이 검사는 MBTI처럼 자기보고식 검사로 되어 있는데, 나는 이 CST 성격강점검사가 MBTI 검사보다 더 많은 도움이 된다고 생각한다. 검사를 하는 방법은 간단하다. "나는 일을 할 때 정확하고 정밀하게 수행하려고 노력한다" "나는 아무런 대가를 바라지 않고 다른 사람을 돕기 위해 적극적으로 행동한다"와 같은 문장에 얼마나 그렇다고 생각하는지 '매우 그렇다'와 '매우 그렇지 않다'까지의 다섯 가지 정도 중 하나를 선택하면 된다. 검사를 마치면 스물네 가지 강점 중에 자신이 가장 많이 가지고 있는 것을 순서대로 알 수 있다. "창의성, 호기심, 개방성, 학구열, 지혜, 사랑, 친절성, 사회지능, 용감성, 끈기, 진실성, 활력, 관대성, 겸손, 신중성, 자기조절, 시민의식, 공정

• VIA 성격강점연구소VIA Institue on character 홈페이지(https://www.viacharacter.org)를 통해 무료로 테스트해볼 수 있다.

성, 리더십, 심미안, 감사, 낙관성, 유머감각, 영성"이라는 스물네 가지의 강점 중 나의 대표강점을 파악할 수 있는 것이다. 셀리그먼은 대표강점은 더욱 살리고, 상대적으로 부족한 강점은 현실적으로 길러내는 방법을 제시했는데, 이는 그리 어렵지 않아 누구나 지금부터 시작할 수 있다.

나의 경우 낙관성, 감사, 학구열 등이 핵심강점으로 나왔다. 돌아보면 힘들고 고통스러운 상황에서도 늘 좋은 면을 보려고 했고, 좌절하지 않고 오히려 내 지향을 넓히는 공부를 택해왔다. 이를 보면 강점 테스트는 나의 성향과 과거를 꽤 잘 비추는 거울처럼 여겨진다. 반면 나의 가장 부족한 강점은 유머감각인데, 그가 조언한 대로 때때로 시트콤과 코미디 프로그램을 좀 더 봐야 할 것 같다.

강점과 미덕에 집중하는 동시에 감사의 태도를 기르는 것도 필요하다. 감사는 과거의 부정적 정서를 긍정적 정서로 바꾸는 매우 중요한 방법이다. 이미 지나간 과거를 떠올리며 자책하거나 타인을 원망하는 습관을 갖고 있는가? 수많은 심리학 서적을 읽고 상담도 받아보지만 원망하는 마음이 사라지지 않아 괴로운가? 그렇다면 하루의 일과에 감사를 끼워 넣는 방법을 추천하고 싶다. 매일 밤 잠들기 전 단 5분의 시간을 내는 것으로 충분하다. 오늘 하루를 돌아보고 감사한 일 세 가지와 함께 그 이유를 적는다. 셀리그먼이 우울증 환자들을 대상으로 감사 일기를 쓰도록 한 결과, 그들의 평균 우울증 점수는 34점에서 17점으로 크게 감소했는데, 이는 극단적 우울증에서 경미한 우울증으로 많이 나아진 것이었다. 더 나아가 감사 일기를 더 이상 쓰지 않더라도 향후 6개월까지 행복감이 증진되고 좌절감의 징후는 줄어든 것으로 나타났다.

처음엔 어색할지 모른다. 하지만 부디 그 어색함을 넘어서길 바란다. 감사를 의식적으로 연습하면 자신의 삶을 더욱 음미할 수 있다. 또한 과거의 혼란과 부정적 경험들을 새로운 시각으로 바라볼 수 있다. 신조차 과거에 일어났던 일 자체를 바꿀 수는 없지만, 그 과거에 대한 나의 입장은 얼마든 새로 쓰일 수 있으며, 이렇게 마음의 방향키를 바꾸는 일이야말로 스스로에게 줄 수 있는 최고의 정신적 축복임을 체득하게 된다. 험난했던 어린 시절을 겪었지만 세계적으로 성공하여 많은 이와 영감을 나누는 오프라 윈프리Oprah Winfrey 역시 감사의 중요성을 강조한다. "삶에서 이미 가진 것들에 초점을 맞추고 감사하면 당신은 더 풍요로워질 것입니다. 하지만 갖지 못한 것에 집중한다면, 삶에서 결코 만족을 느낄 수 없을 것입니다."

기쁠 때나 슬플 때나, 만족스러운 날이나 그렇지 않은 날이나, 나는 하루를 마무리하며 오늘 내가 누린 많은 것을 의식으로 가져온다. 아무 대가 없이 누릴 수 있던 것과 노력하여 누릴 수 있었던 모든 것을 다시금 마음에 새긴다. 오늘 걸을 수 있게 해준 나의 두 다리, 피곤한 일을 마치고 돌아와 쉴 수 있는 나의 안락한 집, 따뜻한 목욕물, 그리고 살아 있어서 경험할 수 있었던 생생한 순간들, 다시 돌아오지 않을 소중한 장면들……. 애틋함을 마음에 품고 생각해보면 감사하지 않을 것이 없고, 감사하지 않을 방법이 없다. 냉소하는 마음으로 하루를 살기에 내가 받은 하루의 값은 차마 매길 수 없는 것이며, 따지고 보면 별다른 이유 없이 내 손에 주어진 특권과 기회도 셀 수 없이 많았다. 모두 다 손에서 잃게 되면 안타깝고 애석할 것들이다. 언젠가 다 사라지게 되면 그 또한 받아들일 일이지만, 그 전에 나는 충분히 감사하고 만끽하며 살고 싶다. 그렇게 내가 가진 강점들과 나의 감사가 모여, 내일도 의미 있는 삶으로 걸어가기를 바라면서 하루를 마무리한다. 이것은 "내가 나의 섬이며 나의 의지처가 되어야 한다"라는 붓다의 말씀을 실천하는 나의 특별한 리추얼이다.

Awareness Journal

조용한 곳에 자리를 잡고 앉아, 그저 호흡이 자연스럽게 일어나도록 둡니다. 호흡이 고르고 편안해질 때까지 자신의 호흡을 지켜보세요. 그러고 나서 아래의 내용을 기록해보세요.

먼저, 내가 가진 다양한 면모들에 대해 생각해보세요. 그중 강점이나 미덕이라고 생각될 만한 부분들에 대해 (그것이 아무리 사소하게 느껴질지라도) 최대한 많이 기록해보세요. 나의 좋은 점에는 어떤 것들이 있나요?

이러한 강점을 더욱 발휘하면서 산다면 내 삶은 어떤 방향으로 나아가게 될까요? 그리고 그러한 삶을 살기 위해서 나는 어떤 노력을 해보면 좋을까요?

오온五蘊

불교 철학의 핵심 가치 중 하나로, 물질(신체), 느낌, 지각, 의도, 의식이라는 다섯 가지 요소(순서대로 색수상행식色受想行識)를 가리킨다. 붓다는 고정되어 있는 '나'라든가 '자아'라든가 하는 개념이 허구이고, 이 다섯 가지 요소가 시시각각 변화하는 것의 조합에 불과하다고 설명했다. 우리는 화가 나면 보통 '내가 화났다' '저 사람이 나를 화나게 했다'라고 생각해서 더 화가 난다. 하지만 오온의 관점에서 보면 화남조차도 그저 '수온受蘊(느낌)의 작용이구나'라고 알아차려야 하는 대상일 뿐이다.

사념처四念處

붓다가 제시한 마음챙김 수행의 기본 구조다. 수행이 관찰의 대상으로 삼는 것은 크게 바라보아 네 가지 방향 중에 있어야 한다는 것이다. 신수심법身受心法, 즉 몸, 느낌, 마음, 현상을 주의 깊게 관찰하는 것을 통해 우리는 수행의 방향을 분명히 할 수 있다. 그저 고요히 앉아 호흡을 관찰하는 과정에서 우리는 이러한 네 가지 요소를 끊임없이 발견하게 된다.

자기자비 Self Compassion

자신에게 친절과 이해를 베푸는 따뜻한 마음을 일컫는다. 우리는 스스로를 사랑하고 아낀다 생각하면서도 실제로는 스스로를 비난하고, 힘들게 하는 경우가 많다. 자기비난의 마음은 너무도 익숙해서 우리는 우리가 스스로를 힘들게 하는 목소리를 품고 있다는 것조차 지각하지 못할 수 있다. 자신이 진심으로 평안하기를, 행복하기를 바라는 마음을 문구에 담아 훈련하는 것이 자기자비를 함양하는 가장 기본적인 방법이다.

긍정심리학 Positive Psychology

인간의 병리적 특성이나 결점이 아닌, 강점, 미덕, 행복의 요소 등을 과학적으로 연구하는 심리학 분야다. 마음챙김, 자기자비의 철학과 긍정심리학의 견해는 마음의 성장에 초점을 맞춘다는 측면에서 상호 보완적인 측면이 있다. 우울한 날, 기분을 억지로 바꾸려고 애쓰기보다 선행이나 감사 메시지를 보내는 것처럼 지금 이 순간 좀 더 의미를 부여할 수 있는 행동을 추가해보는 것이 긍정심리학적 문제 해결 방법이다. 대표적인 학자로 마틴 셀리그먼 Martin Seligman 이 있다.

이타심

COMPASSION

3

타인을 향한 이타심은 왜 중요한가

―

아우슈비츠 학살의 생존자이자 정신과 의사였던 빅터 프랭클 Viktor Frankl은 이렇게 말했다. "인간으로 살아간다는 것은 언제나 자기 자신이 아닌 어떤 것, 혹은 어떤 사람을 가리키고 그쪽으로 향하는 것이다. 자신을 더 많이 잊을수록, 즉 추진할 대의에 전념하고 사랑하는 사람에게 자신을 내어줄수록 우리는 한층 더 인간다운 사람이 된다."* 지금 당신은 인간으로 살아가고 있는가? 아니면 그저 인간의 모습을 하고서 살고 있는가?

- Viktor Frankl, *Man's Search for Meaning*, Beacon Press, 2006.

'이타심'이라는 말을 들으면 가장 먼저 어떤 생각이 떠오르는가? 도덕적으로 선하지만 어쩐지 손해 보는 듯한 느낌이 드는가? 재산이 많고 여유가 있어서 기부나 봉사활동을 하는 사람에게나 해당하는 것이지 딱히 자신과는 상관이 없는 것처럼 느껴지는가? 남들이 어떻게 되든 일단 내가 안전하고 잘 살면 된다는 생각이 팽배한 시대, 이타심을 마치 박물관에 전시된 오래된 유물처럼 느끼는 이도 적지 않으리라 생각한다. 이타심의 사전적 의미는 '타인의 행복을 자신의 행복보다 우선시하는 도덕적 성향'이었고, 이후의 심리학적 논의에서는 '특별한 내적 보상 없이도 타인을 돕는 행위'로 그 정의가 조금 느슨해졌다. 하지만 세계적인 선사禪師이자 인류학자인 조안 할리팩스Joan Halifax는 《연민은 어떻게 삶을 고통에서 구하는가》에서 이타심이란 "자기희생과 신체적 위험을 수반하는 것"[•]으로 표현한다. 어디까지를 이타심으로 볼 것인가

- 조안 할리팩스 지음, 김정숙·진우기 옮김,《연민은 어떻게 삶을 고통에서 구하는가》, 불광출판사, 2022.

의 문제에 대해 여전히 다양한 견해가 있는 것 같다. 자신이 매사에 이기적이라고 털어놓고 싶은 사람이야 없을 테지만, 과연 내가 나를 희생하거나 위험에 빠뜨리면서까지 타인을 도울 수 있을지에 대해서 자신 있게 답할 수 있는 사람 또한 흔치는 않을 것이다. 물질문명의 급속한 발전과 무한 경쟁 사회는 우리로 하여금 타인을 배려하는 자세를 점차 잊게 만들었고, 이타주의를 그저 이상적인 도덕주의 정도로 인식하게 했다. 프랑스 철학자 오귀스트 콩트Auguste Comte는 1830년 이 단어를 처음으로 만들었을 때 고작 200년도 되지 않아 사람들이 이타주의에 대해 이만큼 심드렁한 태도를 갖게 되리라고는 차마 예상하지 못했을 것이다.

    자신을 해치면서까지 남을 돕는 것을 좁은 의미의 이타심으로 본다면, '보상 없이도 타인을 돕는 행위'는 보다 넓은 의미의 이타심으로 볼 수 있을 것이다. 나는 이러한 넓은 의미의 이타심에 좀 더 손을 들어주고 싶은 입장이다. 불교철학의 자애란 좁은 의미의 이타심과 넓은 의미의 이타심을 모두 포괄하지만, 자신에게 해가 오는 것을 불사하고 타인에게 무언가를 베푸는 좁은 의미의 이타심은 평범한 모두를 좌절시킬 가능성이 있기 때문이다. 일단은 먼저 나를 찾고, 나를 돌본 후 어느 정도 마음의 힘이 생겨났을 때 타인에게 친절과 도움을 주는 순서로 가는 것이 보다 자연스럽고 건강한 과정이라고 본다.

이러한 이타심을 기르는 것은 우리에게 어떤 의미가 있을까? 자신을 생각하고 돌보기에도 바쁜 이 삶에서 타인을 위한다는 것은 구체적으로 어떻게 가능할까? 미국의 사회심리학자 대니얼 뱃슨Daniel Batson은 이타심의 근원이 진심으로 타인을 위한 것인지, 아니면 자신의 기분이나 사회적 보상, 도덕적 의무 충족을 위한 것인지를 밝힌 고전적 연구로 유명하다.* 그는 여러 실험을 통해, 사람이 높은 공감을 느낄 때 충분히 기피할 만한 상황에서도 자발적으로 도움을 제공하는 경향이 있다는 것을 보여준다. 타인의 고통에 대해 정서적으로 반응하는 마음 상태인 공감적 관심이란, 단지 기분을 좋게 유지하려 하거나 사회적인 보상을 추구하는 마음과는 분명히 다른 패턴을 지닌다고 보았다. 그가 핵심적으로 언급한 것은 공감의 역할이다. 상대방이 느끼는 것을 내가 함께 느끼는 공감의 능력은 내 기분이나 내가 얻을 수 있는 보상, 즉 에

- C. Daniel Batson · Nadia Ahmad · David A. Lishner, "Empathy and altruism", *Oxford handbook of positive psychology*, 2nd ed., pp. 417 – 426, Oxford University Press, 2009.

고ego* 중심적인 생각으로부터 우리를 해방하고 내 존재를 기꺼이 타인으로 향하게 한다고 이야기했다.

에고 중심적 생각이란 쉽게 표현하면 무의식에서 '세상이 나를 중심으로 돌아간다'라고 착각하는 사고 패턴을 갖고 살아가는 일이다. 에고는 끊임없이 내 안에서 '내가 옳아!' '내가 옳고 너는 틀렸어!'라고 외치는 힘이다. 물론 자기중심적 편향을 그 자체로 심각한 문제라고 말할 순 없을지도 모른다. 모두가 어느 정도의 자기중심성은 갖고 있다. 하지만 에고는 점차 힘을 키워가는 특성이 있기에 이러한 편향이 심해지면 나르시시스트가 될 수 있고 병리적으로 발전하면 연극성, 자기애성, 편집성 성격장애를 촉발할 수 있다. 타인의 생각을 듣지 않으려 하기, 타인의 말을 왜곡하기, 타인의 반응을 과도하게 받아들이기, 마음속에서 끊임없이 부정적인 이야기를 만들어내기, 타인의 말을 공격으로 오해하기……. 이 모든 양상은 자기 자신을 너무 과하게 중심에 놓으려 하다 보니 일어나는 마음의 혼란이다.

당신은 어쩌면 혼란스러울지 모른다. 자신을 중심에 두

---

* 여기에서의 에고ego는 프로이트의 정신분석학에서 말하는 자아 개념의 에고ego와는 완전히 별개의 것이다. 프로이트의 에고 개념은 본능과 초자아의 도덕 기준 사이에서 행동을 조율하는 중재자를 설명하는 개념으로, 이 맥락에서 말하는 자기중심적인 생각에 빠져 있는 에고와는 다르다.

고 살라던 수많은 조언과 에고를 중심에 두고 살아가면 안 된다는 말이 서로 충돌하는 것처럼 느껴질 수도 있을 것이다. 하지만 이 두 가지 삶의 모습은 얼마든 함께 추구할 수 있다. 오히려 두 가지 삶을 잘 조합하는 것이야말로 건강한 자아, 건강한 관계를 만들어가는 합리적 기준이 된다. 자신을 중심에 두고 산다는 것은 있는 그대로의 자신을 사랑하고 자신과 잘 소통하며 자신의 내적인 욕구를 거스르지 않는 삶을 뜻한다. 에고를 중심에 두지 않는다는 것은, 때로 내가 틀릴 수도 있음을 인정하고 다른 이의 입장에서 상황을 보며 다른 이의 아픔을 내 것처럼 느낄 수 있는 열린 마음을 가져야 한다는 의미다. 우리는 우리를 돌보는 마음 그대로 타인을 배려하고 자신을 수용하는 마음 그대로 타인을 받아들일 수 있다. 자신을 중심에 두되 에고 중심적으로 살지 않도록 마음을 단속한다면 우리는 우리 자신과의 관계도, 타인과의 관계도 보다 편안하고 성숙하게 이끌어가게 될 것이다.

그러나 어떻게 이런 마음을 개발할 수 있을까? 나를 중심에 두고 살아가지만, 타인에게 충분히 열려 있는 경지는 어떻게 얻을 수 있을까? 비욘 나티코 린데블라드Björn Natthiko Lindeblad는《내가 틀릴 수도 있습니다》에서 나 자신이 언제나 틀릴 수 있다는 것, 내가 모든 것을 다 알 수는 없다는 마음을 가져야 한다고 강조한다. 우리는 무언가 결정할 때 우리의 생각이 늘 맞고, 우리가 계획한 대로 상황이 흘러가야 한다고 생각하지만 실제로는 그렇게 되지 않기 때문이다. 그는 기대한 대로 이루어지지 않는다는 것을 아는 것이 곧 지혜가 시작되는 순간이라고 설명한다.˚ 듣기에는 참 명쾌하지만, 실천하려고 하면 쉽지 않다. '이건 이래야 해' '이건 이렇게 해야겠어'라고 생각하며 수십 년간 살아왔는데, 선택을 내리며 '그러나 내가 틀릴 수도 있어'라고 생각하는 것이 마냥 쉬울 수는 없다. 그런데 린데블라드처럼 온 삶을 지혜와 수행에 바쳐온 사람들의 조언은 분명히 하나의 지점에 수렴하는 것처럼 보인다. 세계적인 명상 지도자로 평생을 수행과 가르침에 힘써온 승려 헤네폴라 구나라타나 역시 자신의 마음에 빠지는 것을 경계해야 한다고 이야기한다. 그는 우리가 전통과 교육에 영향을 받아 완고한 견해와 관념을 가지게 되고, 이것이 타고난 사랑의 마음을 억누른다고 보았다. 본래 우리의 마음은 자애compassion의 성향을 갖고 있지만, 마음속에 자리 잡은 편견이 긴장과 부정적인 마음 패턴을 강화하고 우리를 불행한 삶으로 빠져들게 만

- 비욘 나티코 린데블라드 지음, 박미경 옮김, 《내가 틀릴 수도 있습니다》, 다산초당, 2022.

든다는 것이다.

　린데블라드과 구나라타나의 조언을 함께 바라보면, 우리가 어떤 자세를 가지고 삶을 대해야 할지 더 깊이 생각해볼 수 있다. 우리는 모든 현상과 상황 앞에서 마음을 열고 우리의 취약성과 오류를 인정해야 하며, 내가 옳다는 마음이 불러일으키는 긴장과 부정적인 자세를 끊임없이 알아차리고 내려놓는 훈련을 해야 한다. 내가 옳다는 생각은 우리를 무지의 세계로 점점 더 이끌고, 사랑의 마음으로는 점점 더 멀어지게 만들 것이기 때문이다. 생각이 또렷함을 넘어 완고함으로 들어서고 마음의 긴장도가 높아지는 그 순간에 바로 알아차리고 '내가 틀릴 수도 있음'을 스스로에게 상기한다면 어떨까? 이것이 삶의 질을 높이기 위해 우리가 해야 하는 연습이다. 자신을 중심에 두되 에고의 힘을 내려놓으려고 노력한다면 불필요한 긴장이 점차 사라질 것이다. 자신에 대한 집착을 내려놓는 순간, 비로소 자유롭고 가벼운 영혼으로 살아갈 수 있을 것이다. 그럼에도 에고에 휘둘리는 자신의 모습을 인정하기 힘들 수 있다. 그렇다면 매사에 자신만 옳다고 주장하는 주변 사람을 한 명 떠올리거나 그런 사람이 주변에 있으면 어떨지 상상해보라. 그렇게 사는 것이 정말 괜찮아 보이는가? 우리 모두에게는 더 늦기 전에 자신을 올바른 곳에 데려다 놓아야 할 책임이 있다.

관건은 사랑이다. 선각자들이 지적했듯이 지혜의 끝에 사랑이 있고, 사랑은 지혜가 없이는 완성될 수 없다. 하지만 그 사랑이란 또 무엇인가? 누구나 쉽게 말은 하지만 모두를 번민하게 하는 그런 사랑이 진정한 사랑인가? 사랑과 자애는 어떻게 다른가? 이 순간조차 '사랑은 이런 거지' '내 생각에 이런 건 사랑이 아니야'라고 또다시 내가 옳다는 생각을 일으키고 있는 것은 아닌가? 다양한 생각이 올라오는 것도 당연한 일이다. 이제 그 특별한 사랑의 마음, 자애慈愛에 대해 알아보자.

타인을 위해
마음을 일으키는
자애 훈련은
왜 필요한가

—

사랑이라고 하면 우리가 떠올리는 것은 대체로 비슷하다. 나와 친밀한 사람과의 사이에서 느끼는 열정적이거나 헌신적인 마음이 대표적이다. 주로 연인이나 배우자 등의 파트너와 주고받는 강렬한 욕망, 혹은 부모가 자식에게 본능적으로 주는 감정이 사랑의 전부라 생각한다. 하지만 이것이 전부가 아님을 깨닫는 순간, 새로운 깨달음과 내면의 고차원적 성장이 일어난다. 사랑의 본질에 대해 다시 생각할 시간이다.

앞의 장에서 우리는 몸과 마음을 회복하고 자신을 향한 순수한 사랑의 마음을 일으키는 훈련에 대해서 이야기했다. 내가 진심으로 건강하고 행복하기를 바라는 마음을 스스로 내고 그에 집중하는 것이 우리 삶의 진정한 안식과 힘을 만들어준다는 것을 확인할 수 있었다. 자기사랑을 강조하고 구체적인 훈련방법을 제시하는 불교 철학은, 자기 자신과의 연결이 끊어져 마음속 깊은 곳에서 스스로를 혐오하고 몰아붙이는 현대인이 확실한 마음의 전환을 경험하도록 돕는다.

다만 중요한 것은 여기서 멈추지 않는 것이다. 마치 컵에 물이 가득 차면 넘쳐서 주변으로 흐르듯, 자기 자신을 향한 순수한 사랑과 보살핌의 마음이 충분히 길러지면 이는 자연스럽게 타인을 향하게 되어 있기 때문이다. 붓다는 자애의 마음을 타인에게 전하고 나누는 것이 삶에 있어 매우 중요하며 필수적이라고 보았다. 《숫타니파타 Sutta Nipāta》의 〈자애의 경 Mettāsutta〉에는 이러한 내용이 상세하게 드러나 있다.

살아 있는 생명이라면 어떤 것이든, 큰 것이든 작은 것이든, 동물이든 식물이든, 모두 행복하기를. 보이는 것이든 보이지 않는 것이든, 멀리 있는 것이든 가까이 있는 것이든, 이미 생겨난 것이든 혹은 앞으로 생겨날 것이든, 모든 존재가 행복하기를. 서로가 서로를 속이지도 말고 헐뜯지도 말고, 어디서든 누구에게든 분노 때문이든 증오 때문이든 서로에게 고통을 바라는 일이 없기를. 온 세계에 대해 한량없는 자애심을 채우고, 서 있을 때나 걸을 때나 앉아 있을 때나 누워 있을 때나, 잠들지 않은 모든 때에 장애도, 적의도 없이 자애롭고 한량없는 마음을 닦아야 한다.•

〈자애의 경〉을 깊이 있게 읽으면 두 가지가 선명히 드러난다. 바로 자애라는 마음의 본질과 구체적인 대상이다. 먼저 자애의 본질을 생각해보아야 한다. 우리가 통상 말하는 연인, 배우자, 자식에 대한 사랑과 자애는 어떻게 다를까? 불교 철학을 바탕으로 통상적인 사랑의 개념을 다음과 같이 구분할 수 있다. 첫째로 갈애적 사랑, 즉 조건부 사랑이

• 《숫타니파타 Sutta Nipata》, 〈Stn.143-152, 자애의 경 Mettasutta〉 내용을 다소 축약하였다. 경전의 문구는 단순히 눈으로 볼 때와 읽을 때의 느낌이 사뭇 다르다. 눈으로 스치듯 읽기보다는, 의미를 생각하면서 천천히 입으로 소리 내어 읽어보기를 권한다.

다. '나에게 잘해주는 너이기에 사랑한다' '내 남자니까 사랑한다'와 같은 마음이다. 연애와 결혼 과정에서 우리가 경험하는 마음이 여기에 속한다. 이는 대표적인 사랑의 모습으로 인식되지만, 불교 철학에서는 딴하taṇhā, 즉 갈애라는 용어로 설명한다. 애정은 애정이지만 잃을까 두려워하고 집착이나 질투를 느끼는 갈증모드를 동반하는 마음이다. 연인과 함께 있으면 행복하지만, 그와 헤어지면 자꾸 보고 싶고 어느새 의심하는 마음이 커졌던 적이 있을 것이다. 이것은 연인 간 애정이 결국 자신의 이기적인 마음을 바탕으로 한다는 것을 드러낸다. 이 관계가 나를 기분 좋게 하면 가까이하지만, 나를 힘들게 하면 멀리하는, 즉 달면 삼키고 쓰면 뱉는 계산적 마음이 여기에 작동한다. 이러한 관계는 아무리 뜨거운 마음으로 시작되었다 하더라도 사랑의 본질적 모습이라고 볼 수 없기에 결국 권태감이나 서로에 대한 혐오감으로 막을 내리기 쉽다.

두 번째 사랑은 가족 애정nāti-taṇhā이다. 여기에서도 역시 '딴하'라는 용어가 사용된다. 보통 부모의 사랑은 헌신적이고 숭고한 최상의 사랑으로 취급되지만, 붓다는 이마저도 일종의 갈애로 분류했다. 부모 자식 사이의 사랑은 혈연에 대한 헌신적이고 특별한 애정이기는 하나, 이는 종종 소유심이나 집착, 고통을 동반하기 때문이다. 자식에게 헌신하면서 '너는 내 아이다'라는 마음이 커진다면 집착이 커져 고통이 생겨나는 과정으로 본다. 원하는 것을 다 해주는데도 자식이 말을 듣지 않을 때 부모가 괴로워하고 서운해하는 것이 이런 고통을 선명히 드러낸다. 붓다는 가족 간의 사랑이 깊어질수록 집착과 고통이 커짐을 명확히 하고 이 마음을 경계할 것을 주문하였다.

세 번째 사랑이 바로 우리의 궁극적인 목적지, 자애mettā다. 이는 대상에 대한 집착과 소유심이 완전히 사라진 상태이며, '너는 내 사람' '너는 내 아이'라는 식으로 상대를 구분하지 않는 마음이다. 애정을 기울이지만, 거기에 고통은 없다. 나에게 잘해주는 사람이라서, 내가 아는 사람이라서, 내 혈육이라서 좋아하고 애정을 기울이는 것이 아니라 모든 존재를 위해 선한 마음을 내어 그들의 행복과 안전을 기원한다. '내 것이다'라는 소유감이 없고, '이렇게 애정을 주었으니 돌려받고 싶다'라는 보답에 대한 의식 또한 없는 자애의 마음만이 진정한 무조건적, 비차별적 사랑으로 인정된다. '내 자식이 대학에 합격하게 해주세요' '우리 엄마가 건강하게 해주세요'라고 바라는 것도 어느 정도는 선한 마음이라고는 말할 수 있다. 하지만 오직 내 자식만 잘되어야 하고, 오직 내 어머니만 건강하기만을 바라는 마음은 자애가 아니라 갈애로 분류된다는 점을 기억하자. 초기경전은 갈애를 버리고 진정한 자애의 길을 닦을 것을 주문한다. 이기적이며 가족 중심적인 바람을 가지고 기도하는 것이 아니라, 모든 존재가 진심으로 잘되기를 염원하는 마음을 일으킬 수 있어야 한다고 강조한다. 인간으로 태어난 이상, 모든 타인을 향하는 자애 수행은 필수적인 덕목이 되어야 한다. 자애는 오직 자신과 직접적으로 연결된 존재만을 아끼는 갈애와는 구별되는 사랑의 방향이라는 것을 기억하자. 경전에서도 몸과 마음이 편안해지고 다른 이들과의 관계가 원만해진다는 등 자애 수행의 이득을 언급한다.*

우리는 어떻게 해야 변화할 수 있을까? 어떻게 해야 우리 자신을 고통스런 갈애의 모드에서 숭고하고 아름다운 자애의 모드로 전환시킬 수 있을까? 《청정도론》에서 그 답을 발견할 수 있다. 이 경전에는 자애 수행의 단계가 매우 체계적으로 기록되어 있어 큰 도움이 된다. 이 수행의 첫 번째 단계는 먼저 자기 자신에게 자애를 보내는 것이다. '내가 건강하기를' '내가 행복하기를'이라는 문구를 마음을 담아 반복

---

* 《앙굿따라니까야 Aṅguttara Nikāya》, 〈AN.11:15, 자애의 공덕에 대한 경 Mettanisa msasutta〉에는 자애 수행의 이득이 구체적으로 언급된다. '편안하게 잠든다' '편안하게 깬다' '사람들에게 사랑과 존경을 받는다' '인간 외의 존재들에게 사랑을 받는다' '마음이 쉽게 집중된다' '얼굴이 밝고 평화로운 느낌이다' 등의 열한 가지 이득이 기록되어 있다.

한다. 자신을 다그치기만 하면서 살아왔다면 이렇게 자신을 향해 마음을 일으키는 것이 어색하게 느껴질 수 있다. 돌처럼 딱딱하게 굳은 마음을 조금씩 깨어 나간다는 생각으로 반복해 자애 수행을 이어가되, 그 마음이 어느 정도 성장했을 때 다른 사람들에게 이 마음을 전하는 수행으로 나아가는 것이 좋다. 두 번째 단계는 내 주변의 타인에게 자애의 마음을 일으키는 것이다. 이는 다시 세부적인 단계로 나눌 수 있는데, 소중하거나 존경하는 사람이 첫째, 딱히 좋지도 싫지도 않은 사람이 둘째, 원한 관계가 있거나 내가 싫어했던 사람이 셋째다. 시간을 정해 매일 한 번은 먼저 자신을 향한 사랑의 문구들을 마음으로 반복하자. 그리고 나를 향한 마음을 충분히 훈련한 후에 다른 존재들에게도 그 마음을 일으키는 연습을 하자. 첫 번째 주에는 내가 존경하는 사람을, 두 번째 주에는 좋지도 싫지도 않은 사람을, 세 번째 주에는 내가 싫어하던 사람을 생각하며 자애의 문구를 떠올린다. 다만 많은 사람이 2단계의 중립적인 사람에게까지는 어느 정도 마음을 잘 일으키다가도, 나에게 해를 끼치거나 미운 사람에게 자애의 마음을 일으키는 것은 많이 어려워하고 또한 저항감을 느끼는 것을 자주 보게 된다. 하지만 자책하거나 너무 화낼 필요는 없다. 미워하는 마음이 몇 마디의 문구로 갑자기 사라지지 않는 것은 당연하다. 이럴 때는 나 자신, 나와 친밀한 사람, 알긴 하지만 딱히 좋아하지도 미워하지도 않는 사람에게 마음을 일으키는 연습을 더 시도하고 나서 다음 단계로 넘어가는 것이 좋다.

혹자는 물을지 모른다. 그 사람은 나에게 해를 끼쳤고 나를 힘들게 만들었는데 왜 내가 노력해야 하느냐고 말이다. 그 사람이 평안하고 행복하기를 바라면 혹시라도 정말로 나보다 잘되는 것이 아닌가 하고 억울한 마음이 들기도 할 것이다. 하지만 나에게 해를 끼친 사람이라고 해서 '그 사람이 고통을 겪었으면 좋겠다' '일이 잘 풀리지 않았으면 좋겠다'라고 생각하면 그 마음이 자신의 카르마, 업業을 발생시킨다. 타인의 불행을 비는 마음은 타인을 불행하게 만드는 것이 아니라 가장 먼저 자기 자신을 불편하고 불쾌하게 만드는 것이다. 나에게 해를 끼친 상대에게 선한 마음을 일으키는 것이 난해하고 도전적일 수 있지만, 붓다는 이 단계를 넘어갈 수 있어야 진정한 마음의 평정과 지혜를 거둔다고 보았다.

앞서 살펴보았던 에고의 문제, 즉 '내가 옳다!' '너는 틀렸다!'라고 끊임없이 떠들어대는 마음속 완고한 신념과 관념으로부터 해방되는 데 이 타인자애 수행은 정확하게 도움을 준다. 싫어하는 사람이 있다면 그 사람을 왜 싫어하게 되었는지 생각해보자. 그 사람과 있었던 일이 마음에 들지 않거나 나와 맞지 않고 나에게 해를 끼쳤다는 생각 때문일 것이다. 이 생각은 무조건 옳은가? 아니면 다르게 생각해볼 여지도 있는가? 늘 내가 옳고 또한 옳아야만 한다는 마음속 에고의 외침에 언제까지 휘둘리며 살 것인지 우리는 결정해야 한다. 이 에고의 힘을 약화시키지 않는 한 우리는 만나는 모든 존재, 그리고 우리 안의 모든 감정과 싸워야 한다. 저항하는 마음이 올라오고 때론 내키지 않을지라도, 내 안의 미움과 증오들을 자애라는 소화기로 진화하는 연습을 해야 하는 가장 큰 이유다.

미워하고 싫어하던 이에게조차 선한 마음을 일으킬 수 있다면, 그렇게 해서 내 마음속 한계를 부수었다면 이제 자애 수행의 마지막 여정을 시작할 수 있다. 더욱 선명하고 또렷해진 자애의 마음을 모든 존재를 향해 나누는 것이다. 이때 〈자애의 경〉의 아름다운 문구, "살아 있는 모든 것은 다 행복하라"라는 말이 나의 몸과 마음 안에서 현현顯現한다. 《청정도론》에서는 동쪽, 서쪽, 남쪽, 북쪽, 위, 아래 방향으로 자애를 확장하는 연습을 이어갈 것을 제안한다. 오직 나와 내 가족, 내 지인들만 생각하는 이기적인 삶에서 깨어나는 길이 여기에 존재한다. 성공을 위해 노력하지만 늘 미세한 고통에 시달리는 내가 아니라, 고통의 불을 끄고 모든 존재에게 열린 마음으로 다가갈 수 있는 내가 되는 것이다. 이제, 눈을 감고 잠시 상상해보라. 미움을 모두 내려놓고 홀가분해진 당신의 모습을 떠올려보라. 그 모습이 마음에 드는가? 당신에게 필요한 것은 정확한 자애 수행이다. 당신이라는 존재가 마음속으로 깊이 원해왔을 평온함과 해방은 자애 수행이라는 문을 통해 열릴 것이다.

내가 그랬던 것처럼, 당신도 그렇게 될 것이다.

Awareness Journal

떠올리기만 해도 마음이 불편해지거나 싫다는 느낌이 드는 사람이 있나요? 타이머를 1분 정도로 맞추고, 잠시 그 사람의 존재에 대해 생각해보세요. 그리고 아래 내용을 기록해보세요.

나는 그 사람이 왜 싫은가요? 그 사람의 특징이 아닌, 내 마음속에 존재하는 그 사람에 대한 나의 평가와 생각을 중심으로 기록해보세요. 그리고 혹시 다른 해석의 여지가 있을지 생각해보세요.

누군가를 불편해하거나 싫어하는 마음을 내려놓는다면 어떤 것들이 달라질까요? 나는 이 마음을 내려놓기 원하는지에 대해서도 생각해보세요.

자애 수행과
사무량심

―

자애의 마음을 온 세상 모든 존재에게 전하는 자애 수행을 통해 우리는 마음의 한계를 극복하고 새로운 존재의 모드로 깨어날 기회를 얻는다. 수행을 이어가는 것만으로 훌륭하지만, 이 아름다운 수행의 기저에 존재하는 심오한 철학적 근거를 알고 나면 삶 전체에 대한 나의 태도가 성숙해지는 전환이 일어난다. 네 가지 한량없는 마음, 사무량심四無量心이라는 덕목을 삶에 받아들일 시간이다.

우연히 찾아간 원데이 내면돌봄 수업에서 자애 수행을 처음 경험했다. 마음이 너무 고되고 힘들어 수업을 신청하기는 했지만, 솔직히 그렇게 큰 기대는 하지 않았다. 한평생 함께해온 내 마음인데 내가 모르는 것이 있을 리 없다고 생각했다. 심리학 도서를 열심히 읽어도 이렇게 힘든데, 한가하게 눈을 감고 있는다고 해서 문제가 해결되겠냐는 냉소적인 마음도 있었다. 하지만 그 수업에서 경험한 자애 수행은 마치 운명처럼 내 삶에 들어와 딱딱하게 굳어 있던 내 마음속의 무언가를, 아니 내 마음과 존재 전체를 일순간에 녹여버렸다. 그저 열심히만 살았을 뿐 사실은 나를 돌아본 적이 없다는 것, 연인에게 사랑한다고 말했던 모든 순간이 불안과 집착에 불과했다는 것, 늘 자신만만해 보이고 싶었고 스스로 그런 사람이라고 믿어 의심치 않았지만 내 마음속은 늘 전쟁터였다는 것······. 이 모든 마음이 일순간에 몰려와 머리와 가슴을 후려치는 것 같았다. 옆 사람들이 내가 누구인지 알아보든 말든 중요하지 않았다. 그동안 어떻게 이 상태로 버티고 살았니, 나는 가여움과 안타까움, 알 수 없는 안도감에 어린아이처럼 엉엉 울었다.

벌써 10년이 다 되어가지만, 아직도 나는 그날의 기억을 떠올리면 가슴 한편이 뭉클하다. 나를 향한 마음을 일으킬 때, 이제 그때처럼 울진 않더라도 언제나 따뜻한 마음에 접속하기 때문이다. 혼자 잠들고, 혼자 깨어나 혼자 일하고, 혼자 운동하고, 친구도 많지 않은 나의 삶, 수백 수천 명의 사람과 강연장에서 소통하지만 그런 무대에서조차 사실은 혼자의 에너지로 모든 것을 감당하는 나의 자발적 고독을 생각하면 이것은 평범한 삶은 아닌 것 같다는 생각도 든다. 하지만 물리적으로 혼자인 사람으로서 고독하든, 많은 사람 앞에 서 있는 사람으로서 고독하든 그 마음은 10년 전의 내가 느끼던 그 공허한 외로움과 완전히 달라졌다. 늘 화려한 것을 좇았고, 만나는 상대에게 항상 최대한의 관심을 갈구했으며, 더 멋진 내가 되어야 한다고 끊임없이 주문을 외웠던 나에게서, 화려한 것이 없어도 충만함을 느끼고, 만나는 사람이 없어서 확보되는 평안을 즐기며, 있는 그대로의 내 모습을 인정하고 받아들이는 내가 되었다. 이 모든 변화의 시작에 자애 수행이 있었다.

이 수행을 나날이 쌓아가는 여정에서 나는 본격적으로 불교 철학을 공부하게 되었다. 처음 자애 수행을 접했을 때만 해도 이 수행의 이름이 'loving kindness meditation'인 줄 알았다. 하지만 알고 보니 이는 붓다가 살아계실 시절의 언어였던 팔리어의 'Mettā Bhāvanā'를 의역한 단어였다. 내면에서 사랑과 친절을 일으킨다는 '러빙 카인드니스 명상'은, 본질적으로 모든 존재에게 무한하고 구별 없이 선량한 마음을 나누는 자애 수행에 기반을 둔 것임을 알게 되었다. 나는 더 자세히 알고 싶었다. 진짜 자애란 무엇일까? 나는 지금 어느 정도까지 자애의 마음에 도달했을까? 자애의 마음을 더 잘 일으키고 이것이 진정한 내 삶이 되기 위해 나는 무엇을 더 이해해야 할까? 딱딱하게 굳어 있던 마음을 녹여준 자애를 나는 더 깊이 이해하고 싶었고, 내 삶에서 더 잘 실천하고 싶었다.

그 마음을 품고 열심히 공부하던 나는 사무량심, 네 가지 한량없는 마음의 덕목에 대해 배우게 됐다. 《앙굿따라니까야 Aṅguttara Nikāya》에서는 사무량심을 수행한 자에 대해 이렇게 표현한다. "그는 탐욕과 집착을 떠나고, 미혹함도 벗어나 올바로 알아차리고 새김을 확립한다. 그는 지극히 넓고 크며, 원한도 분노도 없는 기쁨의 마음으로 세상을 가득 채운다."* 여기에서 네 가지 마음이란 자慈, mettā, 비悲, karuṇā, 희喜, muditā, 사捨, upekkhā다. '자'는 자애, 즉 모든 존재를 사

- 《앙굿따라니까야 Aṅguttara Nikāya》, 〈AN.10.219, 행위에서 비롯된 몸의 경 Karajakāyasutta〉

랑하는 마음이고, '비'는 애틋함과 공감, 즉 모든 존재가 겪는 고통을 없애주고자 하는 마음이며, '희'는 기뻐하는 마음, 즉 다른 존재가 경험하는 행복에 대해 질투하지 않고 함께 즐거워하는 마음이고, '사'는 버리는 마음, 즉 나와 남, 좋아하는 사람과 싫어하는 사람을 구별하지 않고 평등하게 대하는 마음을 의미한다. 이러한 네 가지 마음을 지속적으로 닦고 수양하는 사람은 자신의 삶을 평안하게 살아가는 것은 물론 타인에게도 헤아릴 수 없을 만큼 많은 선행을 한다고 경전은 말하고 있다. 《맛지마니까야》에서는 사무량심을 수행한 사람이 경험하는 행복을 보다 구체적으로 서술한다. 자심을 닦으면 성내는 마음이 끊어지고, 비심을 닦으면 적의가 끊어지며, 희심을 닦으면 불쾌한 마음이 끊어지고, 사심을 닦으면 혐오하는 마음이 끊어진다는 것이다. 내가 아닌 다른 모든 존재에 대해 이 네 가지의 마음을 계속해서 닦으면 우리를 앞으로 나아가지 못하도록 덜컥거리게 만드는 모든 부정적인 마음, 경전에서 일컫는 내면의 고통과 번뇌로부터 차츰 벗어날 수 있다. 내가 옳다고 자꾸만 주장하고 싶어 하는 에고로부터 한 발짝 떨어지고, 타인과의 관계도 점차 편안하고 의미 있는 방향으로 발전한다.

문제는 이 사무량심을 키워나가기에는 우리의 마음이 이미 상당 부분 경직되었다는 것이다. 자신에게 따뜻한 말을 하는 것도 어색해하고, 다른 사람이 경험하는 고통에 공감할 줄 모르는 사람들이 점점 늘어가는 것으로 보인다. 소셜미디어 속 나보다 훨씬 잘나가고 행복해 보이는 친구의 모습에 나도 모르게 불편한 마음이 올라오고, 사회생활을 할수록 싫은 사람이 점점 늘어나고 있지는 않은가? 이는 내 인생에 사무량심이 거의 없다는 반증이자 사무량심을 마음속에 길러내야 할 이유다. 친구를 만나 나도 모르게 뒷담화를 자주 한다면, 쉽게 짜증이 나고 온갖 잡생각들로 인해 머릿속이 복잡하다면, 시간이 날 때마다 그저 스마트폰만 바라보게 된다면 그 또한 마음의 줄기들을 조정하고 관리할 때라는 의미다. 사람 사는 것이 다 똑같다며 지금의 상태를 무감각하게 방치한다면, 한번 길이 나버린 풀숲에 점점 더 큰 길이 나는 것처럼 그냥 살던 대로 살아가는 사람이 되어버리고 말 것이다.

사무량심은 단지 오래된 경전 속에 남아 있는 추상적 철학이 아니다. 1만 시간 정도 수행을 해서 이미 득도의 단계에 오른 수행승만이 이룰 수 있는 업적도 아니다. 지금 이 순간 내 마음이 갈 곳을 잃고 방황할 때 고요히 마음의 닻을 내리도록 도와주는 실용적 장치이며 기대어 쉴 수 있는 터전이다. 마음에 분노와 짜증의 불길이 일어날 때, 그래서 정말로 눈이 뜨겁고 머리가 지끈지끈하는 느낌이 들 때 우리는 2500년 전 경전이 전하는 대로 우리의 마음을 자비희사, 네 가지 무한한 마음으로 채우도록 훈련할 수 있다. 힘들면 훈련하고 그래도 힘들면 또 훈련하는, 끊임없이 나의 마음을 내려놓고 관찰하며 선한 마음을 일으키겠다는 마음의 각오가 있을 때 마음의 고통과 오랜 부정적 습관은 비로소 우리를 괴롭히는 과거가 아니라 우리를 한층 성장시키는 현재가 된다. 만나기만 하면 "정말 짜증 났던 일 있었잖아"라고 말하는 것이 습관인 친구가 있다고 상상해보자. 당신은 친구와 부정적인 대화를 나누며 부정적인 감정이 촉발되는 것을 경험할 수도 있다. 이렇게 타인의 감정에 휘말리면 영 뒷맛이 개운치 않고, 시쳇말로 '기가 빨리는' 마음만 남는다. 하지만 그 친구를 바라보며 마음속으로 '부디 네가 편안해졌으면 좋겠다' '부디 너의 짜증이 잘 해결되길 바란다'라는 자와 비의 마음을 일으킬 수도 있을 것이다. 이렇게 내면의 차원에서 내 태도를 먼저 정하고 나면, 상대의 짜증에 휘말리지 않고 나를 지키면서 대화할 수 있다. 대화가 부정적이거나 극단적으로 치닫지 않고 적절한 수준에서 진행될 가능성이 높아진다.

매일 아침 사무량심에 대해 생각하고, '내가 오늘 일정에서 사무량심을 구체적으로 실천할 수 있는 방법은 무엇일까?'라고 떠올려 구체적으로 기록해보자. 이기적인 자기몰두에서 빠져나와, 내 안의 지혜에게 이 땅에 존재하는 모든 존재와 평화롭게 공존하는 방법에 대해 묻자. 사랑과 미움은 하나의 마음 안에 함께 존재할 수 없다. 타인의 행복과 평화를 진심으로 바라는 마음을 지속적으로 훈련한다면 남과 비교하는 마음, 남을 미워하는 마음, 나아가 자신을 미워하는 마음으로부터 점차 해방될 것이다. 마음의 오래된 짐을 내려놓을 때, 비로소 우리는 삶의 진정한 면면을 있는 그대로 볼 수 있다.

행복을 위해 마음을 훈련한다는 것은 생각보다 어렵지 않다. 자꾸만 외부로 향하고 남을 바라보던 시선을 돌려, 내면에 다정하고 겸허한 주의를 기울이는 것이 모든 것의 시작이다. 내가 실행에 옮긴 사무량심 훈련은 이런 방식들이었다. 눈을 감고, 자기 자신을 떠올리며 '내가 안전하기를, 내가 행복하기를'이라는 말을 반복하는 것이다. 다른 사람과 엘리베이터를 탈 때, 스마트폰만 보거나 멍하니 있기보다는 함께 탄 사람들에게 '여기 있는 모든 사람이 안전하기를, 모두 행복하기를'이라고 마음을 일으켜볼 수도 있다. 일이 잘 풀려서 기뻐하는 친구를 떠올리며 그 친구가 오랫동안 기뻐하기를 진심으로 바라주고, 나 또한 어떤 성취를 거두고 있다면 그것을 기쁜 마음으로 되새겨보는 것도 좋은 방법이다. 일정과 일정 사이에 시간이 붕 떴다면 습관처럼 눈앞에 가져오던 자극적인 콘텐츠들을 내려놓고, 이 순간 내가 누리고 있는 것들을 마음속으로 소환해 음미하고 순수하게 감사를 표현해보자. 잠들기 전, 눈을 감고 오늘 하루 있었던 일 중에 나를 성장하게 한 고마운 요소들을 떠올리고 '감사합니다'라고 나직이 말해보자.

알고 보면 삶의 모든 시간과 만나는 모든 이가 나의 마음을 닦고 삶을 아름답게 전환하도록 도와주는 계기가 된다. 누군가의 배려, 누군가의 희생, 또 알든 모르든 많은 이의 친절에 의해 내 하루가 유지되고 있다는 것을 기억하자. 오직 나라는 존재에 사로잡히고 나에 대한 생각에 갇혀서 불평하고 부정적인 생각을 일으킬 이유가 있는가. 살아오면서 받은 많은 것을 돌려주기에도 아까운 날들은 아닌가. 붓다는 삶의 유한성에 대해 면밀하게 자각하고, 이 유한함이라는 한계 속에서 어떻게 살아가는 것이 올바르고 유익한지에 대해 철저히 사유했다. 고요한 마음을 추구하고, 자신을 회복해나가는 여정에서 사무량심이라는 기준은 마음의 정확한 구심점이 되어줄 것이다. 우리는 그저 그가 걸어갔던 구도의 길을 따르며 자신 안에 머무는 법을 터득해나가면 된다. 가만히 눈을 감고 호흡을 느껴보는 알아차림의 시간이 늘어날수록, 우리 안의 이 고귀한 네 가지 마음을 실천하고자 하는 순수한 열망과 가까워진다. 이 열망은 우리로

하여금 더 유연하고 열린 존재가 되게 하고, 이러한 존재에게 삶은 더 많은 성장의 기회를 선물해줄 것이다. 이와 관련한 나의 생생한 경험을 소개해보려 한다.

Awareness Journal

조용한 곳에서 편안한 음악을 틀어보세요. 최근에 나에게 있었던 일 중에서 기분 좋았거나 감사함을 느꼈던 일에 대해 떠올리고 구체적인 장면이나 그때의 느낌을 마음속에 불러일으켜 다시금 음미해보세요. 그리고 아래 내용을 기록해보세요.

기쁨이나 감사함을 느꼈던 일과 관련된 사람이 있을 것입니다. 그 사람에게 건네고 싶은 감사의 표현을 마치 말하듯이 기록해보세요. 그 대상은 타인이어도 되고, 자기 자신이어도 됩니다.

내가 지금 이미 누리고 있는 것들에 대해서 최대한 많이 기록해보세요. 아무리 사소한 것이라 해도 좋습니다. 기록을 마친 뒤에 그것들을 하나하나 소리 내어 읽어보세요.

사무량심을
어떻게 커리어에
적용할 것인가

—

헤네폴라 구나라타나는 자신의 평화를 보장받을 수 있는 가장 좋은 방법은 '적들이 그들이 문제를 극복하도록 돕는 것'이라고 말한다. 그들이 고통, 불만족, 과대망상, 불안, 노이로제에서 벗어난다면 그땐 더 이상 나의 적이 될 필요가 없기 때문이다. 당신에게는 모종의 적이라 부를 만한 사람이 있는가? 그렇다면 사무량심이라는 덕목이 당신의 일과 성장에 구체적인 도움이 될 수 있도록 하라. 적들을 기꺼이 돕고자 할 때, 당신의 성공은 더욱 커질 것이다.

특정한 수행을 통해 더 열리고 더 평온한 존재가 될 수 있다는 이야기를 들을 때, 사람들의 반응은 둘 중 하나로 나뉠지 모른다. 이와 같은 추상적인 설명만으로 마음이 움직일 수도, 이 정도로는 그다지 마음이 움직이지 않을 수도 있다. 내 것을 지키기에도 바쁜 사회에서 타인을 중요한 고려 대상으로 삼는다는 것이 도전적인 과제로 느껴지는 것도 자연스러운 일이다. 과도한 경쟁과 줄 세우기, 획일적인 서열문화가 한국 사회에 끼친 악영향은 실로 대단해, 이기적으로 사는 것이 기준값이 되어 서로가 서로를 눈엣가시처럼 생각하며 살아가고 있는지도 모르겠다.

명상의 경험이 전혀 없는 초보자들에게 명상 수업을 할 때 내가 처음의 몇 세션 동안 가장 많이 강조하는 것이 바로 자애를 비롯한 사무량심이다. 갑자기 호흡을 지켜보거나 편안히 호흡하라고 했을 때 바로 잘해내는 사람은 거의 없다. 잘 해내야 한다는 생각 때문에 오히려 호흡은 불편해지고, 몸도 마음도 평상시보다 더 긴장되거나 한없이 졸린 상태로 빠져들기 쉽다. 하지만 나를 사랑하는 마음과 타인을 사랑하는 마음을 먼저 돌아볼 수 있도록 하면 명상의 시간은 더욱 깊고 고요해진다. 나는 나를 정말 사랑하면서 살고 있는가? 말로는 자신을 사랑한다고 하지만 사실은 순간순간 자신을 미워하고 있는 것은 아닌가? 타인을 배려한다고 겉으로는 말하지만, 속마음으로는 끊임없이 자신과 타인을 비교하고 괴롭혀왔던 것은 아닌가? 누구나 자기 마음속의 미움과 불편감, 긴장감을 발견하면 당혹감과 놀라움을 느낄 것이다. 하지만 그 속에서 우리 자신을 바라보는 방법은 물론 타인과 세상을 대하는 태도를 처음부터 새롭게 생각하게 된다.

다만 좌절도 있었다. 사무량심의 철학을 받아들이기 전, 그러니까 자애 수행을 하긴 했어도 그것의 근원에 대해 잘 알지 못했을 시점까지 나는 자애 수행을 하면서도 마음 한편으로 일종의 대가를 바랐고 내가 특별한 일을 하고 있는 것이길 바랐다. '내가 이렇게 하니 내 마음이 빨리 편안해지면 좋겠다' '자애 수행을 하는 나는 훌륭한 사람이다'라는 생각을 품었다. 그렇다. 나는 사무량심, 한량없는 마음을 기르는 와중에도 마음속으로 계산기를 두드리고 자화자찬의 마음을 키우고 있었다. 그런 식이니 잘 이어질 리가 없었다. 이렇게 열심히 했으니 얼른 좋은 상태가 되기를 기대하는 마음은 원하는 대로 상황이 흘러가지 않을 때 불만족을 촉발하는 원인이 됐다. 우쭐거리는 마음을 내려놓지 않은 채 수행을 하니, 내가 초라하게 느껴지는 날에는 수행이고 뭐고 다 그만두고 싶은 파괴적 마음이 올라왔다. 처음에 자애 수행을 접하고 딱딱하게 굳은 마음이 부드럽게 녹는다고 생각했던 것이 무색하게, 빠르게 변화하고 싶고 늘 갈증에 시달리는 내 마음이 자애 수행에 대한 온전한 집중을 가로막았다.

 나는 순수한 마음을 계발하겠다고 마음을 굳게 먹었다. 나와 세상 사이에 늘 존재하며 내 인생을 지속적인 긴장모드에 접어들게 했던 계산기와 자만심을 이제 그만 내려놓고 싶었다. 내가 배우고 공부하는 철학 안에서 온전히 한 명의 순수한 인간으로 존재하고 싶었다. 이만큼 노력했으니 저만큼 발전해야 한다는 내 안의 사감 선생님을 떠올리며 그도 이제는 내 인생을 떠날 때가 되었노라 자문하고 또 자문했다. 이 모든 조바심은 결국 나에 대한 이기적인 집착이고, 이것을 내려놓는 데 며칠, 몇 달의 자애 수행으로는 한없이 부족하다는 사실을 깨닫게 됐다.

 귀한 것은 얻기 어렵다 했던가. 몇 번의 부침을 거듭하고 나서야 어려서부터 자리 잡았던 완고한 개념들과 생각들이 조금씩 부서지기 시작했다. 머리로는 알지만 마음이 따라가지 못하는 일들이 줄어들었고, 예전에 흘려보냈던 글귀들이 묵직하게 마음에 새겨졌다. 그 누구도 나에게 '이만큼 변했군요'라고 말해줄 수 없었고, 나 역시 누군가에게 '내가 이만큼 변했습니다'라고 정확히 표현할 수 없었지만, 내 안의 깊은 곳에서 충분히 느끼고 있었다. 나는 조금씩 변화하고 있었다. 바깥으로부터의 해빙解氷이 아니라, 안으로부터의 해빙이었다.

날마다 누구에게라도 보답 없는 사랑을 기꺼이 주고, 고통에 빠진 사람에게 진심으로 공감하며, 기뻐하는 사람과 함께 허물없이 즐거워하고, 모두를 평등하게 대하는 사무량심의 태도를 수양한 시간이 길어지며 비로소 큰 변화를 겪었다. 갈 길은 여전히 멀지언정 이전에 겪었던 심리적 불편감과 고통의 차원에서만큼은 정말 큰 변화를 경험할 수 있었다. 내게 온 귀한 지식 안에서 내가 변화할 수 있다는 믿음을 갖고 매 순간 깨어 있으려고 노력한 시간이 모여 자연스럽게 그 모든 현실적 변화로 이어졌다.

시작은 미움이라는 감정이었다. 자애 수행과 호흡집중 수행을 반복하면서 나는 그렇게도 부정하고 별것 아닌 척하고 싶었던 내 안의 고통들과 마주했다. 거칠고 강렬한 고통부터 미세하게 일어나는 마음의 불만족감까지, 명상은 단지 앉아서 호흡하는 것이 아니라 그 호흡의 여정에서 나 자신과 얽혀 있던 모든 것과 대면하는 과정이었다. 때론 명료하게 드러나지만 때론 아무것도 확실하지 않은 안갯속에서 나는 나와 부단히 마주 앉았고, 그저 떠오르는 생각들과 함께 있었다. '이런 생각을 해야 해' '이런 생각을 해서는 안 돼'라는 마음의 소리마저도 온전히 내려놓고 오직 내 안에서 일어나는 것과 함께 앉아 있는다는 것이 쉽지 않았지만, 기꺼이 버티며 그렇게 했다. 수행이 쌓이면서, 나는 내 마음에 일어나는 크고 작은 갈등과 소리들을 실시간으로 알아차리게 되었다. 마치 작은 드론이 내 앞에 늘 떠워져 있는 느낌이라고 할까. 수행이 쌓여갈수록 마음의 불길이 타오르고 있다는 것을 알아차리는 시점이 점차 앞으로 당겨졌다. 예전에는 마음의 불길이 훨훨 타서 감정이나 상황이 잿더미가 되고 나서야 후회를 했지만, 뒤늦은 후회를 하는 순간들이 점차 줄어들기 시작했다. 나아가 불길이 생겨나려고 하는 바로 그 순간에 알아차릴 수 있으니 내 마음이 나를 괴롭히는 상황까지 몰고 가지 않아도 되었다. 내 조바심과 예민함에 눈 찡긋하고 웃어줄 수 있는 여유가 생긴 것은 온전히 수행의 힘 덕분이었다.

내 안의 고통을 바라보게 되자 자연스럽게 타인의 마음속 고통도 점차 볼 수 있게 되었다. 설사 얼굴을 모르는 누군가가 나를 괴롭히려는 글을 보내온다 해도, 그것은 그 사람의 내면적 고통이 드러나는 것일 뿐 그 사람이 정말로 미움 자체를 원하는 것은 아니라는 사실을 깨달았다. 한때 나에 대해 인터넷에 입에 담을 수 없는 말을 올리는 사람들을 몸서리치게 미워하고 그들이 벌을 받기를 바라기도 했다. 하지만 내 고통을 마주하는 여정의 끝에서 나는 그들에 대한 혐오와 분노가 차차 사그라드는 것을 발견했다. 자신의 행복을 바라고 스스로 평안하길 바라는 우리의 마음은 본질적으로 같다. 각자의 인생 여정과 환경, 어려운 상황이 때로 우리를 좋지 못한 선택들로 이끌 뿐이다. 남에게 상처 주려는 말, 해로운 말을 함으로써 입으로 짓는 업, 즉 구업口業을 짓는다는 것조차 알지 못하는 사람들에게 미움을 건넬 시간은 없음을 깨달았다. 미움에서 해방되는 길을 선택하는 것은 그 누구도 아닌 나 자신에게 이로운 일이었다. 생각의 폭이 더 넓어졌고, 마음은 훨씬 자유로워졌다. 더 많은 영감과 직관의 힘이 내 안에 자리 잡는 것이 느껴졌다. 마음속에 늘 기본값으로 있었던 불안과 불만족의 정서는 어느 순간 감사와 평온으로 대체되었다. 몸은 혼자서 일할지언정 언제나 세상과 연결되어 있다는 감각은, 10년 전에는 도저히 느껴본 적 없고 그래서 설명할 수도 없었던 것이었다.

수행이 가져다준 또 다른 이득은 일할 때 느껴지는 큰 안정감이다. 명상 수행을 하기 전, 나는 언제나 두려움을 기반으로 모든 일을 처리했다. 잘리면 어쩌지, 혼나면 어쩌지, 남들이 나를 비웃으면 어쩌지 하는 두려움이 나를 긴장하게 했고 더 노력하게 했다. 강의 현장에서도 마찬가지였다. 열심히 준비한 강의가 현장에서 다행스럽게 좋은 반응으로 이어지기도 했지만 그렇지 않을 때도 있었다. 내가 그토록 멀리하고 싶었던 '어쩌지'라는 두려움이 현실에서 일어나면 커다란 자책감과 무기력이 밀려왔다. 이는 '나는 망했어' '나는 이제 망할 거야'라는 자기파괴적 생각으로 이어져 나를 더욱 불안하게 했다. 하지만 명상을 거듭하면서 변화가 생겼다. 두려움을 이기려고 노력하는 것이 아니라, 다른 존재를 향한 자애의 마음을 담아 모든 순간에 임했기 때문이었다. 예전에 수백 명 앞에서 강연할 때 내 머릿속은 늘 나 자신에게 하는 이야기들로 시끄러웠다. 하지만 수행을 하고 난 후에 그 목소리는 완전히 사라졌다. 나는 이제 일을 할 때 나라고 할 만한 것이 없는 무아無我의 상태에 자주 머문다. 나에 대한 지긋지긋한 애착은 사라지고 그저 행위만이 존재한다. 내가 하는 강의가, 내가 쓴 책이, 내가 하는 공부가 다른 이들에게 귀한 것을 줄 수 있기를, 내가 만난 사람이 모두 나를 통해 편안해지기를 바라는 마음만이 남는다. 더 이상 잘난 사람으로 보이려고 노력할 필요도, 더 움켜쥘 필요도, 내가 아닌 다른 누군가가 되려고 애쓸 필요도 없다. 나는 한없이 가벼운 존재가 된다. 내가 사라진 자리에, 모든 좋은 것이 봄날의 들꽃처럼 피어난다.

그 어느 때보다도 나 자신과 친해진 나를 본다. 그러면서도 내 안에 일어나는 많은 목소리에 휘둘리지 않는 나를 본다. 더 발전하고 더 나아가도록 독려하지만 그 안에 그 어떤 계산도 고통도 없는 사무량심 수행은 우리를 사랑의 에너지로 가득하게 하며, 그 결과로서의 공덕은 자신과 타인에게 골고루 나눠진다는 것을 생각한다. 더 많이 움켜쥘수록 더 잃을 것이고, 더 나누려 할수록 더 얻게 될 것이다. 오늘도 나는 마음속에 이 마음을 새기고 또 새긴다.

자애를 통한
회복력과 리더십

―

타인을 위하는 기초적인 마음인 이타심부터 불교 수행의 기초라 할 수 있는 자애 수행, 자애라는 가치를 더욱 구체적으로 수행하도록 돕는 덕목으로서의 사무량심까지 돌아보았다. 하지만 과중한 업무와 경쟁에 시달리다 보면 사랑의 마음을 품고 일한다는 것이 그저 낭만적인 목표처럼 보일지 모른다. 여유로운 사람들의 온정주의 혹은 정신 승리 아닌가 하고 냉소를 품을지도 모른다. 하지만 나의 결론은 자애야말로 이 시대에, 특히 커리어에 있어 가장 필요한 가치라는 것이다. 자애는 당신의 성공을 돕는 추진력이 될 것이다.

재작년 여름, 열흘간의 수행이 예정된 경상남도 거창군의 사마타 수행처에 택시를 타고 들어가며 기사님에게 너스레를 떨었다. "기사님, 혹시 제가 너무 힘들고 도망치고 싶을 때 문자 드리면 열흘 뒤 말고 더 빨리 와주실 수 있죠?" 시내에서 너무 먼 탓에 애플리케이션으로도 택시를 부르기 어려웠던 산속으로 들어가며 반쯤은 농담으로 말했다. 혹여나 생길 수 있는 못 견딜 상황에 대비하고 싶은 마음 반, 아무리 그래도 그렇지 중간에 포기하고 나온다면 망신이겠다 싶은 마음 반이었다. 나는 다행히 도망치지 않았다. 하루하루가 참 쉽지 않았던 그 열흘이 지나고, 집으로 돌아가기 전 마지막 한 시간의 수행만이 남아 있었다. 그리고 그 한 시간은 내 인생의 중요한 닻이 되었다.

사마타 수행의 마지막 한 시간은 자애 수행이었다. 평상시에도 자애 수행을 해오고 있었던 터라 특별한 마음이나 기대 같은 것은 없었다. 마지막 한 시간이라 생각하니 욕심이 나기도 해서, 자애 수행보다는 호흡에만 집중해 선정의 상태를 더 끌어올리고 싶다는 생각으로 수행홀로 들어섰을 뿐이었다. 하지만 그 순간 내 생각을 바로 내려놓을 수밖에 없었다. 이후의 한 시간은 온전히 자애 수행에만 매진해야 했기 때문이다. 선원장 스님의 차분한 목소리에 따라 자애 수행의 시간이 이어졌다. 내 건강을 기원하고, 내 평온을 기원하고, 내가 모든 위험에서 벗어나기를 기원했다. 내가 소중하게 생각하는 사람에게도, 나와 중립적인 관계에 있는 사람에게도 동일하게 마음을 나누고, 나와 불편한 관계에 있거나 내가 싫어하던 사람에게도 마음을 일으켰다. 모든 방위의 존재, 모든 동물과 식물, 태어나지 않은 존재와 이미 태어난 존재, 보이는 존재와 보이지 않는 모든 존재에게 마음을 보내고 또 보내는 자애 수행의 여정이 한 시간 동안 이어졌다.

나에 대한 생각들은 내려놓고 또 내려놓고, 자애의 마음을 일으키고 또 일으키고, 한 시간 동안 깊은 자애의 일렁임에 나를 맡겼다. 평온과 감사가, 이완과 안도가 모든 곳에 가득한 오후였다. 그 시간이 모두 끝나가고 이 정든 공간과의 이별이 정말로 목전에 도달했을 때, 선원장 스님의 마지막 말씀이 이어졌다. 스님께서는 지난 열흘 동안 열심히 쌓은 수행 공덕을, 이 땅에 살아가는 모든 존재에게 회향廻向하겠다는 서원을 세우도록 하셨다. '제가 오늘 쌓은 이 공덕을 모든 존재에게 돌립니다. 모든 존재가 행복과 행복의 원인을 갖게 되기를 바랍니다. 모든 존재가 고통과 고통의 원인을 여의게 되기를 바랍니다. 모든 존재가 고통 없는 신성한 행복을 잃지 않기를 바랍니다. 모든 존재가 애착과 증오를 모두 여의고 무한한 평등심에 머무르기를 바랍니다.' 순간, 저항하는 마음이 올라왔다. '아니 스님, 열흘 동안 내가 한 고생이 얼마인데, 중간에 포기하지 않으려고 밤낮으로 얼마나 애를 썼는데, 이 공덕을 다른 사람들에게 돌리라고요?' 솔직히 당황스럽기도 했지만, 동시에 이것은 거부할 수 없는 가르침이라는 생각도 들었다. 여기까지 다 해야 뭔가가 완성되는가 보다 하는 순간의 깨침도 있었던 것 같다. '그래, 내가 쌓은 게 뭐 대단하다고. 내가 혹시 쌓은 공덕이 있다면 그것이 내가 앞으로 만날 모든 이들에게 돌아가기를……'이라고 비로소 마음을 냈다. 그 순간, 오랫동안 나를 붙잡고 있던 어떤 끈이 탁, 하고 끊어지는 것 같았다. 잘해야만 한다는 생각, 언제나 열심히 노력해야 한다는 압박감, 쉽게 잠들지 않았던 불안과 미세한 경계심, 더 이상 상처받고 싶지 않다는 생각으로 단단해진 마음속의 엉킨 끈 같은 것들이 일순간에 끊어지는 느낌이었다. 왈칵 눈물이 차올랐다. 그날의 그 느낌을 어떻게 설명할 수 있을까? 더 좋은 사람이 되고 싶다는 일념으로, 이왕이면 수행을 가열하게 해서 좀 더 똑똑해지고 싶다는 욕심을 품고 들어온 수행처에서 마지막까지 내려놓지 못하고 있었던 건 '좀 잘해보려 하고 이득 보려는 그 마음'이었다.

이후의 모든 날에 내가 하는 모든 일은 자애의 마음으로부터 비롯되었다. 오직 나의 성공, 나의 이득에 초점을 맞추던 나의 입장은 전면적으로 수정되었다. '이 일이 나에게 이득이 되는가, 그렇지 않은가?'의 질문에서, '이 일이 나를 성장시키고 타인에게도 사랑을 전하는 일인가?'의 질문으로 전환이 일어났다. 이득을 좇을 때는 어떻게 해도 떨쳐낼 수 없던 정신적 불안은, 성장과 사랑을 중심에 두면서부터 내 인생을 방해하지 않게 되었다. 때때로 불안함을 느낄 일들이 찾아와도, 이내 그 불안을 있는 그대로 지켜볼 수 있는 마음이 되었다.

사랑할 자慈, 사랑할 애愛. 자애라고 하면 우리가 흔히 떠올리는 것은 헌신적인 어머니나 성인聖人의 사랑이다. 그래서 오직 성공이 목표이고, 더 많이 더 빨리를 외쳐대는 세상에서 자애란 너무 이상적이거나 그저 온정적이고 이상주의적인 태도라고 넘겨짚는 사람도 여전히 많은 듯하다. 그러나 자애라는 한자의 어감이 주는 이미지를 잠시 내려놓고, 한 번이라도 호기심을 갖고 생각해보기를 바란다. '사람을 구별하지 않고 평등하게 대한다면 내 삶에는 어떤 변화가 생길까?' '나를 미워하는 사람에게 내가 미워하는 마음을 돌려주지 않는다면 내 마음에 어떤 일들이 일어날까?' 이미 수많은 사람이 자애, 팔리어 원어로 표현하면 메타metta의 마음을 수행하고 이를 통해 삶을 아름답게 전환하고 있다. 2500년 전부터 지금까지, 전 세계에서 수많은 사람이 자애 수행, 즉 메타 바와나를 통해 하루하루 삶의 역사를 새롭게 쓰고 있다는 것을 생각해보라. 선한 마음을 일으키고, 선한 의도로 사람을 대하고, 누구도 차별이나 구별 없이 대하는 마음으로 일터에서 미팅을 하고 아이디어를 조직하는 자가 되어보라. 메타 바와나는 딱히 돈도 들지 않고, 어렵지도 않다. 당신이 이 수행을 시작하지 않는다면 그 이유는 단 하나, 익숙하지 않은 마음의 훈련을 거부하는 자신이 그곳에 서 있기 때문일 것이다.

자애의 마음을 스스로 일으키는 일은 우리 내면의 전체적인 회복탄력성resilience을 고취한다. 힘든 상황이 오더라도 그것을 감당할 내구성을 갖추고 새롭게 시작할 힘을 발휘할 수 있다는 것이다. 이는 두 가지 차원에서 그렇다. 첫째로 자애는 현대인의 고질병인 우울과 불안을 극복하도록 돕는다. 스테판 호프만Stefan G. Hofmann과 폴 그로스먼Paul Grossman 등은 연구를 통해 자애명상이 정서적 긍정성을 증가시키고, 스트레스, 불안, 우울을 감소시키는 데 도움을 준다는 사실을 밝혀냈다.* 자애 문구는 자신을 향한 단순한 만트라가 아니다. 끊임없이 밖으로 향하는 시선과 그로 인

---

* Stefan G. Hofmann · Paul Grossman · Devon E. Hinton, "Loving-kindness and compassion meditation: potential for psychological interventions", *Clin Psychol*. 31(7):1126-32, 2011.

해 우울해지고 불안해지는 우리의 마음을 한곳에 정착시키는 닻과 같은 역할을 한다. 정돈된 언어에 마음을 포개어 한 곳으로 모을 때, 마음의 힘과 삶을 새롭게 바라볼 수 있는 힘이 자라난다. 또한 자애 수행은 자기를 비판하는 마음과 감정적 피로는 줄이고, 자신에 대한 이해를 증진한다.* 회사에서 연차가 쌓이고 직위가 높아져 맡는 일이 많아질수록 외로워진다고 호소하는 사람들이 많다. 업무는 과중하고 위아래로 치이는데 문득 우울함이 밀려올 때 약 외에 의지할 것이 없는 사람에게 정말 필요한 것은, 그저 자신을 향해 마음을 내어보자는 결심 하나다. 자신을 비난하는 목소리가 힘든가? 그 목소리를 없애려고 애쓰지 말고, 다른 목소리를 기르는 데 집중해야 한다. 하나의 마음속에 자애와 비난은 함께 머물 수 없다. 자애를 일으킬 수 있다면, 비난은 설 자리를 잃을 것이다. 비난하는 마음이 먼저 자리 잡고 있을지라도, 그저 자애의 마음으로 대응할 수 있다.

자애 수행의 효과는 여기에서 멈추지 않는다. 당신이 점점 더 큰 성공을 거두고, 더 많은 사람과 함께 일하며 더 많

- Inga Boellinghaus·Fergal W. Jones·Jane Hutton, "The role of mindfulness and loving-kindness meditation in cultivating self-compassion and other-focused concern in health care professionals", *Mindfulness*. 5(2):129-138, 2014.

은 사람에게 영향을 미치게 됨에 따라 자애는 더 큰 힘으로 당신의 인생에 기여할 것이다. 인공지능을 비롯한 과학기술의 발전이 인간이 예측할 수 있는 단계를 넘어선 혼돈의 시대, 기업 내의 수직적 구조와 수평적 구조가 혼재하는 시대, 리더에게 필요한 자질 역시 빠르게 변화하고 있다. 지금은 무차별적으로 노출되는 정보들을 냉철하게 판단하는 한편, 다양한 사람의 다양한 욕구를 수평적인 차원에서 해결할 수 있는 따뜻하면서도 열린 태도가 중요한 자질로 대두되고 있다. 자신의 에고나 편견에 지배당하지 않고 올바른 판단을 내리는 리더, 나를 돌보는 마음으로 함께 일하는 동료를 돌보는 리더는 회복탄력성과 마인드풀 리더십을 몸소 실천하는 존재라 할 수 있을 것이다.

돌아오는 월요일, 중요한 회의에 앞서 차분히 호흡을 하고 회의실에서 만날 이들의 얼굴을 떠올리며 마음속으로 말해보자. '이 회의를 통해 우리 모두가 성장할 수 있기를.' '이 회의 안에서 나누는 이야기들이 세상 모든 사람에게 큰 도움이 되기를.' 열차와 택시를 타고 머나먼 산속의 수행처까지 찾아갈 필요가 있겠는가. 당신이 일하는 그곳이 곧 수행처이고, 동료가 곧 인생의 귀한 도반道伴*이 될 것이다.

- 함께 도를 닦는 벗.

이 삶을 이끄는 당신이 곧 리더이고, 이 삶은 그저 아름다운 수행자의 삶이 될 것이다. 궁금하지 않은가? 자, 이제 방석 위에 자리를 잡고 앉을 시간이다.

Awareness Journal

일정표를 꺼내서 가족, 친구, 동료 등 앞으로 며칠 안에 만날 사람들의 목록과 함께 그들과 해야 할 일들을 확인해보세요. 잠시 눈을 감고, 그 사람들의 얼굴을 선명하게 떠올려보세요. 이제 눈을 뜨고, 아래의 내용을 기록해보세요.

당신은 그들의 삶이 어떠하기를 바라나요? 그들의 행복과 성장을 바라는 마음인가요? 그런 마음이 드는 상대도 있고, 그렇지 않은 상대도 있을 수 있습니다. 그중에서 가장 마음이 내키지 않는 사람을 하나 고르세요. 그리고 그 사람이 편안하고 행복하기를 바란다고 글로 기록할 수 있다면 그렇게 해보세요.

사람을 구별하지 않고 평등하게 대한다면 내 삶에는 어떤 변화가 생겨날지에 대해 생각해보고 이것을 기록해보세요.

갈애 Taṇhā

마음속에 일어나는 끝없는 갈망. 아무리 채우고 또 채워도 사라지지 않기 때문에 이것은 마음을 속박하는 한편 깊은 고통의 원인이 된다. 욕망 자체가 문제라기보다는 욕망에 과도하게 집착하는 마음속 자세가 더 문제다. 알아차림 수행은 이러한 갈애를 스스로 알아차리고 거리 두기를 하도록 돕는다. 경전에서는 갈애를 세 가지 종류로 나누어 보는데, 감각적 쾌락에 대한 갈애[欲愛], 살아 있고 싶음(존재)에 대한 갈애[有愛], 사라져버리고 싶음(비존재)에 대한 갈애[無有愛]라는 구분이 그것이다.

자애 수행 Mettā Bhavana

나, 내가 가깝게 느끼거나 존경하는 사람, 가깝지도 멀지도 않은 중립적 대상, 나에게 해를 끼쳤거나 내가 싫어하는 사람, 그리고 나 이외의 모든 존재가 모두 평안하고 행복하기를 바라는 마음을 일으키는 초기불교의 필수 수행. 자애 수행의 가장 큰 효과는 분노, 혐오, 자기비난과 같은 정서적 긴장을 내려놓게 도와준다는 점이다. 마음이 불편할 때, 혹은 일상생활 중 수시로 '내가 편안하기를, 여기 우리 모두가 행복하기를'이라는 마음을 일으켜보는 것이 가장 기본적인 연습 방법이다.

사무량심 四無量心

'네 가지 한량없는 마음'이라는 의미다. 여기서 '네 가지 마음'이란 자비희사 慈悲喜捨, 즉 다른 사람을 사랑하고 친절하게 대하는 마음[慈], 고통에 공감하고 연민하는 마음[悲], 타인의 기쁨에 동참하는 마음[喜], 평정심을 지니는 마음[捨]을 말한다. '한량이 없다'라는 것은 대상을 구분하지 않는 보편성을 의미한다. 누군가 한 말 때문에 화가 나고 혐오하는 마음이 올라온다면 곧장 화를 낼 것이 아니라 '그 사람도 나처럼 고통을 피하고 싶구나'라고 알아차릴 수 있다. 균형감각과 정서적 성숙을 추구하는 사람에게 사무량심은 명확한 기준선이 되어준다.

회복탄력성 Resilience

스트레스나 역경을 겪었지만 그 일을 통해 오히려 성장하고자 하는 노력을 가리킨다. 여기에서 중요한 것은 회복탄력성이 단지 '버틴다'라는 것과는 거리가 멀다는 점이다. 회복탄력성은 스트레스나 역경에 대처하는 자세 자체를 설명해주기도 한다. 인간의 강점과 미덕에 대해 설명하고 있기에 긍정심리학적 견해와도 결이 비슷하다. '버티는 인간'이 아닌 '잘 대처하고 성장하는 인간'이 되기 위해서는 '오늘 무엇을 배웠는가'라는 성장의 관점에서 삶을 바라볼 필요가 있다.

수용

ACCEPTANCE

4

네 가지
필연적 고통은
무엇인가

―

보라! 아름답게 꾸며진 모습을.
하지만 그것은 상처투성이로 만들어진 몸일 뿐이며,
고통스럽고 또한 온갖 상념들로 가득 차 있다.
이것은 영원할 수 없고 또한 견고하지도 않다.

이 모습은 결국 늙어갈 것이며
질병의 소굴이 되어 쉽게 부서져버리고 만다.
이 더러운 축적물은 끝내 파괴될 것이다.
모든 삶은 죽음으로 끝나기 때문이다.

_《법구경 Dhammapada》,〈Dhp.147-148, 늙음의 품 Jarāvagga〉

비가 갠 날 홀로 공원을 걸을 때, 나는 수많은 죽음을 본다. 무더위와 함께 들려왔던 매미 소리가 잠잠해지기 시작하는 어느 날 거리에서, 나는 살고 죽는 많은 것의 한가운데를 걷는다. 비가 오니 땅 위로 기어 나왔다가 뜨거운 햇살에 속수무책 말라비틀어지고 사람들에게 밟힌 지렁이에 대한 이야기고, 수년을 땅속에서 유충으로 살다가 겨우 나와 맴맴 울며 짝짓기를 하지만 고작 보름 만에 탈진해 땅에 떨어지는 매미에 대한 이야기다. 죽음의 모습은 다를지 몰라도, 나의 운명 또한 저들과 같을 것이다. 기약도 없고 예고도 없이 어느 날 닥쳐올 죽음에 대해 생각한다. 붓다의 가르침을 깊이 공부하며 내게 생겨난 변화 중 하나다.

신분에 따른 차별과 특혜가 현격하다 못해 엄혹했던 고대 인도 사회, 붓다는 상위 계급인 왕가에서 태어났다. 호화롭고 좋은 것만 누리며 풍족하게 살 수 있었지만, 그는 태어난 인간이라면 누구라도 늙고 병들고 죽는 고통을 피할 수 없다는 사실에 크게 각성해 모든 것을 버리고 남루한 수행자가 된다. 스물아홉의 나이에 시작된 수행의 길은 만만치 않았다. 궁궐에서의 화려한 생활은커녕 거리에서 잠이 들고, 걸식하며, 죽음이 목전에 이를 정도로 끼니를 거르는 고행도 마다하지 않았다. 인간이 겪는 네 가지 고통, 생로병사生老病死의 문제를 해결하겠다는 간절함과 사명감을 가지고 그저 몸 하나로 버텼을 한 사람의 존재를 생각하면 늘 무거운 탄식을 하게 된다. 정말 어떻게 그럴 수 있었을까? 내가 왕자였다면 그런 선택을 할 수 있었을까? 우리 중 감히 누가 그런 선택을 할 수 있을까?

불교 철학은 이처럼 고통의 문제에 기반을 두고 있고, 또한 굉장히 다양한 방식으로 죽음을 강조하기 때문에 때로 지나치게 부정적이거나 허무주의적이라고 오해를 받는다. '세상에 즐거운 것들이 얼마나 많은데, 내가 아직 살날이 얼마나 많이 남았는데 왜 자꾸 죽음을 떠올리라는 거지?'라는 불편한 감정도 생길 수 있다. 하지만 진실을 외면할 수는 없다. 우리는 모두 동일한 속도로 늙어가고, 우리 중 죽음으로 향하고 있지 않은 사람은 단 한 사람도 없다. 누군가 인생을 두고 "죽지 않고서는 나올 수 없는 게임"이라고 말하지 않았던가. 스토아 철학자 마르쿠스 아우렐리우스는 "너를 땅에 묻으며 슬피 운 자들조차 누군가에 의해 땅에 묻힐 것"이라고 죽음의 예외 없음을 경고하지 않았던가. 죽음에 대해 깨어서 성찰하는 것은 단지 불교만의 철학도 아니고, 당연히 허무주의나 비관주의도 아니다. 불교 철학은 죽음이라는 인간 존재의 본질을, 죽음에 대한 무의식적 공포와 존재의 불안을 외면하거나 회피하지 않고 정면으로 마주할 것을 권할 뿐이다.

하지만 현실은 어떤가. 더 많은 돈, 더 넓은 아파트, 더 많은 특권을 향해 달려가는 이들과 그런 꿈조차 꾸지 못하고 하루하루 버티며 살아가는 이들. 상황과 처지는 다를지언정 모두가 마치 영원히 살 것처럼 매일을 산다. 죽음의 순간 단 하나도 가져갈 수 없는 그 모든 것을 모으기 위해 전력을 다해 삶을 산다. 저속노화가 빅 트렌드로 부상한 것과 리프팅이나 안면거상술이 인기를 얻는 것은 고상함의 정도에서 차이가 있을 수 있지만 사실 생로병사의 수순을 피해 갈 수 없다는 자각과 그로 인해 생겨난 두려움이 반영된 것이라는 공통점을 갖는다. 늙음이 싫고 죽음이 두려워 저마다의 방식으로 안간힘을 쓸 뿐이다.

성공하고 싶은 열망, 더 많은 일을 해내고 싶은 욕심은 죽음과 어떤 관계에 있을까. 자신의 삶을 사랑하고 더 발전하고 싶은 이에게 죽음은 어떤 성찰을 가능하게 할까. 불교 철학을 공부하고 삶의 자양분으로 받아들이는 여정에서 나 역시 이 문제에 대해 생각하지 않을 수 없었다. 결국 늙고 병들 나는 오늘 무엇을 해야 하는가? 결국 죽음으로 향할 나에게 오늘 내가 하는 일은 어떤 의미여야 하는가? 나는 얼마든지 변할 수 있는 나의 열린 미래와 그럼에도 불구하고 결국 죽음을 맞이하게 될 닫힌 미래로서의 내 삶을 함께 고려하기를 원했다. 마흔이라는 나이를 넘어서고 이제는 더 이상 청년이 아닌 중년에 접어들었음을 자주 생각하며, 가끔 한 가닥씩 보이던 흰머리가 무더기로 생겨난 것을 발견하면서 삶과 일에 대해 다시 생각하지 않으면 안 되겠다는 생각이 자주 일어났다. 늙고, 병들고, 끝내 죽음으로 향할 일이 얼마 남지 않았다는 생각이 나를 비관적인 태도로 이끄는 것이 아니라, 더욱 또렷하게 깨어 있는 이로 만들 것이라는 확신을 선물했다. 인간으로 태어난 나라는 존재와 앞으로 다가올 시간을 받아들이는 지혜, 마음속 깊은 곳으로부터 수용 acceptance이 시작되고 있었다.

여기서 수용의 의미를 명확히 짚고 넘어갈 필요가 있을 것 같다. 우리가 일상적으로 사용하는 '수용'은 다소 소극적이거나 패배적인 느낌, 굴복하거나 체념한다는 뉘앙스를 갖고 있기 때문이다. '그냥 수용해야지 뭐' '수용할 수밖에 없었다'와 같이 쓰이다 보니 아무래도 부정적인 느낌을 품는 단어로 여겨진다. 하지만 심리학에서 수용이라는 개념은 오히려 적극적이고 능동적인 선택이다. 마음챙김 기반 치료에서 수용은 단순한 포기나 인내가 아니라, '이 감정과 싸우지 않겠어' '이 상황을 있는 그대로 또렷하게 보고, 지금 내가 할 수 있는 것을 하겠어'라는 단호함을 담은 태도다. 미국의 임상심리학자이자 명상 지도자인 타라 브랙Tara Brach은 《호흡하세요 그리고 미소지으세요》에서 삶을 있는 그대로 허락하는 태도를 지닐 것을 강조한다. 혐오감이 일어날 때 우리는 그 불쾌한 감정이 사라지기를 바랄 테지만, 일어나는 모든 것을 그저 기꺼이 그곳에 두려고 할 때 오히려 치유가 일어나고 날카로운 고통이 누그러든다고 말한다. 자신에게 인내심을 가지고 온화하게 격려하는 것이야말로 삶을 있는 그대로 허락하는 수용의 자세라고 설명한다.*

인간으로서 피할 수 없는 고통과 수용을 지금 하고 있는 일과 어떻게 연관시킬 수 있을까? 한 인간으로서 지혜롭게 성장하는 과정 안에서 내가 추구하는 커리어적 목표들이 아름답게 정렬되기 바랐기에, 나는 경전의 지혜를 일상으로 가져오는 데 많은 노력을 기울였다. 노력을 통해 마음과 일하는 자세가 많이 변화했고, 예전이라면 생각하지 못했을 영감과 아이디어, 직관의 힘을 키울 수 있었다. 가장 쉽게 시작할 수 있었던 것은 일상 속에서 작은 감사를 실천하는 습관이었다. 일을 하다가 스트레스를 받거나 마음에 불

---

* 타라 브랙 지음, 윤서인 옮김, 《호흡하세요 그리고 미소지으세요》, 불광출판사, 2018.

평이 강하게 일어날 때, '하지만 지금 내가 누리고 있는 것은 무엇이지?'라고 알아차리는 연습을 했다. 연습을 하다 보니 함께 일하는 사람이 마음에 들지 않아도 '그래도 일하고 있다는 점이 다행스러운걸'이라고 생각할 수 있었다. 과로로 몸이 너무 피로하면 '그래도 심하게 아프진 않으니 다행인걸'이라고 여겼고, 일이 없어 불안할 때면 '혼자 유유자적 박물관과 미술관을 갈 수 있다니, 참 좋은 인생이다!'라고 주의를 전환했다. 부정적 감정이 희석되고 좋은 마음이 들어선 자리에, 예외 없이 더 좋은 일과 기회가 찾아왔다.

그러다 정말 몸이 아플 때도 있었다. 복통이 빈번했지만 별일 아닐 거라며 진통제만 먹다가 나도 모르게 병을 키워 결국 수술을 하게 되었을 때, 왜 하필 나에게 이런 일이 일어났냐는 억울한 마음이 잠시 들기도 했다. 하지만 일주일간의 입원을 통해 나는 건강할 때 생각하지 못했던 나의 취약함을 살펴볼 수 있었다. 내 몸의 통증을 무시하듯, 내 마음을 무시한 적은 없었나 돌아보게 되었다. 몸에 연결된 관 때문에 꼼짝도 할 수 없던 그날 밤에 시시각각 내 상태를 체크해주는 의료진을 바라보며 그저 내맡기고 항복한다는 것이 무엇인지 체득할 수 있었다. 세상의 언어로 표현하자면 단순히 몸이 아파 수술하고 입원한 것일지 모르지만, 내면의 차원에서 나는 고통을 통해 내려놓는 법을 배우고 있었다. 아픈 만큼 성숙해진다는 흔한 말을 나는 그날에야 온전히 이해했다. 나에게 수용은 감사였고, 열린 자각이었고, 순수한 용기이자 받아들임이었다. 불편함과 불행한 느낌을 거기에 있는 그대로 두고 내 삶에 수용하는 노력을 하자, 기쁜 일은 더 만끽하는 한편으로 힘든 상황에서도 성장할 수 있다는 확신이 들었다. 이러한 믿음은 어떤 상황에서도 든든한 내 안의 조력자가 되어주었다. 불쾌하거나 부정적으로 보이는 일상의 사건들에 화내지 않고 기꺼이 수용하는 법을 배움으로써, 일하는 사람으로서의 나는 한층 더 깊이 있게 성장할 수 있었다.

"나중에 일흔 살쯤 됐을 때 여전히 서로 짝이 없으면 나중에 외롭지 않게 옆집에라도 같이 살자"라며 농담 비슷한 이야기를 주고받는 동갑 친구가 있다. 그와 나는 입 밖에 내어 말하지 않을 뿐 이미 알고 있다. 우리의 찬란했던 젊음은 이미 지나갔다는 것을, 살아갈 날보다 살아온 날들이 많을지도 모른다는 것을, 죽음이 점점 더 가까워지고 있다는 것을. 하지만 동시에, 그 모종의 얕은 절망과 두려움이 우리를 더 겸허하게 하고, 더 많이 내려놓게 한다는 것도 느끼고 있다. 기를 쓰고 지키려 했던 것들을 내려놓고, 나만 옳다는 자만을 놓아두고, 살아 있는 하루를 그 어느 때보다도 가치 있고 즐겁게 보내게 된 건, 더 이상 내가 젊지 않기 때문이다.

창밖에 장마의 시작을 알리는 비가 세차게 내린다. 내일은 갠다고 했으니 나는 길 위에서 또 수많은 죽음을 바라보게 될 것이다. 햇볕에 타버린 것이 먼저인지, 인간의 발에 밟힌 것이 먼저인지 알 수 없는 수많은 지렁이의 죽음을 만나겠지. 하지만 아스팔트 위에서 용케도 아직 꿈틀거리는 녀석을 보게 된다면, 나는 너를 나뭇잎에 고이 올려 근처 화단의 촉촉한 흙 위로 돌려보낼 것이다. 그래도 죽음보다는, 삶이 좋으니까. 그것은 너도, 나도 마찬가지니까.

Awareness Journal

죽음에 대해서 생각해보겠습니다. '죽음'이라는 단어를 떠올릴 때, 당신은 주로 어떤 생각을 하게 되나요? 또 어떤 감정을 함께 느끼게 되나요? 잠시 곰곰이 생각해보세요. 그리고 아래의 질문에 답해봅니다.

늙고, 병들고, 죽어감의 과정을 수용하지 못하거나 두려워한다면 삶에 어떤 일이 생겨날 수 있을까요?

늙고, 병들고, 죽어감의 과정을 수용하고 받아들인다는 것은 구체적으로 어떤 자세를 말하는 것일까요? 이러한 자세를 내 삶에 어떻게 적용할 수 있을까요?

고통과 괴로움의
차이를 인식하기

—

'도대체 그때 내가 왜 그랬을까?' 누구에게나 그런 순간이 한 번 쯤은 있다. 자다가도 벌떡 일어나 이불을 걷어차며 후회하게 되는, 이른바 '이불킥'의 순간들. 그러나 흔히 쓰이는 귀엽고 익살 맞은 이 표현을, 초기경전에서는 두 번째 화살을 스스로에게 쏘는 순간이라고 이야기하며 경계하고 단속할 것을 주문한다. 자기비난과 후회를 할 것인가 아니면 하지 않을 것인가, 이 중에 한 가지 태도만 고를 수 있다면, 당신의 선택은 어느 쪽인가.

이런 상황이 오면, 나는 언제나 적극적으로 자기비난과 후회를 하는 쪽이었다. 마음에 들지 않거나 괴로웠던 일을 반복해 떠올리면서, 이렇게 몇 번이나 후회한다면 다음에 그런 행동을 덜 하는 데 도움이 될 거라는 생각도 했던 것 같다. 귀엽게 표현해 '이불킥'이지, 남들에게 쉽게 말하지도 못할 커다란 후회와 자책을 홀로 안고 속을 끓였다. 그때 왜 그렇게 말했을까? 그때 왜 그렇게 자존심을 세웠을까? 그때 그러지 않았다면 얼마나 행복했을까? 인생의 크고 작은 질곡을 겪을 때마다 밀려드는 후회와 자책은 어김없이 나를 몰아세웠고, 그 먹구름 같은 마음들이 걷힐 때까지 삶의 시계는 조금씩 뒤로 밀려났던 것 같기도 하다.

전 세계적으로 유행하는 마인드풀니스는 지금 이 순간을 비판 없이 온전히 경험하는 것에 초점을 두는 연습으로 알려져 있다. 그저 지금 이 순간에 일어나는 일들을 고요히 관찰하면, 마음이 평온해지고 우울감이 사라진다는 설명과 함께 마법 같은 마음치료제로 인식되고 있다. 하지만 현재 일어나는 일에 주의를 기울이라는 말은 이해가 될 것 같다가도 이해하기 어렵게 느껴진다. '지금 내가 우울한데, 우울함을 어떻게 지켜보라는 거지? 나는 우울하다, 나는 지금 우울하다, 이렇게 하면 되나? 아니, 뭐야. 더 우울해지는데?' 마인드풀니스를 처음 연습하는 사람들의 반응은 대부분 이런 것에 가깝다. 부정적인 감정이 사라질 거라 기대했는데 오히려 부정적인 감정을 더 느끼니 이내 참을성을 잃고 포기하게 된다.

이는 당연한 일이다. 마음의 작동 양상에 대해 배우지도, 온전히 숙고하지도 못했기 때문이다. 갑자기 지금 이 순간을 느껴보려고 노력한다 해서 마음속의 부정적인 습관들이 한 번에 사라질 리가 있겠는가. 오히려 자신의 감정에 더 몰입하면서 문제가 악화되지나 않으면 다행일지 모른다. 지쳐 있는 마음에 필요한 것은, 조급한 노력이나 출처가 불분명한 명상 연습이 아니다. 편안히 몸을 쉬게 하면서, 지금 내가 무슨 생각을 하고 있는지 그것 하나만 스스로에게 물어볼 수 있어도 작은 진전을 거둔 것이다.

그러면 어떻게 질문해야 할까? 우리는 스스로에게 어떤 질문을 해서 조금 더 수월하게 마음을 돌보고 자신을 일으켜 세울 수 있을까? 어떻게 하면 후회나 자책이라는 자기파괴적 마음들을 일으키지 않고 삶이 좀 더 내게 유리하고 행복하게 흘러가도록 할 수 있을까? 그 답은 우리 인생의 '첫 번째 화살'과 '두 번째 화살'을 구별하는 것에 있다. 이 두

가지의 화살을 명확히 구분하고 그에 따른 노력을 한다면 커다란 변화가 찾아오겠지만, 이것에 대해 깨닫지 못해 어떤 노력도 하지 않는다면 우리가 지금 겪고 있는 어려움은 아무것도 변하지 않을 것이다.

붓다는 우리가 경험하는 부정적인 사건과 그로 인해 일어나는 1차적 감정을 첫 번째 화살에 비유했다. 예를 들어 깨진 유리에 발을 찔려서 피가 날 때 몸서리치게 느끼는 아픔과 시험에 떨어져서 속상한 마음 같은 것들은 모두 첫 번째 화살에 속한다. 겪고 싶지 않아도 겪을 수밖에 없는 크고 작은 실패와 실수, 상실의 경험과 그로 인해 곧장 느껴지는 자연스러운 통증, 슬픔, 놀람, 속상함 같은 것들까지 여기에 포함된다. 하지만 마음은 1차적인 감정에 고정되어 있는 법이 없다. 깨진 유리 조각을 밟았다고 해보자. 통증을 느끼자마자 마음은 숨 돌릴 틈도 없이 이야기를 만들어낸다. '그러니까 왜 칠칠맞지 못하게 컵을 거기다 둬서 이런 상황을 만들어?'라는 자기비난의 목소리가 일어나, '오늘 중요한 일이 있는데 이런 일이 생긴 걸 보니 징조가 너무 안 좋다' '내 인생이 늘 이렇지 뭐'라고 불안, 자조, 자학하는 마음으로 이어지는 데까지 불과 몇 초도 걸리지 않는다. 바로 이것을 두 번째 화살이라고 한다.

인생에 일어나는 고통스러운 사건, 즉 첫 번째 화살은 막을 수 없다. 태어났다면 누구든 원치 않는 상황들을 맞닥뜨린다. 하지만 두 번째 화살은 내가 내 가슴에 스스로 쏜다. 쏘지 않을 수 있었고, 쏘지 않아도 됐는데 내 마음의 오래된 습관이 나로 하여금 더 큰 상처를 입힌다. 첫 번째 화살에서 두 번째 화살로 이어지는 과정이 너무나 습관적이고 또한 빠르기 때문에 우리는 우리가 두 번째 화살을 자주 쏜다는 사실조차 알지 못한다. 혹여 알았다 해도, 과거를 후회하고 미래를 걱정해야 최소한의 노력이라도 하지 않겠냐며 자신을 괴롭히는 선택에 대해 정당성을 부여하기도 한다.

하지만 진실은 명확하다. 두 번째 화살은 다만 경전의 비유로 끝나지 않는다. 심리학에서 말하는 부정적 자기대화와 반추反芻, 우울증의 주요한 원인으로 알려진 이 습관이 바로 두 번째 화살의 대표적인 모습이다. '왜 너에게만 이런 일이 생기지?' '그건 불공평해' '너는 실패자야'라는 말들을 누군가가 당신에게 하루 종일 들려준다고 생각해보자. 당신은 그 목소리를 거부하기 위해 온갖 노력을 다할 것이다. 하지만 왜 나 자신에게는 그런 말을 반복하는가? 그건 소나 염소 같은 반추동물이 이미 삼킨 먹이를 다시 게워내 입으로 되새김질하는 것처럼 생각을 곱씹는 행위일 뿐이다. 후회나 자책이 종국엔 우리를 발전시킨다는 생각 또한 명백한 허상이다. 스스로의 발목을 잡고 힘을 빼며, 내면에서 처리하는 데 많은 에너지가 드는 이런 말을 지속적으로 하면 그 끝에는 우울증과 번아웃이 당신을 기다리고 있을 것이다. 깨어 있는 성찰과 습관적인 후회는 본질적으로 다른 경험이다.

당신이 어떠한 형태의 업무를 하든 어떠한 직업을 가졌든, 우리는 일하는 모든 곳에서 두 번째 화살을 맞을 것인가 맞지 않을 것인가의 기로에 선다. 일을 하고 경제활동을 하는 모든 순간에는 예측 불가능한 영역이 있고, 아무리 노력해도 뜻대로 되지 않는 요소들이 존재하기 때문이다. 우리는 맥락을 잘못 짚을 때가 있고, 잘못된 기획안을 낼 때가 있고, 열심히 준비하고서도 발표를 망쳐버릴 때가 있다. 첫 번째 화살이 우리에게 날아드는 순간이다. 속상함과 슬픔, 좌절의 마음들이 순식간에 일어날 수 있다. 하지만 그 순간 알아차리고 '아하, 첫 번째 화살이구나'라고 담담하게 이름 붙일 수 있어야 한다. 그렇게 하고 나서 마음을 계속 지켜볼 수 있다면 그것으로 일단은 성공이다. 마음속에서 또 다른 이야기들을 만드는지 만들지 않는지, 내가 나에게 두 번째 화살을 쏘고 있는지 그렇지 않은지 한번 호기심을 가지고 관찰해보는 것이다. 나도 모르게 후회나 자책, 불안이나 미움 같은 2차적 감정이 올라올 때 '아하, 가만히 두었더니 또 버릇처럼 두 번째 화살을 쏘았구나!'라고 그저 있는 그대로 알 수 있으면 된다. 감정이 폭발하는 대로 내버려두고, 결국 나중에 후회할 만한 일을 저지른 뒤 깨달으면 손해가 너무 크다. '지금 이 느낌은 첫 번째 화살인가, 두 번째 화살인가' 를 물어볼 수 있는 마음의 고요한 공간이 필요한 까닭이다. 이렇게 지켜볼 수 있는 마음의 힘을 현대심리학에서는 '거리 두기distancing'라고 표현한다. 내 마음을 객관적으로 지켜보는 것은 선천적으로 주어지는 능력이 아니다. 스스로 깨어 있어, 더 좋은 선택을 하고자 하는 사람이 노력으로 얻을 수 있는 후천적 마음 능력이다. 그것은 갑자기 '지금 마음에 집중해보기'라는 가벼운 연습으로 얻어지는 것이 아니며, 지속적이고 진중하게 자신의 호흡을 통해 '지금 이 순간'에 머무르는 연습을 이어간 사람에게만 허락되는 삶의 기술이다. 고요함을 닦는 수행 없이 마음 능력은 개발하기 어렵다는 점을 기억해야 한다.

이쯤 되면 당신은 아마도 궁금할 것이다. 두 번째 화살을 쏘지 않게 되면 삶이 어떻게 변할 것인지 말이다. 먼저, 일상에 일어나는 부정적인 상황에 대응하는 능력에 큰 변화가 생긴다. 좋지 않은 일들이 일어나지 않을 수는 없겠지만, 일어난 일들에 대해 자책하거나 비난하는 마음이 줄어들기 때문에 마음의 회복 능력이 더불어 좋아진다. 자신에 대한 부정적 과몰입, 그로 인한 분노와 우울감으로부터 점차 멀어진다. 에너지를 낭비하지 않으니 당면한 현실에 더 잘 대응할 수 있다. 자신을 몰아붙이지 않고도 내가 나의 좋은 파트너가 되어 상황을 해결할 수 있다. 타인과의 관계에도 변화가 생겨난다. 주변 사람들의 부정적인 면을 먼저 보던 성향이나 비교하는 마음이 잠잠해지고, 함께 도와 좋은 것들을 만들어나가는 마음의 에너지가 확대된다. 더불어 마음속에서 시끄러운 이야기들이 더 이상 생겨나지 않으니, 나에게 정말로 해로움을 끼칠 사람들을 예전보다 더 명료하게 알아볼 수 있다.

  기억하라. 일하는 사람으로 살아가는 당신에게 필요한 것은, 이렇게 반복되는 내 마음의 습관을 알아차리는 것이다. 알아차릴 수 있으면, 휩싸이지 않는다. 알아차릴 수 있으면, 더는 사로잡히지 않는다. 누구나 두 번째 화살을 쏜다. 하지만 자신이 두 번째 화살을 쏘고 있다는 것을 모르는 채로 일하고 살아간다면 점점 더 많은 두 번째 화살을 쏘게 된다. 나이가 많아질수록, 지위가 높아질수록, 내가 갖고 있는 영향력이 커질수록 점점 더 부정적인 사람이 되어가는 것은 모두에게 비극이다. 자신의 마음을 돌아보지 않는 리더는 함께 일하는 이들을 힘들게 하고, 모든 팀원이 두 번째 화살을 쏜다면 그 팀은 불행해진다. 상처와 오해가 점점 더 깊어지고 팀원들은 더 이상 심리적 안전감을 느끼지 못하며, 결국 번아웃과 우울에 한층 더 다가설 것이다. 주변 사람들의 부정적인 피드백에 잠시 마음이 상할 수는 있어도, '앗, 이러다 또 두 번째 화살을 쏘겠군'이라고 하며 깨어나야 한다. 생각을 곱씹기 전에 스스로에게 이렇게 물어보라. '마음이 상하는 느낌이 들긴 하지만, 혹시 이것이 성장의 기회가 될 수 있지 않을까?' 모니터 아래에 작은 글씨로 "나는 지금 두 번째 화살을 쏘고 있진 않은가?"라는 문구를 적어두고, 일하는 도중 마음이 상할 때마다 자신에게 물어보는 것도 좋겠다. 원치 않는 위기에 처했다는 생각 때문에 편도체에 뇌 전체가 납치되는 편도체 납치amygdala hijacking 현상을 경험하고 있었을지라도, 이 단순한 문구를 떠올리는 노력이 전두엽의 종합 판단 능력을 되살려줄 것이다.

한번 상상해보자. 서로에게 어떤 피드백이든 솔직하게 할 수 있고, 부정적인 피드백을 개인적으로 받아들이지 않아 상처를 느끼지 않는 팀이 있다면 어떨까? 설사 한 명의 직원이 심리적으로 불편한 기색을 내비쳤다 해도, 팀장이 그 감정에 대해 이해하고 충분히 공감해주면 어떨까? 팀원 전체가 실수를 했다 해도, 팀장이 과잉반응하거나 비난하지 않으면 어떨까?

때때로 돈이나 성공 등 오직 외적 성취만이 우리 삶을 좌우하는 것처럼 보이지만, 결국 우리의 마음속에 일어나는 일들이 삶에 대한 스스로의 평가에 지대한 영향을 미치게 되어 있다. 경제적 이윤을 만드는 것이 기업의 존재 목적이라 해도, 그 안에서 함께 일하는 사람들이 내면의 문제로부터 자유롭지 않다면 그 팀의 성과 또한 기대할 수 없을 것이다. 인간은 돈만을 위해 살아가는 존재가 아니며, 외부적인 성공에 준하는 내면적인 성장과 평온이 밑받침되어야 삶에 진정한 균형이 생겨난다. 당신은 지금 어떤 사람들과 함께 일하고 있는가? 당신은 타인과 함께 일할 때 내면에도 주의를 기울이는 사람인가? 새가 두 개의 날개로 날듯, 우리가 열심히 일하는 모든 순간에 내면에도 함께 주의를 기울일 때, 우리는 서로에게 과도한 긴장과 상처를 유발하지 않고도 원하는 삶에 한 발짝 더 다가갈 수 있다. 그렇게 외부 상황과 내면의 여정에 균형이 생겨날 때, 당신의 일터는 세속적 성공과 영적 발전을 함께 맛볼 수 있는 더없이 훌륭한 장소로 그 의미가 바뀔 것이다.

두 번째 화살을 쏘지 않겠다고 다짐하는 당신에게 지금보다 더 좋은 내적 세계와 외적 성취가 기다리고 있다.

Awareness Journal

오늘 내가 경험했던 상황에 대한 나의 감정을 돌아보고, 이를 첫 번째 화살과 두 번째 화살로 구분해 써봅니다.

나의 일터에서 가장 많이 일어나는 두 번째 화살의 경험에 대해 돌아보고, 그 경험 직전에 어떤 상황이나 마음이 먼저 일어나는지 생각해서 기록해봅니다.

다음번에 또 비슷한 상황이 일어나면 자기 자신에게 어떻게 말해주고 싶나요?

두 번째 화살을 더 이상 쏘지 않게 된다면 내 삶에는 어떤 변화가 생겨날까요? 상상해봅니다.

수용하는 마음을
어떻게
훈련할 것인가

—

고통과 괴로움의 차이를 인식하고, 첫 번째 화살과 두 번째 화살에 대한 내용을 자주 떠올린다고 해도 우리는 때때로 좌절할 수 있다. 단지 머리로 이해했을 뿐이고 실행에 옮길 만한 마음의 힘은 없는데도 '내가 안다'라고 자신하는 마음 때문에, 혹은 너무 오래되어 쉽게 고쳐지지 않는 마음의 습관 때문에 좌절할 수 있다. 하지만 초기경전의 지혜와 현대 뇌과학의 진실들은 우리에게 수용의 힘을 훈련할수록 자유로워질 것이라 말한다. 머리와 마음이 하나로 합동하는 삶을 어떻게 실천할 수 있을까? 구체적인 방법이 여기 있다.

단 30초라도 좋다. 눈을 감고 잠시, 지나온 날들에 대해 생각해보자. 원치 않았지만 일어났던 일, 그래서 너무 힘들었던 일을 한 가지만 떠올려보자. 예를 들어 수년 전의 이별 경험 같은 것도 좋겠다. 그때 그 일에 대해, 첫 번째 화살은 무엇이었나? 그리고 그 첫 번째 화살이 너무 괴롭고 힘들어서 내가 스스로에게 꽂은 두 번째 화살의 말들은 무엇이었나? 생각을 마쳤다면 이제 종이를 꺼내어 그것들을 기록해보자.

아마도 당신은 이것을 그리 어렵지 않게 해낼 수 있을 것이다. 첫 번째 화살과 두 번째 화살은 명료한 개념으로, 과거의 사건을 더 잘 이해하도록 돕는다. 특히 시간이 상당히 흐른 일이라면 우리는 제법 평온하게 성찰하고 돌아볼 수 있다. 시간이 이미 많은 것을 해결해주었기 때문에 어느 정도 마음의 힘만 있다면 그리 어렵지 않을 것이다. 그러나 문제는 이러한 깨달음이 지금 이 순간에도, 가능하다면 실시간으로 일어날 수 있는가 하는 것이다. 과거를 통해 깨닫는 것도 물론 귀하지만, 우리는 시시각각으로 다가오는 인생의 크고 작은 일들에 대해서도 이렇게 깨어 있을 수 있어야 한다. 다시 돌아오지 않을 날들을 충만하고 아름답게 살기 위해, 마음에서 잘못된 습관들을 덜어내는 것이 중요하다.

하지만 우리 마음은 늘 물 밖으로 나온 물고기처럼 펄떡이고, 해야 할 일들과 복잡한 정보들이 아침에 눈을 뜨자마자 뇌로, 마음으로 쏟아져 들어오기 일쑤다. 현대인은 너무 바쁘고, 불필요한 정보는 너무 많고, 내 옆의 사람들은 이미 스트레스와 불안으로 가득하다. 출근길 지하철이나 거리에서 만나는 사람들의 표정을 관찰해보라. 절반은 우울하고, 절반은 화가 나 있는 것처럼 보일 것이다. 당신이라고 예외이겠는가? 하루하루 일상에 치여 살아가는 우리 모두에게 마음을 돌보고 의식한다는 것은 그저 추상적이고 머나먼 자기계발의 덕목처럼 여겨질지도 모른다. 게다가 뇌는 또 어떤가. 의식, 마음의 기능과 직접적으로 연결된 뇌는 내가 원한 적은 없지만 인류의 오래된 생존 본능을 탑재하고 있다. 인간의 뇌는 위험과 고통을 빠르게 인식하고 회피하도록 진화해왔다. 몸이 아프든 마음이 아프든 인간의 뇌는 모든 고통 앞에서 '일단 피해!'라고 사이렌을 울린다. 태어날 때부터 뇌 속에 들어있다는 아몬드 모양의 편도체는 일이 조금만 내 맘 같지 않아도 자극을 받아 '큰일 났다! 망했다!'를 외치고, 뇌 안의 도파민 시스템은 고통보다 쾌감을 추구해 어떻게든 빠르게 문제가 사라지는 것처럼 보이는 쪽을 선택하도록 유도한다. 함께 일하는 동료와 입장이 다를 때 대화를 나누며 서로 이해하려고 하기보다 설탕이 잔뜩 들어간 케이크를 먹으며 다른 동료와 뒷담화를 나누고, 연인과 갑작스럽게 이별한 후 자신의 마음을 돌아보기보다 반복해서 소개팅을 하는 것은 뇌의 이기적이며 자연스러운 선택이다. 연구에 따르면 이렇게 어려운 상황을 직면하지 않고 정서적으로 회피하는 성향이 단기적으로 불안을 감소시키는 효과가 있는 것도 사실이다.* 다른 동료와 뒷담화를 하다 보면 기분이 좀 풀리는 것 같고, 새로운 상대를 만나러 나가는 길에 나도 모르게 마음이 설레는 경험이 누구나 한 번쯤은 있을 것이다. 결국 직면하기, 성찰하기, 있는 그대로 수용하기 같은 정신적 훈련들은 우리의 타고난 본능을 새롭게 다듬는 일에 가깝다고 볼 수 있다. 동물적 본능을 다듬자니 당연히 많은 에너지가 들고, 반복적인 훈련이 요구된다. 하지만 게으르고 싶고 놀고 싶은 욕망을 참으며 열심히 노력해서 지금까지 당신이 거두어온 여러 가지 외적 성취들을 떠올려보라. 마음에도 그렇게 노력을 기울여야 당신

- Amit Etkin · Tobias Egner · Raffael Kalisch, "Emotional processing in anterior cingulate and medial prefrontal cortex", *Trends in Cognitive Sciences*, 15(2), 85–93, 2011.

4 수용 ACCEPTANCE

이 원하는 삶을 살아갈 수 있지 않겠는가.

타고난 본능을 거스르는 아름다운 실천의 여정, 우리의 내면에 수용의 전략을 시작할 준비가 되었는가. 자신을 더 힘들게 하는 행위, 두 번째 화살을 쏘는 일을 그만하겠다고 다짐한 이에게 수용전념치료, ACT 이론은 중요한 통찰을 제공한다. ACT는 "Acceptance and Commitment Therapy"의 약자로, 심리적인 고통을 수용하고 가치 있는 행동을 선택하도록 돕는 심리치료 접근방식이다. 스티븐 C. 헤이즈Steven C. Hayes는 마인드풀니스, 받아들임, 가치 있는 행동 선택하기라는 수용전념치료의 핵심 줄기가 모두 불교 철학에 기인한다고 밝혔다.˚ 두 번째 화살을 쏘지 않는 대신 현재의 몸과 마음을 알아차리고, 느껴지는 모든 것을 있는 그대로 받아들이며 그렇게 얻은 평온을 통해 정말로 가치 있는 행동을 선택하는 마음을 2500년 전 붓다의 지혜를 바탕으로 다질 수 있다.

수용전념치료는 현대심리학의 토대에 불교적 통찰을 접목한 현실적 기법으로 어느 정도 마음의 힘과 의지가 있으면 혼자서도 적절히 사용해 내면을 성찰할 수 있다는 장점

- Steven C. Hayes, "Buddhism and acceptance and commitment therapy", *Cognitive and Behavioral Practice*, Volume 9, Issue 1, 2002.

이 있다. 상담심리학을 공부하는 학생으로서 단지 이론을 제대로 배우고 싶어 찾아갔던 수용전념치료 워크숍에서, 나 또한 내 마음을 새롭게 돌아볼 수 있었던 기억이 여전히 생생하다. 전문적인 상담가와 이 작업을 한다면 더없이 좋겠지만, 혼자서 종이와 펜으로 시작해보는 것도 나쁘지 않다고 본다. 대신 정말로 진지하게 돌아보겠다는 마음과 솔직하게 기록하겠다는 다짐이 필요하다.

첫 번째 단계로 내가 지금까지 마음이 힘들 때 어떤 방법을 써왔는지 담담하게 돌아보자. 술을 마셨나? 친구에게 하소연했나? 아니면 힘든 마음을 떨쳐내기 위해 자기계발과 취미, 쇼핑에 몰두했나? 당장은 소용이 있어 보였던 그 모든 행위가 장기적으로도 도움이 되었는지, 혹은 감각을 잠시 마비시키는 효과가 있었을 뿐인지 기록해보자. 스스로 묻고 기록하는 과정에서 내가 지금까지 해왔던 수많은 회피가 사실은 그다지 소용이 없었음을 깨닫게 될 것이다. 두 번째는 고통스러운 감정이나 생각을 밀어내지 않는 단계다. 시간은 길게 내지 않아도 되지만, 혼자서 마음에 집중할 수 있는 환경을 마련하는 것이 중요하다. 눈을 감거나, 편안히 앉아 음악을 들어도 좋다. 요즘의 힘든 일을 생각하면서, 마음속으로 이렇게 생각해보자. '지금 내가 느끼고 있는 이 불안은 당연한 거야. 하지만 이런 감정을 경험하는 것은 나를 무너뜨릴 순 없어. 이 감정을 여기 그냥 있는 그대로 둬도 돼'라고 떠올리며 편안한 호흡을 하자. 자기 자신에게 할 수 있는 최대한의 따뜻한 마음을 내고, 그 마음을 언어로 표현하며 현재의 호흡에 머무는 연습을 하자. 이 단계에서 앞에서 배운 자애 수행을 하면 마음의 힘을 키우는 데 더 좋다. 고통에 가슴을 여는 연습을 하면 혹시라도 정말 마음이 아파지지 않을까 걱정이 될 수도 있다. 하지만 자신에게 이런 말을 실제로 해주고 나면 비로소 알게 된다. 고통에 마음을 여는 순수한 경험이야말로 자신을 부드럽고 평온하게 만든다는 것을 말이다.

이제 세 번째 단계다. 요즘 가장 힘든 일, 걱정되는 일을 떠올려보자. 그리고 내가 느끼는 감정이나 생각을 솔직하게 입으로 말해보자. "나 요즘 완전히 지쳤어" "너무 불안해 참을 수 없어" "난 도대체 왜 이 모양이지?"와 같은 말들이 입에서 자연스럽게 나올 것이다. 이제 노트에 이 마음을 조금 다른 방식으로 기록해보자. 수용전념치료의 현실적인 기법, 바로 인지적 거리 두기cognitive defusion라는 기술이다. 우리는 우울이나 짜증, 불안과 같은 강렬한 감정을 느낄 때 그 감정이 곧 자신인 듯, 그 감정과 뒤엉켜 있는 듯 표현한다. 하지만 이런 언어적 습관은 우리를 그 감정에서 더 빠져나오지 못하게 만든다. 인지적 거리 두기는 내가 느끼는 날

것의 감정이나 생각을 최대한 객관적으로 표현함으로써 내 감정과 적극적으로 거리를 두게 하는 연습이다. "나는 지쳤어" 대신 "나는 요즘 완전히 지쳐 있다는 생각을 반복해서 경험하는 중이야", "불안해 미치겠어!" 대신 "다양한 감정 중에서, 지금 내가 경험하는 것은 불안이구나!", "난 대체 왜 이 모양이지?" 대신 "지금 난 대체 왜 이 모양인가 하는 생각이 일어나고 있어"라는 식으로 표현한다. 생각날 때마다 연습해보자. 일주일 정도만 집중해도 마음의 초점이 조금씩 옮겨가는 것을 경험할 것이다. 이 기술을 사용해 '디퓨전 일기'를 쓰거나, 마음이 맞는 친구와 일상에 대해 '디퓨전으로 대화하기'를 시도해도 좋을 것이다. 처음엔 어색할 수도 있다. 하지만 반복해서 연습하다 보면 자신의 감정에 대한 객관적인 시선이 열리게 된다.

《숫타니파타》의 첫 번째 장, 〈뱀의 경 Uraga-Vagga〉에서는 불필요한 것들과 허무한 것들에 마음을 쏟아 어리석은 삶의 길로 가지 말 것을 경고한다. 한곳으로 과하게 치닫지도 않고, 게을러서 뒤처지지도 않으며 모든 희론 papañca, 즉 무의미하고 부질없는 생각들과 시도들을 뛰어넘는 수행자가 될 것을 권면한다. 이렇게 하면 마치 뱀이 허물을 벗듯이 고통으로부터 해방될 것이라고 말한다. 쉴 새 없이 일어나는 온갖 잡다한 생각들을 내려놓고 싶은가? 내 안에 내가 너무도 많다고 느끼는가? 이는 인생의 모든 일이 내가 원하는 대로 일어나야 한다는 강박, 뭐든 내가 원하는 대로 조절하고 싶다는 완벽주의를 내려놓고 수용이라는 강력한 마음의 힘을 기르라는 의미로 해석할 수 있을 것이다. 지금, 나는 어떤 생각에 빠져 있는가? 어떤 생각들에 사로잡혀 있는가? 희론을 넘어서는 현명한 통찰을 하기 위해, 나는 오늘 무엇부터 시도할 것인가?

Awareness Journal

최근에 힘들었거나 스트레스를 받았던 일을 떠올려봅니다. 그 일이 언제 어떻게 일어났고, 그때 나는 어떤 생각을 했는지에 대해서 잠시 생각해보세요. 그리고 아래의 질문에 답해봅니다.

'그 일'이 일어났을 때 내가 경험한 첫 번째 화살은 무엇이었나요? 내가 마음에서 스스로 만들어 쏜 두 번째 화살이 있다면 그것에 대해서도 자세히 기록해보세요.

내가 쏜 두 번째 화살을 가장 잘 드러내는 문장은 무엇인가요? 이를 '인지적 거리 두기' 기법을 적용해 다시 기록해보세요.

자신의 취약성을
어떻게
받아들일 것인가

—
어릴 때는 나중에 어른이 되면 더 이상 취약하지 않을 것이라 생각했다. 하지만 그건 진실이 아니었다. 어른이 된다는 것은 더 이상 취약해지지 않는 것이 아니라 자신의 취약함을 인정하는 과정이다. 살아 있는 한 우리는 취약할 수밖에 없기 때문이다.

_ 매들린 렝글 Madeleine L'Engle

'취약성vulnerability'이라는 단어를 들으면 당신은 어떤 것들이 떠오르는가? 아마도 부정적인 인상을 주는 단어나 문장이 먼저 생각날 것이다. '스트레스에 취약하다' '습기에 취약하다' '취약점'과 같은 표현들 말이다. 많은 경우 이 단어를 나약하고, 불안정하고, 성공을 가로막는 이미지로 인식하는 것 같다. 어려서부터 우리가 부모에게 듣는 말들도 이런 취약성에 대한 경계를 담고 있다. 울면 안 된다는 말, 씩씩하게 굴라는 말, 의젓하고 어른스럽게 행동하라는 말은 대수롭지 않게 들리지만, 사실은 있는 그대로의 취약성이나 부족함을 드러내지 말 것을 의미한다고도 볼 수 있을 것이다.

이제 우리는 더 이상 작고 연약한 아이가 아니기 때문에 취약성의 문제로부터 해방된 것일까? 나름의 건강한 몸, 언제든지 사용할 수 있는 신용카드, 나를 인정해주는 회사와 사람들이 있으니 충분히 잘 살고 있는 것일까? 외부의 상황이 잘 돌아가도 마음은 그리 평안하지 못할 수 있다는 것을 우리는 이미 잘 알고 있다. 남들에게 좋아 보이는 삶을 추구하는 것으로 결코 충분하지 않다는 것도 우리는 이미 잘 느끼고 있다. 삶의 부피를 늘리고, 성공에 매진하고, 좋은 것들을 최대한 많이 누리려 거듭해온 시도가 우리의 마음을 더 옥죄는 것은 아닌지 돌아볼 필요가 있다.

20년 넘게 한국 여성의 삶과 라이프스타일, 심리적인 어려움에 대해 글을 쓰고 함께 고민을 나누면서 나는 이에 대한 고민을 더욱 구체화했다. 여성들이 스스로에게 부과하는 이른바 '이중 억압'을 발견했기 때문이다. "매사에 은근히 나를 무시하는 남자친구에게 그러지 말라고 하고 싶은데 혹시라도 그런 말을 해서 우리 관계가 서먹해질까 봐 두려운 맘이 들어요. 어떻게 하면 그가 마음 상하거나 화나지 않게 내 의사를 전달할 수 있을까요?" "남편과 아이를 사랑하고 지금 행복한 것도 사실이지만, 이젠 예전만큼 직장에서의 일에 몰두하기 어렵다는 것이 괴로워요. 내가 해온 일을 계속 잘 이어가고 싶은데, 엄마와 배우자로서의 역할을 완벽하게 수행하면서 일도 완벽하게 잘 해내는 게 불가능한 것 같아요. 어느 쪽도 집중하지 못한다는 느낌에 힘들어요." 말을 하되 상대방의 심기를 거스르지 않는 것이 지혜로운 여성의 대화 테크닉이라 오해하고, 엄마의 역할을 맡은 여성은 일을 조금은 포기하는 게 당연하다는 입장이 여기에 숨어 있다. 두 가지를 다 완벽히 해내지 못하면 실패한 것처럼 느끼게 하는 이중 억압은 그 사람을 꽁꽁 묶어놓는다. 서로 충돌하는 기대를 둘 다 완벽하게 충족하길 바라는 마음 때문에 어떤 선택을 해도 후회나 자괴감을 느끼기 쉽다. 여자라면 화장을 해야 예의이지만 너무 진해서는 곤란하고, 못생긴 사람이 성형을 안 하는 것은 말이 안 되지만 그렇다고 너무 과하게 성형을 하면 '성괴'라는 말로 조롱을 받는 것 역시 이중 억압의 흔한 예다. 우리는 끊임없이 남들의 시선에 내 모습이 허락받기를 바라고, 보이든 보이지 않든 특정한 공동체에 소속되어 있는 느낌을 갖기 바란다. 그래서 스스로 이중 억압을 하면서도 그것이 이 사회에 살아가기 위해 필요한 마음의 기준이라 여긴다.

여성뿐 아니라 남성 역시 같은 차원의 어려움을 겪는다. 남성은 어려서부터 '강인함'에 대한 메시지를 강박적으로 많이 들으며 자라난다. "사내 녀석이 뭐 그런 것 가지고 울어? 남자답지 못하게"라는 말을 듣던 소년은 나이가 들어서 자신의 두려움과 긴장에 대해 수치심을 느낄 것이다. "남자는 약하면 안 돼, 남자는 언제나 여자를 리드하고 보호해줘야 해"라는 말을 듣고 자란 남자는 취업에 실패하거나 직장에서 해고되었을 때 남자로서 도저히 용납할 수 없는 수치로 받아들일지 모른다. 여성이 아름다움과 사랑스러움, 유연함을 강요받는다면, 남성은 힘, 독립성, 나약함에 대한 거부를 강요받는다. 현재 한국 사회의 주요한 갈등으로 대두

되는 젠더 갈등은 부모 세대가 무의식적으로 주입한 성 의식에도 상당 부분 그 원인이 있을지 모른다. 한 세대가 경험해온 내적 갈등이 응축되어 외적 갈등으로 나타났다고 보아도 과언이 아닐 것이다.

우리는 취약한 존재가 되는 것을 두려워한다. 그리고 그 취약한 느낌을 없애기 위해 갖은 노력을 다하는 어른으로 성장한다. 수치심과 불안, 강박 등 현대인이 경험하는 부정적인 감정을 20년 이상 연구해온 심리학자 브레네 브라운Brene Brown은 취약성을 새롭게 바라보는 것이 매우 중요하다고 조언한다. 남들에게 인정받지 못할 것 같다는 두려움, 사회공동체에서 배제되어 혼자가 되면 어쩌나 하는 걱정이 '완벽해야 인정받을 수 있다는 강박'에 빠져들게 한다는 것이다. 그의 설명에 따르면 완벽주의란 '최고가 되기 위해 열심히 노력하는 것'이 아니다. 완벽주의는 '내가 완벽해진다면 수치심을 느끼지 않아도 될 거야'라고 생각하는 것이다. 오로지 자신을 방어하는 것에 초점을 둔 마음이기 때문에 끊임없이 단점을 숨기고, 남들의 눈치를 보고, 자신의 내밀한 욕구를 억압한다. 그 결과 그토록 원했던 행복이나 성공은 오히려 성취하기 어려워지고, 자신과 투쟁모드를 거듭한 끝에 지쳐버린 마음만 남는다. 그토록 올리고 싶었던 자존감은 증발해버린다.

이런 불필요한 마음의 갑옷을 벗어던지기 위해서 필요한 것은 무엇일까? 사람이라면 누구나 취약한 느낌이 들 때가 있다. 매 순간 완벽할 수도, 매 순간 강인하고 현명할 수도 없다. 우리는 완벽해지려고 태어나지 않았으며, 삶의 모든 순간에 참다운 행복과 의미를 느낄 자격이 있다. 브레네 브라운은 취약함을 느끼는 것이 두려워서 마음의 갑옷을 쓰는 세 가지 유형을 제시한다. 기쁨을 거부하거나, 완벽주의를 지향하거나, 차라리 감정을 느끼지 않으려고 애쓰는 것이다. 각각의 어려움에 대처하는 방법은 매우 간단하다. 첫째, 작은 일에도 감사의 마음을 불러일으키는 연습을 하기, 둘째, 우리가 모두 완벽한 모습을 보이고 싶어 애쓰는 존재들이라는 것을 생각하기, 셋째, 자기 자신에게 "이만하면 충분해"라고 자주 말해주기다.

이 중에서 감사하는 연습은 앞에서 이미 다루었다. 타인에게 건네는 인사로서가 아닌, 아무리 작은 것이라도 지금 경험하고 누리는 것들의 가치를 돌아보고 음미하며 생생하게 알아차리는 경험으로서의 감사는 우리가 일상의 기쁨에 다시 접속할 수 있도록 돕는다. 두 번째 방법은 단순하고 은밀한 마음 이완 테크닉이다. 때로 몇 초 안에 할 수도 있고, 마음속으로 연습하는 것이니 다른 사람에게 티 내지 않고 할 수도 있다. 코로나19가 한창이던 시국에, 나는 집 앞의 근린공원을 산책하며 주변에 함께 걷는 사람들을 상대로 이런 마음을 연습했다. '저기 보이는 청년, 제 앞에서 걷고 있는 할머님, 그리고 저도, 우리 모두 다 행복해지고 싶은 사람들이네요'라는 식으로 마음을 일으켰다. 단 몇 초의 주의 기울임만으로 마음이 편안해지고 이완되는 경험을 했다. 우리는 매 순간 자신과 타인을 자동적으로 구분하는 마음의 패턴에 철저히 익숙해져 있다. '저 사람은 왜 저렇게 행동하지?' '저러는 거 정말 싫어'와 같은 생각들이 대표적인 예다. 하지만 우리는 인간의 보편적인 욕구와 보편적인 아픔, 보편적인 상처에도 집중할 수 있는 지적 능력을 가지고 있다. 공원의 벤치에 앉아서, 나는 여기 걷고 있는 우리 모두가 비슷하다는 생각을 스스로 일깨웠다. 이렇게 보편적인 것에 집중하는 나의 비밀스러운 마음 훈련은, 이후의 내 삶에 중요한 마음의 닻이 되어주었다. 마지막으로 "이만하면 충분해"라고 말해주는 세 번째 방법도 일상에서 자주 해볼 수 있는 시도다. 내키지 않을지라도, 그냥 입 밖으로 한번 소리 내어볼 수 있다. 아침마다 거울을 보고 "이만하면 충분해"라고 말해주고 스스로에게 웃어주는 것쯤은 할 수 있지 않은가? 노력하는 것이 전부가 아니다. 나를 미워하는 마음으로 노력할 것인지 응원하는 마음으로 노력할 것인지의 선택은 온전히 자신에게 달려 있다.

어색하더라도 혼자 마음으로 할 수 있는 작은 연습들을 꾸준히 이어가면, 두 가지 새로운 변화가 생겨날 것이다. 먼저 타인의 단점과 취약성에 대해서 훨씬 더 편안하고 현명한 태도를 지닐 수 있을 것이다. 자기 자신에 대해 싫어하는 면을 남들에게도 예민하게 보게 되는 것이 인간이다. 나의 단점을 포용하고 거기에 싱긋 웃어줄 수 있는 마음이 생겨날 때, 비로소 타인에게도 그렇게 할 수 있다. 동료나 후배의 실수에 감정적으로 반응하는 것이 아니라 '내가 어떤 피드백을 주어야 이 사람에게 도움이 될까?'라는 마음의 공간이 생겨나고, 당신의 평판은 당연히 좋아질 것이다.

다음으로 다른 사람 앞에서 자신을 자연스럽게 드러내는 순간이 많아질 것이다. 모든 걸 솔직하게 고백하라는 이야기가 아니다. 곁에서 함께 일하는 사람들, 살아가며 만나는 이들에게 '어떻게 보이고 싶다'라는 생각을 내려놓고 '진심으로 대하고 싶다'라는 마음을 스스로 일깨워라. 후배가 실수를 해서 개인 면담을 하는 상황을 예로 들어보자. 이때 상사가 하는 가장 대표적인 실수는 '말 한번 잘못했다가 괜히 내 인사고과에 불리해지면 어쩌지?'와 같이 취약성에 대해 두려움을 느끼거나 '이렇게밖에 못 하다니 내 말을 무시했던 건가?'와 같이 분노를 품고 아무 말이나 하는 것이다. 하지만 그런 날것의 표현들은 자신을 드러내는 것이 아니다.

오히려 자신의 두려움과 분노를 감추는 시도에 가깝다. 아무리 당황스럽고 화가 나는 상황에서도, 날것의 분노가 가라앉을 때까지 반드시 기다려야 한다. 그리고 우리가 모두 취약성을 갖고 있고 그것을 감추고 싶어 하는 인간이라는 것을, 너와 내가 크게 다르지 않다는 것을 상기하자. '나는 너의 실수를 지적하려는 게 아니야. 너에게 창피를 주거나 비난하려고 하는 것도 아니야. 하지만 나 또한 내 몫을 해야 하는 점을 이해해주길 바라. 지금 이 문제를 잘 해결해서 네가 성장할 수 있을 거라고 믿어'라고 말할 수 있을지 헤아려보라. 진심으로 이렇게 말할 수 있을 때, 그다음 본론으로 넘어가라. 당신도, 당신 곁에 있는 그 누구도 상처받지 않고 아름답게 성장할 수 있을 것이다. 우리 마음은 생각보다 말랑하다. 믿어도 좋다. 일단 시도해보라.

수용을 실천하는
여덟 가지 방법

비구들이여, 탐욕의 제거, 성냄의 제거, 어리석음의 제거라는 것은 열반의 세계를 말한다. 번뇌를 부수는 것을 그렇게 말한다. 그리하여 비구들이여, 너희는 이 여덟 가지 길을 가야 한다. 여덟 가지 고귀한 길이란 무엇인가? 그것은 바로 바른 견해, 바른 사유, 바른 언어, 바른 행위, 바른 생활, 바른 정진, 바른 새김, 바른 집중이다.*

_《쌍윳따니까야 Saṃyutta Nikāya》

- 《쌍윳따니까야 Saṃyutta Nikāya》, 〈SN.45:7-8, 분별의 경 Vibhaṅgasutta〉의 내용을 정리하였다.

중도中道라는 말이 있다. 중도는 불교 철학의 정수를 꿰뚫는 단어 중 하나로, 이를 이해하기 위해서는 고집멸도苦集滅道라는 개념을 먼저 이해해야 한다. 생로병사의 굴레로부터 자유로울 수 없는 인간의 고통에 대해 깊이 사유한 붓다는 편안하고 안락하기 그지없는 궁궐을 떠나 진리를 발견하겠다는 열망과 함께 고행의 시간으로 들어선다. 당시 유명하다는 수행자들을 찾아가 수행을 배우기도 했으나, 적절한 스승을 발견하지 못하자 고행의 길로 들어선 것으로 전해진다. 하지만 수년간의 고행에도 이렇다 할 만한 진전을 얻지 못한 수행자 붓다는, 결국 다시금 시작한 긴 수행 끝에 깨달음을 얻고 중도에 대해 설한다. 감각적 쾌락에 빠지는 것은 비속하고 무익하며, 고행을 일삼는 것은 괴롭고 무익하다는 사실을 밝힌 것이다. 감각적 쾌락을 추구하는 것도 아니고, 고행을 하는 것도 아닌 중도의 길을 택하는 것이 고요함과 지혜, 바른 앎과 깨달음으로 이어진다고 강조했다.

그 어느 때보다도 빠르게 진화하는 기술과 급변하는 세계정세, 극단으로 치닫는 불평등과 수면 위로 드러나는 심리문제 등 모든 것이 극으로 향하는 듯 보이는 현대 사회에서 어쩌면 중도라는 가치는 추상적이고 이상적인 것으로만 느껴질 수도 있다.

하지만 그것은 순전한 오해다. 중도는 단순히 중간 입장을 가리키는 것이 아니기 때문이다. 붓다의 시대 인도에는 두 가지 사상이 팽배했다. 사후에도 영원히 존재하기를 원했던 상주론과 사후의 세계를 부정하고 살아 있는 동안의 쾌락만 추구했던 단멸론이었다. 중도는 이 두 가지 사상의 부정으로부터 나온 철학이다. 더불어 붓다의 철학은 심오함을 담고 있지만 그만큼 현실적이고 쉬운 가르침 또한 담고 있고, 시대와 사회를 막론하고 적용할 수 있는 구체성을 담고 있기도 하다. 어떻게 그것이 가능할까? 중도는 일상생활에서 부단히 사유하고 노력할 수 있도록 우리를 이끌어주는 여덟 가지 구체적인 실천 덕목, 즉 팔정도八正道, the noble eightfold path를 그 구체적인 가르침으로 하기 때문이다. 정견正見(바른 견해), 정사유正思惟(바른 사유), 정어正語(바른 언어), 정업正業(바른 행위), 정명正命(바른 생활), 정정진正精進(바른 정진), 정념正念(바른 새김), 정정正定(바른 집중)이 팔정도의 구체적인 덕목들이다.

어떤 이에게는 '바른'이라는 말이 도덕책의 교훈이나 박물관의 유물처럼 느껴질지 모른다. 하지만 여기서 '바른'은 단순히 'right'의 의미가 아니다. 이것은 팔리어 'sammā'를 번역한 것인데, 팔정도를 말할 때 이 단어는 '바르게, 정직하게, 온전하게, 조화롭게, 능숙하게, 해탈로 이끄는 방식으로'라는 다양하고 심오한 의미를 동시에 지닌다.

따라서 'sammā'에 여덟 가지 방향을 조합한 여덟 가지의 고귀한 길, 팔정도에 대해서도 많은 해석과 가르침이 존재한다. 불교를 종교로 보는 사람도 있고, 철학이자 세계관으로 보는 사람도 있듯이 팔정도 또한 마찬가지다. 윤회로부터의 해탈을 위해 반드시 실행해야 할 종교적 덕목으로 이해할 수도 있겠지만, 붓다의 가르침은 단지 거기에 머무르지 않는다. 종교와 사상을 넘어, 입장과 처지를 넘어 그 내용의 보편성과 세밀함으로 어떤 사람이든 자신의 상황에 맞추어 지혜를 얻을 수 있는 기본적인 사상의 틀을 제공한다. 팔정도를 심리학에 대입한다면 자신의 관점을 돌아보는 인지 재구성이나 감사 연습 같은 것을 '바른 견해'에 비유하고, 감각에 주의를 기울이거나 저널링을 하는 노력 등은 '바른 집중'으로 분류할 수 있을 것이다. 만약 팔정도를 더 실용적으로 활용해서 회의 시간에 자신을 돌아보는 기준으로 삼는다면, 말하기 전에 '이 말은 진실한가? 꼭 필요한 말인가? 친절하게 말할 것인가?'라고 자문하고, 회의에서 자꾸만 진행을 방해하는 동료에게 감정적인 반응이 올라오려고 할 때 '지금 이 감정에 제대로 대응하기 위해 내가 할 수 있는 노력은 무엇인가'라고 생각하며 마음에 주의를 기울이는 '바른 정진'을 선택할 수도 있을 것이다. 이처럼 팔정도는 인생의 방향을 제시할 수도, 일상의 세밀한 가이드라인이 될 수도 있다.

그러면 수용의 차원에서 팔정도를 어떻게 적용할 것인가? 수용이라는 현명한 태도를 팔정도라는 실천 덕목과 어떻게 조합할 것인가? 정견은 현실을 있는 그대로 보는 수용의 시작이라 할 수 있다. 수용은 갑자기 마법처럼 완성되는 것이 아니다. 가장 먼저 해야 할 것은 '이러한 어려움이 여기에 있다는 사실을 인정하는 것'이다. 고통을 없애겠다고 달려들 것이 아니라, 고통을 자각하는 시간이 먼저라는 것이다. 예를 들어, 인공지능으로 인해 고용시장이 중대한 변화 앞에 놓인 지금 '이런 일이 왜 하필 내가 사회 초년생일 때 일어나는 거야?'라고 외쳐도 소용이 없다. 이미 일어난 변화를 인정하지 못한다면 아무 대책도 세울 수 없을 것이다. 현실을 받아들여야 비로소 어떻게 적응할지에 대해서도 생각할 수 있다.

정사유는 함께 일하는 사람을 대하는 관점에 적용할 수 있다. 일을 하다 보면 스트레스 상황에서 타인을 비난하게 될 때가 있다. 이것이 현실을 밀어내고 도망치려는 마음의 일환임은 이미 앞에서 살펴보았다. 나와 맞지 않고 잘 따라오지 못하는 동료를 '이 사람은 대체 왜 이럴까?'라고 생각하는 것이 아니라 '이 사람이 부족할 순 있지만, 인간적으로 비난하지는 않겠다', 즉 공감과 연민으로 대하며 가능한 한 긍정적인 결과를 도모해보자. 함께 일하는 이들을 마음속으로 계속 밀어낸다면 결국 외로워지는 것은 나 자신이다. 너도 힘들고, 나도 힘든 직장 생활에서 내가 일으킬 수 있는 수용의 마음을 생각해봐야 한다. 정사유의 마음으로 동료와 이야기를 나누면 자연스럽게 바른 말, 즉 정어로 이어질 것이다.

정업은 수용을 행동으로 실천하는 것이다. 수용은 단지 마음으로 받아들이고 생각으로 인정하는 것에 그치지 않는다. 진정한 받아들임은 내가 현실 속에서 어떤 선택을 할 것인지의 문제와 깊은 연관이 있다. 용감하게 시작한 사업이 결국 시장의 흐름을 타지 못해 좌초되었다고 상상해보라. 실패를 받아들이지 못하는 사람은 다시는 아무것도 시작하지 않겠다며 무기력해지거나, 충분히 숙고하지 않고 설불리 다음 사업에 도전하려 할 것이다. 실패와 그로 인한 절망을 있는 그대로 인정하고, 이 모든 상황으로부터 배우고자 하는 마음만이 우리를 바른 방향으로 나아가게 한다. 이러한 행동의 변화는 정념과 정정, 즉 바른 새김과 바른 집중에 의해 이루어진다. 있는 그대로의 내 감정을 거부하지 않고 알아차리려는 수행의 노력, 외부 상황에 흔들리지 않고 고요하게 호흡을 관찰하는 수행의 시간이 쌓여서 지혜와 몰입이 만들어진다. 발표를 앞두고 초조한 마음이 드는가? 물 한 잔을 마시면서 '이 불안은 당연해, 내가 지금 정말 잘 해내고 싶어서 이런가 보다'라고 알아차릴 수 있다면 불안은 얼마 지나지 않아 사그라들 것이다. 일을 하다 저녁 약속에 늦을까 봐 자꾸 시계를 보게 되는가? 내면세계의 동요를 알아차리고 아침저녁의 짧은 좌선을 통해 그저 지금 눈앞에 있는 것에만 고요히 집중하는 노력을 해왔다면 이렇게 어려운 시간도 점점 덜 경험하게 될 것이다.

물론 때로 예기치 않게 더 큰 좌절을 경험할 수도 있다. 모두에게 좋은 선택을 하기 위해 애썼지만 더 큰 손해를 볼 수도 있고, 믿던 사람에게 발등이 찍힐 수도 있다. 더 작은 차원에서는, 분명히 내 마음이 예전보다 편안해졌다고 생각했는데 특정 동료에게만큼은 여전히 감정 조절이 잘되지 않아 스스로에게 실망할 수도 있다. 이럴 때는 정정진의 덕목이 반드시 요구된다. 수용은 단 한 번의 시도나 잠깐의 결심이 아니라 있어야 할 곳으로 끊임없이 돌아오는 마음의 노력이기 때문이다. 다시 한번 강조하지만 수용은 단순히 감정을 무심하게 방치하는 것이 아니다. 수행 중에 마음이

다른 곳을 헤매더라도 다시 호흡이 일어나는 몸의 지점으로 마음을 모으듯이, 우리는 일상생활에서도 한없이 날뛰는 마음을 잠시 알아차리고 그저 지금 이 순간으로 돌아오는 연습을 해야 한다. 몇 번이고 자신을 단속하고, 돌보고, 새롭게 훈련시켜야 한다. 훈련 없이 능숙해지는 사람은 없다. 지금처럼 능숙하게 일을 하기까지 수많은 트레이닝이 필요했듯, 마음도 훈련을 필요로 한다.

그렇게 열심히 제자리로 돌아오는 연습을 하면, 당신이 하는 일과 커리어 패스가 그 자체로 당신과 연결된 모든 사람에게 공존과 행복의 철학을 전하는 정명을 실현할 수 있다. 아직 그 모습이 구체적이지 않더라도 좋다. 당신이 재능을 발휘해서 하는 모든 일이 다른 사람의 귀한 성장을 돕는 동인이 된다고 상상해보라. 너무나 뿌듯하고 행복하지 않은가?

붓다가 실천적인 덕목으로 깊이 강조한 여덟 가지 고귀한 삶의 길은 단지 추상적인 도덕률이 아니다. 일하는 사람으로서 겪는 외적, 내적 갈등에 대응하며 더 귀하고 의미 있는 성취와 발전으로 향하게 하는 실천적 가이드라인이다. 당신이 해야 할 것은 자신의 힘과 지혜를 믿고, 자신을 사랑하며, 정확한 기준과 의도를 가지고 당신의 세계를 구성해 나가는 것이다. 소중한 재능과 정확한 노력이 결합할 때, 내면으로부터 깊이 만족할 수 있는 성장과 행복의 영역에 도달할 수 있다. 남들만큼 잘살고 싶다는 욕망으로 고군분투하는 것이 아니라, 사랑의 마음으로 나를 닦고 타인을 사랑하겠다는 마음을 성장의 동력으로 삼아야 한다. 아무리 좋은 차라도 맞지 않는 연료나 질이 나쁜 연료를 넣고는 제대로 달릴 수 없다. 당신의 삶이 어떤 동력에 의해 작동되고 있는지를 생각해야 한다. 동력이 탐욕이라면 그 미래는 불행하거나 공허할 것이고, 동력이 사랑이라면 모든 발걸음은 풍요와 의미로 가득할 것이다. 우리는 한 인간으로서 삶을 탐험하며 그 과정에서 눈부신 성장을 구하고 그 과정에서 깊은 행복을 만끽하기 위해 태어났다. 자신의 삶을 그렇게 만들어가고, 타인의 삶에도 그러한 영향을 끼칠 수 있다면, 이것이 바로 자리이타自利利他*의 정신일 것이다.

- 나에게 이로운 일이 다른 이들에게도 이로운 일이 되게 하라는 불교의 핵심적인 가르침.

편도체 납치 Amygdala Hijack

나도 모르게 욱하고 분노가 폭발한다거나, 깜짝 놀라거나 무서운 마음에 온몸이 얼어붙은 경험이 있을 것이다. 뇌에서 이성적인 조절기능을 담당하는 전전두엽의 기능이 일시적으로 붕괴하고 편도체가 뇌 전체를 납치한 것처럼 편도체가 과활성화되는 것을 편도체 납치라고 부른다. 분노나 공포에 압도되었을 때, 이것이 단지 뇌의 자연스러운 본능적 반응이라는 사실을 인지하면 우리의 알아차림을 더욱 선명하고 깊게 만들 수 있다.

인지적 거리 두기 Cognitive Defusion

수용-전념치료 ACT, Acceptance and Commitment Therapy 는 '나는 우울하다' '나는 괴롭다'라는 표현처럼 지금 내가 경험하고 있는 생각, 감정 등과 나를 동일시하는 것은 언어를 사용하는 인간에게 자주 일어나는 오류라고 본다. 내가 곧 그 감정일 순 없는데도 나와 감정을 동일시하고 하나로 묶어 생각하는 것은 우리로 하여금 더 큰 고통을 느끼게 한다. '나는 우울하구나 하는 생각이 떠오른다'라고 한발 뒤로 물러나 객관적으로 상황을 인지하는 것이 인지적 거리 두기의 핵심 기법이다.

중도 中道

불교 철학의 정수는 중도 middle way로 표현된다. 쾌락주의와 고행주의라는 시대적 배경에서 수행자로서의 삶을 이어가던 붓다는 이러한 극단적인 철학이 지혜로 이르는 길에 오히려 방해가 됨을 지적하며 중도를 설했다. 이는 단지 가운데의 어떤 지점을 시사하는 것이 아니며, 상황과 맥락에 따라 유연한 최적점을 찾는 균형의 지혜라고 이해해야 한다.

팔정도 八正道

붓다는 태어나서 늙고 병들어 죽는 인간의 삶을 고통으로 인식하였다. 그리고 이러한 고통을 소멸하기 위한 구체적인 방법을 찾고자 수행자의 길을 선택했다. 여덟 가지 성스러운 길 the noble eightfold path, 팔정도는 윤리(정어, 정업, 정명), 수행(정정진, 정념, 정정), 지혜(정견, 정사유)라는 세 가지 축이 상호 보완적으로 순환하는 개념으로 이해할 수 있다. 명상 수행은 이러한 팔정도의 철학을 몸으로 실천하는 과정이라고 보아야 한다.

관계

RELATIONSHIP

5

타인과의 관계를
어떻게
만들 것인가

잘못을 지적하는 이, 결점에 대해 진심 어린 충고를 해주는 이, 현명한 자, 숨겨진 보물에 대해 알려주는 자들을 보라. 그러한 현명한 이들과 교류하라. 그런 사람들과 교류하면 나쁜 일은 생기지 않을 것이다. 악한 이와는 관계 맺지 말고, 저속한 이와도 함께 걷지 말라. 선한 사람과 관계 맺고, 훌륭한 이들과 함께 걸어라.

_《법구경Dhammapada》

- 《법구경Dhammapada》, 〈Dhp.76-78, 현명한 자의 품Paṇtavagga〉의 내용을 정리하였다.

직장에서 우리를 가장 힘들게 하는 것은 무엇일까? 과도한 업무 시간, '워라밸'의 부족, 잘 오르지 않는 연봉, 자아실현의 어려움……. 많은 현실적 요소가 있겠지만 언제나 이 모든 요소를 제치는 압도적인 주제가 있다. 당신이 겪어보았을 그 문제, 바로 인간관계에 대한 어려움이다. 〈인간관계 스트레스 인식 조사〉에서 가장 큰 스트레스의 주범으로 꼽힌 것은 '직장 내 동료나 상사'(41.5퍼센트)였으며, '가족'(19.2퍼센트), '이웃, 지인 등 생활관계'(16.8퍼센트), '친구'(10.1퍼센트), '연인, 배우자'(6.6퍼센트)가 그 뒤를 이었다.• 〈2023 좋은 직장 및 일의 의미 관련 인식 조사〉에서 84.6퍼센트가 직장에서의 '원만한 인간관계'가 "회사를 '오래, 잘 다닐 수 있는' 동기(계기)가 될 수 있다"라고 응답했으며, 77.5퍼센트가 "'일의 만족도를 높일 수 있는' 동기(계기)가 될 수 있다"라고 답했다.•• 이 설문조사를 통해 알 수 있는 것은, 결국 관계가 관건이라는 점이다. 조직에서 사람을 떠나가게 만드는

- • 피앰아이, 〈인간관계 스트레스 인식 조사〉, 2025.
- •• 트렌드모니터, 〈2023 좋은 직장 및 일의 의미 관련 인식 조사〉, 2023.

것도 사람이고, 일이 좀 힘들어도 사람을 행복하게 하는 것 또한 사람이다.

하지만 관계는 언제나 어렵다. 가까우면 가까운 대로, 멀면 먼 대로 어렵다. 피를 나눈 사이에서도 영영 관계를 끊을 만큼 갈등이 격화되는데, 경제적 이윤을 창출하기 위한 목적으로 모여 저마다의 욕구와 이해가 부딪히는 조직에서 관계를 이어간다는 것이 쉬울 수가 없다. 게다가 한국 조직 특유의 수직적 구조와 위계 서열로 인해, '라인'이라는 이름의 특정 계파에 휘둘리는 상황들이 생겨난다. 업무적 역량을 성장시키기 위해 쓰는 시간과 노력보다 윗선에 잘 보이기 위해서 쓰는 시간과 노력이 더 많아지면 개인은 더디 성장하고 조직에는 부정적 영향이 나타난다.

이렇게 어려운 인간관계에 대해 오래전 경전으로부터 혜안을 얻을 수 있을까? 불교는 개인적 해탈을 추구하는 종교로 알려져 있어 혼자 벽을 보고 앉아 고요한 마음에 몰입하는 이미지를 흔히 연상해, 인간관계와는 별다른 관련이 없을 것이라 넘겨짚는 경우도 많은 듯하다. 하지만 초기경전의 곳곳엔 놀라우리만큼 자세한 인간관계 가이드가 남겨져 있다. 붓다는 홀로 고요한 곳에 앉아 명상하라고 했고 스스로도 그렇게 했지만, 관계의 중요성을 수차례 강조하기도 했다. 자기 자신과의 관계가 확장된 것이 타인과의 관계이며, 자신을 향해 마음을 일으킨 자기자비의 힘이 굳건히 쌓인 후에야 다른 이를 향한 타인자비의 마음도 비로소 실천할 수 있다고 강조하였다. 붓다의 핵심 철학 중 하나인 '연기緣起' 또한 타인과의 관계를 중시하는 내용을 담고 있다. 모든 것이 연緣, 즉 연결되고 묶여서 일어난다는 견해는 자신의 독단성을 내려놓고 서로가 서로에게 영향을 끼치는 것에 대해서 늘 깨어 자각하라는 가르침을 기반으로 한다.

《디가니까야Dīgha Nikāya》의 〈씽갈라까에 대한 훈계의 경 Siṅgalakovādasutta〉은 친구인 척하는 사람과 진정한 친구를 구별하는 법을 꽤 상세히 설명한다. 무엇이든 가져가기만 하는 사람, 말만 앞세우는 사람, 듣기 좋은 말만 하는 사람, 나쁜 짓을 하는 일에 동료가 되어주는 사람, 적은 것으로 많은 것을 원하는 사람, 두려움 때문에 어떤 일을 하고 이익을 챙기기 위해 봉사하는 사람, 과거 인연과 미래의 일 때문에 친절하게 대하고 무익한 말로 호감을 얻으려 하며 지금 해야 할 일에는 난색을 보이는 사람, 악한 일에 동의하면서 선한 일에는 동의하지 않고 눈앞에서 칭찬하되 등 뒤에서 비난하는 사람, 술 마시거나 놀 때만 동료가 되어주는 사람. 현대의 관계들에 적용해보아도 무리 없을 실용적인 판단 기준들이다. 그러나 이러한 기준은 기본적인 전제를 깔고 있다. '듣기에 좋은 말' '악한 일' '선한 일' 들은 내 기준에 따라 달라질 수 있다. 내가 어리석은 자라면 무엇이 선한 일이고 악한 일인지 구별할 수 없을 것이고, 저 사람이 하는 말이 단지 듣기에 좋은 말인지 그렇지 않은지도 가려내기 어려울 것이다. 붓다는 주변의 나쁜 사람을 가려낼 수 있으려면 너 스스로 먼저 현명한 사람이 되어야 한다고 강조한 셈이다. 《법구경 Dhammapada》의 〈현명한 자의 품 Paṇḍtavagga〉에도 악한 벗과 사귀지 말고 저속한 사람과 사귀지 말며, 선한 벗과 사귀고 최고의 사람들과 사귀라는 조언이 등장한다.*

인간관계에서의 혜안을 가지기 위한 노력은 현대심리학에서도 중요하게 다뤄진다. 심리학자인 라마니 더바술라 Ramani Durvasula는 나르시시스트와의 관계에서 살아남기 위해서는 관계에 머물든 떠나든 자기 자신을 보호해야 한다고 강조한다. 공감 능력이 약하거나 상대를 조종하려는 의지가 강한 것을 위험 신호로 보고 혹여라도 '내가 구해줄 수 있다'라는 환상을 갖지 않아야 한다고 조언한다. 어떤 결정을 내리든 자기 자신을 지키는 선택을 해야 하며, 같은 실수를 저지르지 않기 위해서는 충분한 회복 작업이 요구된다고 말한다. 이처럼 초기경전과 현대심리학은 모두 내가 상대방의 모습을 객관적으로 인지하고 판단할 수 있어야

• 《법구경 Dhammapada》, 〈Dhp.78, 현명한 자의 품 Paṇ tavagga〉

함을 강조한다. 마음이 지나치게 혼란해 판단력이 부족한 상태라면 나를 해치는 관계로부터 빠져나오기 어려운 건 당연하다. 언제나 나를 구하는 것은 결국 나 자신임을 기억해야 한다.•

좀 더 구체적으로 경전의 혜안을 들여다보자.《디가니까야》에는 아주 인상적인 구절이 등장한다. "도움을 주는 친구, 즐겁든 괴롭든 한결같은 친구, 유익한 것을 알려주는 친구, 연민할 줄 아는 친구. 이러한 네 친구에 대해, 현명한 사람이라면 그 가치를 알고 마치 어머니가 친자식을 대하듯이 성실하게 섬겨야 한다. 벌들이 행동하는 것처럼 부지런히 재물을 모으면, 마치 개미집이 쌓아 올려지듯 재물이 쌓일 것이다. 이렇게 재물을 모은 후에, 가문에 유익하도록 사용해야 한다. 재물의 4분의 1로는 생계에 사용하고, 4분의 1은 저축하며, 남은 절반으로는 일에 사용하여야 한다. 이렇게 재물을 사용하여 이 친구들을 유지할 수 있을 것이다."•• 놀라울 정도로 현실적인 조언이다. 25퍼센트는 생활비로 쓰고, 25퍼센트는 저축하고, 50퍼센트는 하는 일이 더욱 성장

- Ramani S. Durvasula, *Should I Stay or Should I Go?: Surviving a Relationship with a Narcissist*, Post Hill Press, 2015.
- • 《디가니까야Dīgha Nikāya》, 〈DN.31, 씽갈라까에 대한 훈계의 경 Siṅgalakovāda-sutta〉

5 관계 RELATIONSHIP   247

하는 데 투자할 것을 주문한 붓다의 조언은 지금의 상황에 비춰 보아도 전혀 어색하지 않다. 붓다는 현명하고 좋은 친구들을 곁에 두기 위해서는 열심히 번 재물을 적절히 나누고 의미 있게 사용해야 한다고 강조한다. 불교 철학은 무조건 다 내려놓고 포기할 것을 권하지 않는다. 성직자가 아니라면 오히려 열심히 돈을 벌고, 좋은 사람들과 진실하게 교류하며, 그 이익을 자신과 사회를 위해 현명하게 사용하여 다른 이들에게 좋은 영향을 끼치는 삶을 이상적으로 여기며 권장한다. 이 기준에 맞추어 자신의 씀씀이와 인간관계를 돌아보자. 그저 쾌락만 취하며 돈을 낭비하고 있는 것은 아닌가? 자기 자신의 성장을 위해서, 함께할 만한 가치가 있는 좋은 사람들을 위해서 적절한 돈을 사용하고 있는가? 더 많이 벌어야 한다는 강박과 조바심을 느끼기 전에, 번 돈을 잘 사용하고 있는지를 더 많이 고민해야 한다. 이러한 고민을 깊이, 반복해서 하면 나의 경제적 상황은 나아질 것이고 내 곁에는 좋은 사람들이 많이 나타날 것이다. 선한 이들과 선한 일을 도모하는 것이 당신의 모습일 것이기 때문이다.

　잠시 당신이 만나고 있는 사람들에 대해 생각해보자. 끊어내고 싶지만 끊어내기 어려운, 어쩔 수 없이 참고 인내하며 만나고 있는 사람이 분명히 있을 것이다. 이는 때로 가족

일 수도, 회사의 상사일 수도, 오래된 친구일 수도 있다. 도저히 하루아침에 절연할 수 없어서든, 회사를 갑자기 그만둘 수 없어서든 감내하는 관계가 다들 하나씩은 있는 것이다. 내 발전을 가로막는 사람, 그럴 의도는 아니었겠지만 결과적으로 나를 너무도 괴롭게 만드는 사람과의 관계 속에서 우리는 끊임없이 번뇌하고 자신을 책망하며 답답함을 느낀다. 갑자기 관계를 끊을 용기도 없고, 죄책감을 느끼고 싶지 않으니 그냥 그 관계에 주저앉는 것이다. 마음속 깊은 곳에서는 이렇게 살 수는 없다고 생각하면서도 말이다.

　이에 대한 해결책으로 제시하고 싶은 것이 바로 자애다. 우리는 앞에서 이미 자애의 내용을 배우고 또 그것을 수행하는 방법에 대해서도 알아보았다. 관계가 나를 너무도 힘들게 할 때, 우리에게 필요한 것은 내면으로부터의 진솔한 변화다. 내가 진심으로 편안하기를, 행복하기를 바라는 마음을 반복해서 수행하면, 내가 그토록 오랫동안 놓지 못하고 있던 어려운 관계들에 대한 단호함이 생겨난다. 나를 사랑하는 마음을 일으켜 그것을 직면하고, 마음에서 일으킨 자비가 체화되고 체득되면서, 단호하지 못해 내가 나를 상처 주었던 시간이 과거로 밀려난다. 나를 힘들고 버겁게 하는 사람을 눈치 보던 나를 알아차리고, 더 이상은 이렇게 살지 않겠다는 마음이 서서히 들어선다. 심리학에서 말하는 '경계 설정'도 결국은 이렇게 자신을 사랑하는 마음이 먼저 촉발되어야 비로소 입이 떨어지고 실행에 옮길 수 있다. 차분하고 단호하게 나의 의사를 밝힐 수 있게 되는 것이다. "심사숙고해보았는데, 그것은 어려울 것 같습니다" "솔직히 말할게. 그런 말은 나에게 상처가 돼"라고 말할 수 있을 때, 그렇게 나 스스로를 변호하고 지키는 말을 할 수 있을 때 상대방이 어떤 사람에 속하는지가 명확해진다. 나의 단호하고 진솔한 자기표현을 대놓고 무시하거나 윽박지르는 사람이라면 더 이상 함께 갈 이유가 없다.

최종적으로 누군가를 끊어낼 때도 자애의 힘은 똑같이 필요하다. 끊어낼 때 끊어내더라도, 그 사람이 망했으면 좋겠다거나 벌받았으면 좋겠다는 생각을 일으키는 것은 경전의 가르침에 배치된다. 나 자신을 보호하기 위해 누군가와 관계를 끊어내더라도 미워하지 않는 마음, 나아가 그 사람도 지금 고통을 겪는 한 명의 인간일 뿐이니 앞으로 더욱 행복해지고 발전하기를 바라는 타인자비의 마음을 가지는 것이 중요하다.

당신이 자주 소통하는 사람, 좋든 싫든 만나서 함께 일해야 하는 사람들에 대해서 생각해보라. 그리고 당신이 그 관계 속에서 벌어지는 크고 작은 일들에 대해 어떤 방향과 철학을 갖고 있는지도 돌아보라. 내가 만나야 하는 이들이 나를 힘들게 하는 삶이 아니라, 다양한 사람과 함께 좋은 것들을 나누고 성장을 도모하는 삶에 대해 생각해보라. 그러기 위해서 좋은 벗과 나쁜 벗, 도움이 되는 벗과 손해가 되는 벗을 현명하게 구분하고 내 관계를 자애와 단호함으로 채워나가자. 그렇게 걷는 길 위에서 문득, 이 세상 전체를 위한 선한 벗이 되고 싶다는 생각과 조우할 것이다. 그것이 우리가 살아가는 의미이며, 또한 목적지다.

Awareness Journal

당신에게 요즘 스트레스가 되는 관계가 있나요? 그 사람의 존재를 잠시 떠올려보세요.

그 관계는 당신에게 왜 스트레스가 되었나요? 순전히 그 사람의 잘못이라고 생각하나요? 아니면 그저 나와 다를 뿐일까요?

혹시 그 사람에게 어떤 사정이 있을까요? 그것에 대해서 자애의 마음을 담아 추측해보세요.

그 사람에게 꼭 하고 싶은 말이 있다면 그것을 자애의 마음을 담아 표현해보세요.

나의 어려운 관계들에 대해서 스스로에게 해주고 싶은 말을 적어보세요.

관계 속의 외로움 어떻게 할 것인가

—

스마트폰에 저장된 이름은 많지만, 정작 주말에 마음 편히 만날 사람이 없을 때 우리는 허전함을 느낀다. 힘든 업무를 마치고 집으로 돌아오는 길에 가슴 한편이 텅 빈 듯 느끼기도 한다. 열심히 노력하며 살아왔고 나름대로 좋은 결과들도 거뒀는데, 어느 순간 모두와 멀어지고 나 혼자 고립된 것 같다고 느낄 때 먹먹한 외로움이 몰려온다. 명백하지 않아 더욱 어려운, 관계 속의 외로움에 대해 알아보자.

스물세 살 겨울에 시작한 직장 생활, 모든 것이 낯설고 어색하고 눈치 보는 순간들의 연속이었던 그때 목표는 단 하나였다. 어떻게든 이 회사에서 잘 버티고 살아남아서 높은 연봉을 받고, 더 좋은 곳에 스카우트도 되고, 그래서 지금보다 여유 있게 살고 싶다는 것. 잡지가 갑자기 폐간되면서 사회 초년생 처지에 정리해고를 당하기도 하고, 새로운 잡지 창간팀에 합류했을 때는 박봉을 받으며 몸이 버텨내지 못할 만큼 야근을 하기도 했지만, 그래도 그만두지 않은 건 아직 오지 않은 미래에 대한 강렬한 기대 때문이었다. 승진도 하고 싶고, 화려한 삶에 더 가까이 가고 싶고, 남들이 칭찬하고 어디서나 인정받는 존재가 되고 싶다는 생각도 무의식 안에 늘 있었을 것이다. 그리고 그렇게 열심히 살아낸 기자 생활 10년 차 쯤에, 나는 결국 차장이라는 직함을 달았다. 어리바리하고 내성적이던 대학생이 졸업 후 힘든 적응기를 거쳐 유력 신문사의 자회사이자 해외 자본과의 합자회사에서 콘텐츠를 조율하고 굵직한 프로젝트를 진행하는 역할까지 오른 것이다. 내가 바라 마지않았던 영광의 순간이었다.

하지만 승진의 기쁨은 그리 오래가지 않았다. 승진의 결과는 더 많은 업무와 압박이었다. 승진하기 전에는 내가 담당하는 기사만 잘 진행하고 편집장에게 컨펌을 받으면 그것으로 끝이었는데, 차장이 되고 나니 팀 내에 있는 기자 다섯 명의 취재 상황을 다 체크하고 일일이 원고를 수정해주어야 했다. 차장이 되었다고 해서 내 담당 기사들이 줄어드는 것도 아니었으니, 기존에 하던 취재와 맞물려 내가 해야 하는 일의 양은 정확히 두 배가 되었다. 내가 상상했던 차장의 모습과 현실에 벌어진 상황은 달라도 너무 달랐다. 성공의 문턱에 도달했다고 생각했는데, 현실은 몸의 피로와 마음의 스트레스에 어쩔 줄 몰라 하는 모습이었다. 상사의 지시 사항을 따르는 것도 힘들고, 팀원들의 작업물을 일일이 컨펌하는 것은 더 힘에 부쳤다. 그야말로 위로 치이고 아래로 치이는 신세였다. 힘들다는 것을 말할 만한 사람도 없어 점점 더 고립감을 느꼈다. 예전에 경험해본 적 없던 묵직한 스트레스로 승진은 인생 최대의 위기와 내적 고통의 원인이 되었다.

리더는 외롭다. 꼭 큰 기업의 최고경영자가 아니라고 해도, 팀원에서 팀장으로의 변화만으로도 그 외로움이 무엇인지 경험할 수 있다. 자기 일만 잘하면 되던 사원 시절이 그리워질 정도다. 팀원에게 자기 의견을 전달하고 설득해야 하며, 일의 공을 만들기보다 과를 지적당하기 쉬운 위치는 고립되기 쉽다. 다 같이 잘해보자고, 내 경험상 이것은 이렇게 하는 것이 바람직하다고 아무리 진실한 마음으로 조언을 해도 그것을 알아주는 사람보다는 오히려 뒷담화를 하고 비난하는 사람을 만날 확률이 높다. 피라미드의 위쪽으로 가면 지금보다 더 나아질 거라, 행복해질 거라 생각했지만 오히려 피라미드의 위쪽은 더 발 디딜 곳이 없다. 해외의 한 설문조사에 따르면, 50퍼센트에 달하는 최고경영자가 직장에서 외로움을 느끼며, 또한 이들 중 61퍼센트가 이로 인해 직장 내의 업무 경험에도 지장을 받고 있다고 고백했다.* 이는 비단 최고경영자들만의 경험이 아니다. 비교적 최근의 연구에서 전 세계 직장인 다섯 명 중 한 명이 "어제 외로움을 느꼈다"라고 답했다.** 특히 젊은 세대에서 이 수치는 더 높게 나타났는데, 이렇게 외로움을 느끼는 직원은 전반적인 삶의 질이 낮다고 느끼고, 일에 대한 헌신도 상대적으로 낮았다. 뿐만 아니라 외로움은 우울감을 높이고, 의사결정 능력과 면역력을 떨어뜨리는 것으로 조사되었다. 직장에서

- Thomas J. Saporito, "It's Time to Acknowledge CEO Loneliness", Harvard Business Review, 2012.
- ‌‌Gallup, State of the Global Workplace, 2024.

외로움을 느끼는 직원들은 내적 어려움을 경험하고, 이러한 구성원이 많아질수록 조직의 성장은 어려워진다.

외로움은 혼자 있는 시간이 많은 사람이나 느끼는 것이지 다양한 인간관계를 맺는 사람은 좀처럼 느끼지 않는 감정이라고 오해되곤 한다. 하지만 당신은 분명히 알고 있다. 여러 사람과 함께 있어도 우리는 분명 외로움을 느낀다. 사랑하는 사람과 함께 있어도, 오랫동안 알고 지낸 친구들과 함께 있어도 외로움을 느낄 수 있다. 인간의 내면은 생각보다 복잡하고 섬세하기에, 단지 옆에 사람이 있다고 해서 모든 정서적 필요가 채워질 수는 없다. 곁에 누가 있다고 해서 외로움이 다 사라지는 것이 아니다. 인간이 외롭지 않기 위해서는 '나와 함께 걷는 사람들이 있다'라는 소속감과 '내가 공동체에 기여하고 있다'라는 자각이 반드시 필요하다. 물리적으로 옆에 있다는 사실이 중요한 것이 아니라, 함께 걷고 있다는 느낌을 받는 것이 훨씬 중요하다. 특히 탄력근무제와 재택근무 형태가 늘어나고 예전과 같이 회식 자리가 많지 않은 지금의 분위기에서는, 단지 같은 공간에서 함께 일하는 것보다도 내적인 차원에서 어떤 화학작용이 일어나는지를 먼저 따져보아야 한다.

이러한 관점에서 바라보면 직장에서 만나는 외로움과 고립감에 대해 어떤 행동을 취해야 할지 명확한 힌트를 얻을 수 있다. 특히 리더의 책임을 맡고 있다면 이 문제에 대해 더 깊이 생각해보아야 한다. 지금 느끼는 고립감은 자신만의 것이 아니며, 팀원들에게도 지속적으로 영향을 미칠 가능성이 크기 때문이다. 리더의 고립감은 그저 상사가 힘든 것으로 끝나지 않는다. 리더 자신의 업무 효율성이 저하하면, 전체 조직의 사기 저하와 삶의 질 하락으로 이어질 수 있다.

시계를 돌려 15년 전 승진을 했던 그때로 돌아간다면, 나는 매일매일 마음의 자세를 돌아보고 '오늘 내 내면 상태에 붓다의 마음, 즉 이타의 마음이 잘 자리하고 있는가?'라고 물어볼 것이다. 내가 잘되어야 하고, 내가 인정받아야 하고, 내가 손해 보지 않는 것이 중요하다는 생각에 사로잡혀 있지 않은지 매 순간 나를 관찰할 것이다. 동시에 내가 진심으로 나의 성장과 혜안을 통해 팀원들에게 도움이 되고 싶은지 자문하고 깨어 있으려 노력할 것이다. 15년 전의 나는 그저 윗사람의 눈 밖에 나면 안 된다는 생각에 불안했고, 기대만큼 따라주지 않는 팀원들에게 불만을 느꼈다. 불만이 커질수록 불안이 커지고, 불안이 커질수록 불만은 증폭되어 점점 고립되었다. 나는 내 것을 지키려는 마음이 너무 컸던 나머지 내가 함께 일하는 사람들에게 도움을 줄 수 있는 위치에 있는 사람이라는 것을 완전히 잊고 지냈다. 안 그래도 예민하고 걱정 많은 성격이 악화된 것은 '내가 타인에게 무엇인가 해줄 수 있는 존재'임을 망각했기 때문이었다는 사실을 깨달았다.

영적 지도자인 웨인 다이어Wayne W. Dyer는 이에 대해, "나만을 생각하는 오래된 습관을 버리고 내가 무엇을 줄 수 있는 사람인지 고민하라. 당신이 내면의 자원을 그리고 사랑을 나눠줄 수 있다면 사랑은 당신에게로 돌아온다"라고 조언했다. 리더의 자리는 다른 사람들에게 영향력을 끼치는 자리임을 기억하라. 업무의 과중함에 지나치게 몰두하기보다, 순간순간 집중의 힘을 놓지 않은 상태로 '이 순간 다른 사람들을 위해서 어떤 좋은 선택들을 해줄 수 있을까?'라고 새겨 물어라. 자신의 성장을 지키려고 애쓰는 것이 아니라 성장의 열매들을 나누려고 의도할 때, 우리는 진정한 성공의 의미를 더 명료히 깨달을 수 있을 것이다.

그러나 이러한 내면의 마음 자세가 현실적으로 모든 문제의 대책이 되어줄 수는 없다. 안전하고 부드러운 분위기에서 일의 고민과 어려움을 나눌 수 있는 사람이 최소한 한 명은 주변에 있어야 한다. 그 대상으로 어렸을 때부터 알고 지낸 친구나 가족을 삼곤 하는데, 많은 경우 좋지 못한 결과로 이어진다. 그들은 당신과 너무 가까워 당신의 실패나 고통을 자신의 것처럼 받아들일 가능성이 크기 때문에, 당신이 가능한 한 새로운 도전을 하지 않길 바랄 수 있다. 격정으로 당신의 성장을 가로막을 수 있다는 것이다. 또한 당신의 이야기를 판단하거나 평가하지 않고 들어주기보다는, 이렇게 해야 한다거나 저렇게 하지 말라는 식으로 필요 이상의 감정적 조언을 할 가능성도 높다. 너무 가깝지는 않지만 서로의 고충을 잘 이해하고 나와 비슷한 길을 걷고 있는 사이, 적당한 거리를 두고 예의를 지키는 사이에서 더 현명한 조언들이 교환될 수 있다. 오래된 인간관계로부터 위안을 받으려 하기보다는, 나와 걷는 길이 비슷한 사람들을 찾고 그들과 편안한 관계를 유지하는 것이 관건이다. 나의 경우 대학원이나 어학연수처럼 무언가를 새롭게 배우면서 만난 사람들이 그런 존재가 되어주었다. 낯설지만 새로운 세계에 진솔한 마음으로 들어서면, 자연스럽게 새로운 인연들이 만나지는 것 같다. 오래된 친구는 오래된 친구대로 즐거움을 나눌 수 있어 좋지만, 지난달 알게 된 새로운 친구가 평생의 도반이 되는 것도 멋진 일이다.

외로움은 나쁜 것이 아니다. 고립감을 통해 철학적 고민을 시작할 수 있다면 그 또한 생의 좋은 디딤판이 된다. 후대 주석서에는 다음과 같은 내용이 등장한다. 수많은 시행착오 속에서 독야청청 외롭게 수행한 끝에 마침내 세상의 모든 진리를 깨달은 붓다조차도, 첫 설법을 전하겠노라 나섰던 사르나트의 녹야원에서 이전에 함께 수행하던 다섯 동료에게 대놓고 무시당했다고 한다. 동료들은 이런 말로 그를 배척했다. "함께 굶으며 고행하더니, 별안간 우유죽을 먹고 몸을 회복했으니 당신은 타락한 수행자에 불과하다!" 외롭고도 길었던 혼자만의 수행 끝에 모든 것을 깨닫고도 동료들에게 가시 돋친 말을 들어야 했던 그의 마음은 어떠했을까? 아무리 깨달은 자라고 해도 인간으로서의 그의 마음은 상처받아 아프지 않았을까? 그러나 계속해서 무시하고 배척하는 동료들에게, 붓다는 "내가 예전에 이렇게까지 말한 적이 있던가? 그러니 한 번만 내 이야기를 들어보시오"라며 몇 번이고 간곡히 설득한다.

 기억하길 바란다. 최고의 지성으로 숭앙받아온, 깨달은 자 붓다조차도 한때는 동료들에게 한없이 무시당하는 리더였다. 타인에게 귀한 것을 전하고 싶은 숭고한 마음이 없었다면, 붓다는 홀로 열반에 이른 자는 될 수 있을지언정 인류의 큰 스승으로 남지 못했을 것이다. 우리는 스스로에게 반드시 시간을 들여 물어보아야 한다. 나에게 있어 다른 사람은 어떤 의미를 지니는가, 나의 노력은 단지 나와 내가 잘 아는 사람들을 위한 것인가, 아니면 그 이상인가. 나의 목적의식은 어떤 방향을 가리키는가. 나는 어떤 삶을 살기 원하는가. 붓다는, 2500년이 지난 지금 우리에게 여전히 묻고 있다.

공적인 관계와
사적인 관계
어떻게 대할 것인가

―

가까운 사람과 언쟁을 하다 마음이 상한 채로 출근해본 적이 있다면 알 것이다. 업무에 집중하고 사람들과 웃기도 하지만 하루 종일 마음 한편에 불편한 기운이 가시지 않는다는 것을. 함께 일하는 사람들과의 관계만큼이나, 가깝고 내밀한 이들과의 관계는 내면의 상태에 큰 영향을 끼친다. 다채로운 관계들 사이에서 기억해두어야 할 지혜의 목록은 무엇일까?

"너 우리를 너무 가르치듯이 이야기하는 거 아니니?"

주말을 맞아 가족들과 이런저런 이야기를 나누고 있는데, 한 사람이 나에게 이렇게 물었다. 문득 아뿔싸 하는 탄식이 마음속에서 새어 나왔다. 내 딴에는 꼭 필요한 이야기라고 생각해서 말했을 뿐인데, 내가 말하는 투가 마치 선생님처럼 들릴 수 있다는 것을 생각하지 못해 실수를 했다. 나름의 변명을 하자면 그런 말투는 어쩌면 내가 해온 일과 상당한 연관이 있다. 10년 넘게 기자로 살았고, 또 10년 넘게 대중에게 강의를 하는 것이 내 직업이었기 때문이다. 아는 것, 경험한 것을 글과 말로 전달하고 타인에게 알려주는 것을 오랫동안 업으로 해왔기에 어쩌면 나의 일상적인 말투에 그런 느낌이 녹아 나왔을 수 있겠다는 생각이 들었다.

맡은 바 일에 대해서는 모든 것을 뒤로하고 최선을 다해온 것 같다. 20년 넘게 일하면서, 내가 재능을 발휘해 집중하고 몰입했던 일들에 대해서는 실패의 경험을 한 적이 없었다. 나는 어릴 때부터 생각하고, 글 쓰고, 말하는 것에 두각을 나타냈고 언제나 더 높은 꿈을 꾸며 그 꿈을 차분히 그러나 맹렬히 좇았다. 일하는 사람으로서의 나는, 그야말로 무에서 유를 이루었다. 자수성가의 아이콘이라고 부를 만한 빛나는 성과라고 나는 내심 나를 마음속으로 치켜세우며 살았다.

그러나 모든 것에는 양면성이 있다. 공적인 자리에서 나는 내 역할에 늘 200퍼센트 충실했고 성실한 사람으로 인정받았지만, 사적인 관계들에서 나는 그만큼 노력하지도, 혹은 유능하지도 못했다. 직장에서의 험난한 회의보다 가까운 사람들과의 관계에서 생겨나는 크고 작은 갈등이 더 어려웠고, 며칠씩 이어지는 고달픈 야근과 도망치고 싶은 회식 자리보다 가족과의 1박 2일 여행이 더 난이도가 높게 느껴졌다. 수많은 사람 앞에서 멋지게 강연하고 무대에서 멋지게 내려왔지만 강연장에 동행해준 남자친구와 결국 언쟁을 벌인 날에는 어쩐지 내 성취가 빛바랜 느낌이 들어 화가 나기도 했다. 당신에게도 이와 비슷한 기억이 있으리라 생각한다.

열심히 살고 인정도 받지만 사적 영역에서는 여전히 서툰 나, 참 쉽지 않지만 생각하지 않을 수도 없는 주제다. 모든 사람이 중요시하는 '워라밸'은 흔히 시간의 문제로 오해된다. 저녁 몇 시가 지나면, 금요일 오후가 지나면 회사 일에 신경을 끄고 지내는 것이 워라밸이라고 생각하는 이들이 많다. 하지만 진정한 워라밸은 정신적인 차원에서 먼저 이뤄져야 한다. 나의 인생 전체에서 일을 통해 얻는 기쁨과 일 이외의 것으로부터 얻는 기쁨이 어느 정도 균형을 이뤄야 하는 것이다. 가족들과 함께 있을 때는 편안하지만 회사에서는 동료로 인해 무참히 스트레스를 받고 있다면, 직장에서는 어느 정도 인정받지만 귀가하는 순간 배우자와 전쟁 같은 부부 싸움을 시작한다면 그 사람이 주 4일 근무를 한다고 해서 워라밸을 누린다고 말할 수는 없다.

정신적인 차원에서의 워라밸을 실현하기 위해서 우리는 '역할 자아'에 대해 돌아볼 필요가 있다. 역할 자아란 우리의 자아가 타인의 기대나 사회적 역할을 통해 만들어진다는 심리학적 개념이다. 심리학자 칼 로저스는 자기 본연의 욕구를 억누르고서라도 사회가 기대하는 역할에 맞추는 과정에서 진짜 자아와 이상적 자아의 불일치가 생기고, 이러한 자아 간 불일치가 내면 갈등과 심리적 고통의 근원이라고 보았다. 직장 생활은 우리를 크게 성장시키기도 하지만, '나는 상사로서 이렇게 행동해야 해' '여기서 실패하면 나는 인정받지 못할 거야'와 같이 생각하며 자신에게 기대되는 회사원으로서의 역할 자아에 치중하게 하기도 한다. 하고 싶은 대로 하는 것이 아니라, 의무감과 책임감이 주요 동인이 되는 회사라는 곳의 특성상 역할 자아가 일하는 내내 주도적인 자아로 기능한다.

직장인이나 책임자, 리더의 역할 자아에 하루 종일 푹 빠져 있다가 사적인 관계에 임하자마자 민첩하게 바뀌는 것은 그리 쉬운 일이 아니다. 가르치는 일을 하는 사람은 연인을 만나서도 가르치려는 태도가 지속될 수도 있고, 감시하고 분석하고 흠을 잡는 것이 주 업무인 사람은 집에서 가족의 모습에 자꾸만 불만이 들어 잔소리를 하는 자신을 발견할 수도 있다. 역할 자아가 낮에는 나를 잘 기능하게 하지만, 이를 적절히 내려놓지 않으면 나머지 반절의 시간에는 나의 소중한 관계들이 손상을 입을 수 있다는 사실을 기억해야만 한다.

역할 자아와 더불어 우리가 기억해야 하는 또 다른 용어는 '애착 유형'이다. 아마 당신이 연애 고민으로 심리학 책을 더러 찾아보았다면, 이 용어를 들어봤을 가능성이 높다. 아주 어린 영아의 시기에 부모와 맺은 애착 관계가 성인이 되어서도 영향을 미친다는 존 볼비John Bowlby의 심리학 이론으로, 부모와 경험한 특정 유형의 애착을 연인 혹은 배우자와 경험할 확률이 높다는 내용을 주요 골자로 한다. 부모에 대해 신뢰를 경험한 사람은 사회생활에서도 신뢰를 잘 느끼지만, 부모와 회피형 애착을 형성했다면 팀원과 좀처럼 가까워지지 못하거나 정서적인 피드백을 회피할 가능성이 높다. 애착 이론은 이상적으로 활용하면 우리의 현재를 돌아보는 중요한 단서가 되고, 내가 어떤 부분에 취약하고 어려움을 느끼는지 헤아려볼 수 있게 해준다.

하지만 이 애착 유형은 고정된 값이 아니며, 우리가 영영 바꿀 수 없는 혈액형 같은 것도 아니다. 애착 유형을 단순하게 이해한 사람은 지금 관계에서 겪는 문제를 전부 부모님 탓으로 몰고 가는 인지적 오류에 빠져 오히려 무기력해질 수 있는데, 자신의 삶을 위해서라도 여기에서는 꼭 빠져나와야만 한다. 애착 유형은 그저 존 볼비의 '학설'이고 '관점'일 뿐이다. 과거의 경험을 바꿀 수 없다고 해도, 그것이 우리의 삶을 영영 규정하는 힘을 지닌 것은 아니다. 우리는 하나로 고정된 값이 아니며, 끊임없이 변화하는 존재이기 때문이다. 기억도 나지 않는 영유아기에 내 의사와 상관없이 정해진 애착 유형이 현재의 관계들에 어느 정도 영향을 미칠 수는 있지만, 그것이 전부는 아니다.

주목해야 할 점은, 사적 관계가 직무 관계에 영향을 미치기도 하지만, 직무 관계에서 받은 스트레스가 가족 관계에도 영향을 미친다는 것이다.* 그야말로 종로에서 뺨 맞고 한강에서 화풀이하는 형국이다. 이것을 두고 '스필오

- Rena Repetti·Shu-wen Wang, "Effects of job stress on family relationships", *Current Opinion in Psychology*, 13, 15–18, 2017.

버spillover'라고 하는데, 굳이 이런 연구 결과나 용어를 가져와 쓰지 않더라도 누구나 한 번쯤 겪었을 경험이다. 밖에서 정말 안 좋은 일이 있었지만 가까운 사람들에게 감정의 찌꺼기를 조금도 드러내지 않는다면, 그것은 분명히 자기만의 성찰과 애씀이 있었던 것이다. 그렇다면 '긍정적 스필오버'라고 불릴 만한, 반대의 상황은 없을까? 미국의 호텔업 관리자를 대상으로 한 연구에 따르면 리더가 포용적인 리더십을 발휘할 경우 직원이 긍정적 경험을 하고 이는 가족 내 역할 수행에도 긍정적인 영향을 끼친다.[•] 리더가 팀원을 진심으로 배려하고 포용하려고 노력한다면 이것은 단지 회사의 생산성이 올라가는 차원에 그치지 않고 그들의 가족에게까지 긍정적인 영향을 확산한다. 함께 일하는 사람들과 좋은 관계를 이어가기 위한 리더의 귀한 노력은, 자신이 인지하든 그렇지 않든 멀리 퍼져나가 많은 이들을 행복하게 한다는 것이 이미 연구로 입증되었다. 애착 유형이 조직에 영향을 미칠 수 있지만, 한편으로 리더가 어떤 경험을 제공하느냐에 따라 팀원은 새로운 정서적 경험을 업데이트한

- Hong Zhu · Amy Y. Y. Chen, "Work-to-family effects of inclusive leadership: The roles of work-to-family positive spillover and complementary values", *Frontiers in Psychology*, 13, 2022.

다. 이 모든 경험의 밀물과 썰물 속에서 우리의 내면이 계속해서 성장하고 또한 다채로워질 수 있다는 희망이 싹튼다.

그러니 당신의 사적인 관계들이 좋아지길 바란다면, 당신이 주변 사람들에게 끼치는 영향에 대해 다시금 생각하라. 나와 맞거나 맞지 않는다는 자기중심적 판단에 붙들리지 말고, 나의 한마디와 작은 행동이 상대방에게 어떻게 하면 좋은 영향을 줄 수 있을지, 그의 독립성을 해치지 않고 친절하게 당신의 뜻을 전할 수 있는 방법이 무엇일지 고민하라. 일터에서의 스트레스가 나의 사적인 관계에 고스란히 전달되지 않도록 자신을 항상 돌보고 일깨우라. 회사에서 있었던 힘든 일을 연인이나 배우자에게 습관적으로 털어놓거나 무조건 자신의 편이 되어주기를 기대한다면 그에게 당신의 감정 쓰레기통 역할을 맡기고 있는 것은 아닌지 돌아보아야 한다. 함께 누군가를 비난하는 사이가 되지 말고, 함께 자연 속을 걷고 좋은 음식을 먹으며 오늘의 감사한 일들을 이야기하고, 함께 손 붙잡고 자애 수행을 이어갈 수 있는 도반이 되어라. 대화로 풀기 어려운 문제가 생겼다면, 자신의 마음을 돌아볼 수 있는 귀한 기회로 삼고 전문가에게 심리상담 및 관계상담을 요청해라. 그리고 그 모든 노력에도 불구하고 도저히 함께 갈 수 없겠다는 생각이 든다면, 그와 당신의 행복 전부를 존중하는 마음으로 단호히 그 관계로부터 벗어나라. "더 낫거나 자신과 같은 자를 인생길에서 만나지 못하면, 혼자 가는 길을 단호히 선택하는 것이 낫다. 어리석은 사람과 만들 우정이란 없다"⁸ 라는 붓다의 말씀처럼 말이다.

- 《법구경Dhammapada》, 〈Dhp.61, 어리석은 자의 품Bālavagga〉

고통 끝에
어떤 관계가
찾아오는가

―

스토아 철학은 개인의 삶에 닥쳐오는 고통과 역경에 대해 '덕성을 실현할 기회'라고 표현한다. 힘든 상황에 무기력하게 굴복할 수도 혹은 상황을 원망할 수도 있지만 그런 어려운 시간마저 자신의 선한 의도와 귀한 정신을 더 가동하는 기회로 만들 수 있다는 것이다. 인간관계에서 오는 실패와 마음의 상처 속에서 덕성을 실현할 때, 우리 앞에 어떤 삶이 기다리고 있을지 알아가보자.

"외부에서 일어난 어떤 일에 의해 고통을 받는다면, 그것은 고통 그 자체가 아니라 그것에 대한 당신의 해석 때문일 것이다." 스토아 철학자 마르쿠스 아우렐리우스는 고통에 대해 이렇게 말했다. 오랜 시간이 지났음에도 많은 이를 성찰하도록 하는 스토아학파의 귀한 잠언들은, 지난 시간의 부정적인 사건들을 보다 겸허하게 돌아볼 수 있는 혜안을 제공한다.

하지만 역경에 대해서 성찰할 것을 권한 이가 단지 스토아학파만은 아니다. 예수 그리스도는 유대교의 율법주의에 맞서 사랑과 용서의 메시지를 전했지만 제자들의 배신과 십자가형이라는 고통을 겪었고, 붓다는 모든 쾌락과 부를 누릴 수 있는 왕자였지만 스스로 그 모든 것을 버리고 궁궐을 떠나 심각한 굶주림과 수행의 시행착오 속에서 깊은 회의감과 내적 고통에 시달렸을 것이다. 비단 종교적 인물들뿐이겠는가, 마하트마 간디Mohandas Karamchand Gandhi, 넬슨 만델라Nelson Rolihlahla Mandela 등은 기나긴 투옥 생활을 거치며 위대한 사회운동의 지도자로 성장했다. 고통스러운 일은 겪고 싶지 않은 것이 인간의 당연한 마음이겠지만, 우리는 사실 무의식적으로나마 감지하고 있다. 때로 고통은 그 어떤 좋은 경험보다도 인간을 더 깊고 찬란하게 성숙시킨 다는 사실을 말이다.

하지만 고통스러운 사건이 발생했다고 해서 누구나 성장하는 것은 아니다. 어떤 사람은 예고 없이 닥쳐온 고통에 쉽게 좌절하고, 다시는 일어서지 못할 만큼 내상을 크게 입기도 한다. 자신의 처지를 비관해 일면식도 없는 이에게 폭력을 저지르는 사람을 생각해보라. 모두가 이렇게까지 하는 것은 아니겠지만, 아무나 예수와 붓다처럼 고통을 떨치고 일어나 큰 뜻을 세울 수 있는 것도 아니다. 단 한 가지만이 확실하다. 고통과 좌절의 순간은 누구에게나 닥쳐오는 것으로 선택의 영역이 아니지만, 이 고통과 좌절에 대해 어떻게 대응할지의 문제는 다만 우리 자신의 선택에 달려 있다. 그리고 고통을 성장으로 전환하는 역동은 철저히 우리의 태도에 달려 있다.

현대심리학에 고통과 성장의 연관관계를 보여주는 개념이 있다. '트라우마'라는 단어를 들으면 흔히 외상 후 스트레스 장애PTSD, Post-Traumatic Stress Disorder를 떠올리지만, 외상 후 성장PTG, Post-Traumatic Growth이라는 개념을 알면 살아가는 데 힘을 얻을 수 있을 것이다. 고통스럽거나 충격적인 사건으로 인해 오히려 더 정신적으로 성장하는 것을 일컫는 말이다. 어쩌면 앞서 예로 든 위대한 인물들도 현대심리학이 말하는 외상 후 성장을 경험했다고 표현해도 크게 어색하지 않을 것 같다. 외상 후 성장은 인간의 능력치에 대한 이야기일 수도 있다. 트라우마적인 사건을 겪어 스트레스를 경험하고 나서 오히려 긍정적인 심리 변화를 만들어낼 수 있는 존재가 바로 인간이다. 거친 들판에서 자란 들꽃의 강인함처럼, 진흙 속에서 피워낸 연꽃의 고고함처럼 인간에게도 그런 능력이 있다.

심리학자들이 말하는 외상 후 성장의 핵심은 트라우마적인 사건을 경험한 당사자가 삶에 대해 보이는 변화다. 사건 이후 어느 정도 회복과 치유의 시간을 가진 후에 먼저 개인적인 차원에서 변화가 나타난다. '이 정도를 이겨냈으니 어떤 일도 할 수 있겠다는 자신감'과 '평범한 일상에 대해서도 진심 어린 감사를 느끼는 태도'가 생긴다. 삶의 의미에 대해서 새롭게 생각하고, 세계관이 달라지고, 신앙을 가지게 되는 것 역시 개인적인 차원에서의 변화다. 변화는 여기에서 멈추지 않는다. 트라우마적 사건이 일어나기 전에는 시도하지 않던 새로운 삶의 방향을 모색하고, 타인과의 관계에서 예전보다 더 깊은 공감과 연대의식을 느낀다는 점이 특별하다. 힘든 시간을 보내고 아무리 깊은 성찰과 지혜를 얻었다 한들 그것을 다른 이들과 나누지 않고 혼자만의 세계에 침잠한다면 성장도 분명 빛이 바랠 것이다. 그러나 예수가 그러했고,

붓다가 그러했으며, 그 외의 많은 지도자와 선각자가 그러했듯이 한 번의 처절한 사건 이후에 그들은 언제나 가장 낮은 곳으로 몸을 낮추어 자신의 존재가 필요한 곳에 기꺼이 자신을 던졌다. 특별한 대접을 받기를 바라지 않았으며, 삶이 다하는 그 순간까지 옳다고 믿는 대로 행동했다. 괴로움이 없었다면, 그들이 괴로운 순간에 도망쳤다면, 인류의 정신적 발전은 아마 한참 이전 단계에 머물러 있었을 것이다.

어쩌면 우리 인생의 가장 큰 오류는 실패를 하는 것도, 상처를 받는 것도 아닌 실패와 상처의 기억들을 깨끗이 지우려고 애쓰는 것이 아닐까? 영화 〈이터널 선샤인〉(2005)의 주인공들이 그러했듯이, 우리는 그럴 수 없다는 것을 알면서도 마치 기억을 지운 것처럼 마음이 명쾌해지기를, 과거의 기억보다 더 행복한 기억을 만들 수 있기를 바란다. 하지만 외상 후 성장을 경험한 많은 사람이 증명하듯이, 삶의 진실은 단지 상처를 잊고 살아갈 수 있는가가 아니라 그 상처를 어떻게 돌아보고 성찰하며 그것을 통해 얼마나 성장할 것인가에 달려 있다. 내일로 미루지 말고, 오늘 바로 잠시 시간을 내어 당신의 삶을 생각해보라. 그동안 경험했던 일 중에 가장 가슴 아팠던 사건은 무엇이었나? 당신은 그 일로 인해 어떤 점이 변화했고, 무엇을 깨달았나? 여전히 고통으로만 남아 있어 떠올릴 때마다 고개가 가로저어지는 일이 있다면, 지금이

다시 돌아볼 가장 좋은 때다. 조금 버겁더라도 그 일이 내게 어떤 의미가 되었는지 돌아보는 '의미 재구성'의 과정은 외상 후 성장을 자극하는 중요한 동력이 되어줄 것이다.

그러나 이러한 내밀한 고통을 혼자서 돌아보는 것은 꽤 힘에 부치는 일일 수 있다. 당연하다. 그러니 겁먹지 말고, 외로워하지 말자. 대신 관계의 힘을 믿자. 외상 후 성장을 촉진하는 두 가지 중요한 요인은 '사회적 지지와 공감받는 관계' '자기개방'이다. 우리에게 정말로 필요한 것은 그저 진솔하게 함께 마음을 나누고 어깨를 빌려줄 수 있는 단 한 사람의 존재다. 마음속 이야기를 했을 때 나를 함부로 판단하지 않는 사람, 그래서 안전하다고 느낄 수 있는 사람과 함께 대화하거나 전문가와 상담하는 것은 과거의 일과 그 의미를 새롭게 돌아보는 중요한 촉매제가 될 수 있다. 당신에게 그런 사람이 없다면 또 어떤가. 타인에게서 위로와 성장의 메시지를 곧바로 받을 수 없을지는 몰라도, 당신이 다른 누군가에게 그런 존재가 되어주는 것은 불가능하지만은 않다. 우리에게는 트라우마적인 사건과 별개로 다른 사람을 돌볼 수 있는 근본적인 마음의 힘과 자비가 있으며, 이는 꼭 외부로부터 받지 않아도 우리 스스로 길러내고 타인에게 내어줄 수 있는 것이기 때문이다.

나도 한때는 내게 부족한 것들, 내가 상처받은 것들을 되새기며 나는 사랑을 더 받아야 한다고 생각했다. 어렸을 때 충분히 사랑받지 못해서 지금 이 상태인 것이라는 생각을 곱씹고, 스스로의 가능성을 제한하며 살았다. 하지만 그런 생각들이 이어지는 삶에서는 온전히 행복할 수 없다는 것을 이제는 안다. 예전에는 사람들이 나에게 조금만 소홀해도, 내가 혼자라는 느낌이 약간만 들어도 곁에 있는 사람에게 도리어 상처를 주었고, 그런 상황이 반복되면서 결국 더 외로워졌다. 내가 부족하다는 생각, 나는 손해 보며 살았다는 생각, 나는 나약한 존재라는 생각들이 뭉쳐 오히려 나를 더 부족하고, 손해 보고, 나약하게 만들었을지 모른다.

그러나 절실하게 마음을 공부하고, 붓다가 제시한 방식대로 수행하고, 밤낮으로 나 자신의 마음을 돌아보며 10년 정도 시간을 보내고 비로소 깨달았다. 내가 겪어온 모든 상실은 사실 축복이었다는 것을, 내 인생에 있어 큰 발전이 일어나기 직전에는 항상 이별이나 실패 같은 고통의 순간이 있었다는 것을, 고통에 대해 원망하지 않고 고통에 대해 덤덤한 마음을 가질 수 있게 되자 비로소 실패를 디딤돌 삼아 성숙해지는 마음의 힘이 생겼다는 것을 말이다.

먼저 수행하고, 먼저 공부하라. 그리고 먼저 나누는 사람이 돼라. 당신이 부족하다 느꼈던 바로 그곳에서, 당신이 상처받았다고 생각한 바로 그 지점에서 당신이 더 나누고 주는 사람이 돼라. 모든 것이 무너졌다 느낄 때, 우리는 오히려 더 스스럼없이 나눌 수 있는지도 모른다. 잃을 것이 없다 느낄 때, 우리는 오히려 더 자유롭고 더 확장된 존재가 되는지도 모른다. 당신이 아는 사람에게 사랑을 주고, 모르는 사람에게는 당신의 재능을 통해 그들의 삶에 더 기여하는 사람이 돼라. 나는 이러이러한 사람이라는 생각에 결코 스스로를 가두지 말고 이 땅에 사랑을 남기고 가는 사람이 되겠다는 마음으로 공부하고 일하고 성장하라. 그렇게 하루하루를 살아가다 보면 어느 순간 세상으로부터 돌려받은 사랑이, 당신이 부족하다고 생각했던 그 사랑과는 비교할 수 없이, 헤아릴 수 없을 만큼 많아져 있을 것이다. 어느 순간, 당신을 사랑하는 사람들이 당신 주변을 가득 채우고 있을 것이다. 그렇게 세상이 조금씩 치유되고, 당신은 그 아름다운 물결을 바라보게 될 것이다. "상처 입은 곳으로 빛이 들어온다"라는 페르시아 시인 마울라나 잘랄루딘 루미 Jalāl al-Dīn Rūmī의 말처럼 말이다.

우리는,
그 많은 선각자가 그랬던 것처럼
스스로를 치유하고
끝내 서로를 치유할 것이다.

어떻게 대화를
이어갈 것인가

―

세상에는 '말 잘하는 법'에 대한 콘텐츠가 이미 넘쳐나지만, 우리는 여전히 말 때문에 오해를 사고 말 때문에 상처를 주고받는다. 말은 단순한 테크닉이 아니라 내면의 표출이고 정신의 반영이기 때문이다. 오래된 마음의 습관은 말을 통해 여지없이 드러난다. 어떻게 듣고, 어떻게 말할 것인가? 지혜롭게 말하기 위해 우리는 무엇을 내려놓아야 하고, 또 오늘부터 무엇을 시작해야 하는가?

말을 잘한다는 것은 무엇일까? 일반적으로 말을 잘한다고 하면 막힘없이 매끄럽게 이어가는 달변, 조리 있게 상황을 요약하고 분위기를 잘 맞추는 센스 같은 것들을 이야기한다. 하지만 그런 모습들은 일반적인 대화 상황보다는 한 명의 화자가 여러 사람에게 무언가를 전달하거나 설명하는 상황에 해당하는 것이다. 대중에게 매끄럽고 센스 있게 말하는 것도 물론 특별한 기술이지만, 아무래도 일대일로 대화하는 일이 더 잦을 것이다. 그리고 이런 상황에서 말을 잘하는 것이야말로 모든 사람에게 필요한 능력인 듯하다.

하지만 직급이 올라갈수록 말을 잘한다는 것은 결코 쉽지 않다. 직책에 맞는 말의 힘은 거저 길러지는 것이 아니다. 주니어 때는 상사가 원하는 바를 잘 파악하거나 어느 정도의 예의만 잘 차리는 수준으로도 대화에 큰 문제를 겪지 않을 테지만, 팀장 정도의 직급이 되면 내가 하는 말을 지켜보고 판단하는 귀들이 많다는 것을 새삼 깨닫게 된다. 무심코 뱉은 말버릇, 기분이 상해서 몇 마디 혼낸 것, 혹은 자신이 주니어였을 때 했던 발언들까지도 뒷담화의 대상이 될 수 있다. 말 한마디 때문에 팀원 전체의 인심을 잃을 수도 있고, 섬세하지 못한 조언으로 인해 불편한 관계가 늘어날 수도 있다.

"시험은 기세다"라는 말이 있던가, 비슷한 어감으로 표현한다면, "대화는 자세다"라는 말이 가능할 것 같다. 대화가 일종의 설득 테크닉이라고 오해하는 사람들은 얕은 테크닉을 좇아 섭렵하려 한다. 말 몇 마디로 상대를 이겨먹겠다는 계산이다. 그러나 다시 한번 강조하지만 말은 정신의 반영이다. 어떻게 말을 하겠다는 마음의 자세가 결국 모든 것을 좌우한다. 내가 아무리 특정한 테크닉을 쓰려고 한들 상대방이 원하는 대로 따라와준다는 보장이 없고, 한두 번은 내가 원하는 대화가 가능했다고 해도 이후의 대화는 어디로 갈지 알 수 없다. 대화는 정해진 각본이 아니라 살아 있는 생물에 가깝다. 당신이 정해야 하는 건, '나는 어떤 자세로 이 대화에 임할 것이고, 내가 원하는 것은 무엇인가?'의 문제뿐이다.

심리학은 다양한 대화법을 제시하는데, 모두 인간을 어떻게 바라볼 것인가 하는 자세와 관련되어 있다는 공통점을 지닌다. 타인을 바라보는 관점이 곧 대화의 자세에 반영되니, 인간에 대한 특정 관점에 동조한다면 그에 걸맞은 대화의 방식을 선택해 활용하면 된다. 우선 어떻게 들을 것인지부터 결정해보자. 듣는 것에도 기술이 필요할까? 정답은 '그렇다'이다. 인간중심치료의 대가인 심리학자 칼 로저스는 상대의 말에 단순하게 반응하지 말고, 그 말 뒤에 있는 감정과 의미를 함께 느끼고 이해하는 것, 즉 '공감적 경청empathic listening'을 강조했다. 팀원이 요즘 일이 너무 힘들다고 말할 때, 일반적인 경청의 수준에서는 "다들 힘들지. 좀만 더 힘내보자"라고 말할 것이다. 그러나 공감적 경청은 "많이 힘들 거야. 구체적으로 어떤 부분이 제일 어려운지 나에게 말해줄래?"라고 말하는 쪽이다. 힘들겠지만 더 힘을 내라고 하면 상대는 내 상태에 충분히 공감하지 못한다고 느낄 수 있다. 하지만 구체적으로 어떤 부분이 힘든지 알고 싶다는 마음을 드러내면 보다 심도 있는 대화가 가능해진다. 공감적 경청은 언뜻 단순해 보여도 실제로 하려면 쉽지 않다. 가까운 사이일수록 '지금 저 말을 나 들으라고 하는 건가?' '내가 이렇게 노력했는데 어떻게 저런 불평을 하지?'라는 생각이 불쑥 튀어나올 수 있기 때문이다. 가까운 사이일수록 상대방의 의도를 오해하고 상처 입을 가능성이 큰 것은, 상대방에 대해 내가 다 알고 있다는 자만감과 내 생각이 늘 옳다는 자기중심성 내지 편협함 때문이다.

　공감적 경청에 대해 알게 되었다고 해서, 그 기법을 이해하거나 외웠다고 해서 모든 대화의 패턴이 하루아침에 바뀔 수도 없고 또 그렇게 할 필요도 없다. 오히려 도식적으로 대화법을 실행하려고 하면 나도 상대방도 어색함을 느껴 대화가 삐걱거릴지도 모른다. 그러나 적어도 내가 진심으로 공감한다는 마음을 전달하려고 노력할 수는 있다. 후배에게 생각하는 바를 이야기해보라고 해놓고 정작 스마트폰만 들여다보거나 못마땅한 표정으로 서류를 만지작거린다면, 어떻게 진솔한 대화가 가능하겠는가? 불만이 있으면 말하라고 해놓고 "나 때는 더 힘들었어"라고 조언한다면 누가 고민을 털어놓을 수 있겠는가? 최소한의 공감도, 최소한의 경청도 하지 못하는 리더는 자기 사람을 만들기 어렵다. 조직에 대한 충성이 과거의 유물이 된 시대에, 함께 일하는 사람들과 더 발전적인 기회를 만들고 조직의 성장을 독려하기 위해서 진심 어린 공감적 경청의 방법을 자주 연습하고 또 시도할 필요가 있다.

공감적 경청을 잘할 수 있게 되었다면, 비폭력 대화NVC, Nonviolent Communication에 대해서도 생각해보면 좋겠다. 비폭력 대화는 감정적 충돌을 피하며, 명확하고 따뜻하게 소통하도록 해주는 도구라 할 수 있다. 비폭력 대화는 사실 관찰, 감정 표현, 욕구 표현, 구체적 요청이라는 네 단계로 이루어져 있다. 팀원이 마감이 지났는데도 기획안을 제출하지 않았을 때를 예로 들어보자. 보통은 나를 무시하나 싶어 화가 나서 "왜 이렇게 늦어?"라고 다소 공격적으로 피드백하기 쉽다. 하지만 비폭력 대화는 네 단계에 맞추어 온건한 소통을 시도한다. "기획안을 오늘까지 제출해야 했는데 아직 안 보냈네요. 날짜를 지키지 않으니 걱정도 되고 조바심도 나요. 팀 전체의 기획안을 취합하는 게 중요한 상황이라, 오늘 몇 시까지 제출할지 알려주면 좋겠습니다." 자연스럽게 흘러가는 문장들 안에 사실, 감정, 욕구, 요청이라는 네 가지 요소가 모두 들어 있다.

물론 처음에는 어색하게 느껴질 수도 있다. 내가 하고 싶은 말도 맘대로 못하고 팀원 눈치까지 봐가면서 일해야 하나 싶어 자괴감이 들 수도 있다. 비폭력 대화가 모든 경우에 통하는 정답이 아닌 것도 사실이다. 하지만 과중한 업무와 스트레스로 인해 자칫 감정적이거나 공격적으로 말하는 상황에 빠지지 않도록 자신을 단속하는 최소한의 가이드라인이 되어준다. 그러므로 리더는 불만이나 요청 사항을 전달하는 순간 더 많이 주의해야 할 필요가 있다. 감정적으로 대처하거나 단어를 선부르게 사용하면 자신이 쌓아온 많은 것이 위협받을 수 있다는 사실을 기억해야 한다. 감정이 앞서 나가려고 할 때, 화가 나 즉각적으로 반응하려고 할 때, 마음속 브레이크를 작동할 수 있다면 어떤 변화가 생길까? 나의 경우 상사에게 정말 쉽지 않은 불만을 이야기하는 동시에 사과를 요구해야 했던 상황에서, 절대 말실수를 하지 않으려고 비폭력 대화의 순서대로 문장을 정리해 작은 커닝 페이퍼를 만든 적도 있다. 회의실에 먼저 자리를 잡아 종이를 다리 위에 올려두고 자초지종을 설명한 뒤, 담담하고 편안한 태도로 "어제 이렇게 말씀하신 부분에 대해서는 사과를 받고 싶어요"라고 말했다. 그때까지 단 한 번도 상사에게든 그 어떤 윗사람에게든 비슷한 요구를 해본 적도, 할 수 있다고 생각한 적도 없었지만, 스스로를 보호하되 공격적으로 대하고 싶지 않다는 마음 하나로 용기를 냈다. 쉽지만은 않은 이야기였지만 나의 진실함과 단호함이 통한 것일까. 나는 상사로부터 진솔한 사과를 들을 수 있었고 그 후로도 앙금 없이 좋은 관계를 유지할 수 있었다.

어쩌면 우리는 영원히 타인과의 완벽한 대화 같은 것은 하지 못할지도 모른다. 아무리 잘나가고, 아무리 많은 성취를 이루어도 말실수를 하고 또 누군가의 마음에 스크래치를 남기면서 늙어갈지 모른다. 그러나 우리의 목표는 완벽한 말만 하는 사람이 되는 것은 아니지 않은가? 소중한 일터에서 만나는 사람들에게 좋은 영향을 끼치고 싶고, 좋은 시간을 나누고 싶은 마음이 확실하다면, 우리는 적어도 지금보다 좋은 방식을 고민하며 조금씩 노력해야 한다. 습관적인 말 속에 얼마나 많은 가시를 숨겨놓는지, 때로 우리 자신이 가장 무지할 때가 있기 때문이다. 대화하는 상대에게 충분히 마음을 열어 공감적 경청을 하고, 따뜻하고 진솔한 소통으로 자기 자신을 보호하는 자세를 지니면 우리는 일상의 스트레스로부터 차차 해방되는 것은 물론, 삶 전체를 새롭게 바라보는 시각을 갖게 된다. 누군가의 말 때문에 하루가 지옥이 되기도 했지만, 종종 그 정반대의 일도 일어났었다는 것을 마음 깊이 떠올려보라. 당신이 꺼내는 말 한마디의 무게를 매 순간 기억하라.

정신의 반영이자 마음의 거울인, 우리가 하는 말들이 조금 더 맑고 진솔할 수 있도록, 그래서 보다 좋은 관계를 맺을 수 있도록, 매일 밤 잠들기 전에 몇 가지 작업을 해볼 것을 추천한다. 먼저, 하루를 보내면서 내가 했던 말이나 불편했던 대화의 순간들을 떠올리고, 그때 내가 어떤 마음을 경험했는지 최대한 진솔하게 기록해본다. 우리는 언제나 완벽할 수는 없지만, 스스로를 돌아보고 더 좋은 것들을 선택할 능력이 있다. 다음에 비슷한 상황이 올 때 어떻게 대응하거나 말하는 것이 더 좋을지를 기록해보면 상황 대처 능력을 키울 수 있을 것이다. 붓다는 '거짓말' '분열시키거나 비방하는 말' '거친 말' '쓸데없는 수다'를 하지 말고 항상 말을 단속할 것을 주문했다. 오늘 내가 했던 말들 중에 이러한 네 가지 요소가 있지는 않았는지 체크해보라. 그리고 누군가와 나누었던 대화의 순간에, 진심으로 이해받았다고 느낀 순간이 있었다면 그 상대를 떠올리며 마음으로 감사를 전해보자. 혹여 당신에게 말로 상처나 불쾌함을 남긴 사람이 있다면, 그 사람을 떠올리며 '우리가 다음에는 각자의 불안과 긴장을 잘 다루고 더 좋은 대화를 나눌 수 있기를'이라고 마음을 일으켜보라. 꼭 필요한 말을 올바른 방식으로 전할 수 있을 때, 당신은 타인과 행복하게 공존할 수 있을 것이다. 자신의 말을 닦는 것이 곧 타인과 관계를 가꾸는 것이다. 관계를 가꿀 때 삶도 청명해진다. 오늘 밤, 이 작업을 해보라.

그리고 내일 하루가 어떤 마음으로 시작되는지 지켜보라.

Awareness Journal

타인과의 대화에 대해 잠시 생각해보세요. 아마 편안함과 공감이 있는 대화도 있었을 것이고, 반대로 상처나 불쾌감이 남은 대화도 있었을 것입니다. 이제 아래의 내용을 기록해봅니다.

내가 다른 이와의 대화에 있어서 바라거나 기대하는 것은 무엇인가요? 그 기대가 충족되었던 좋은 대화의 순간을 떠올리고, 그런 대화가 어째서 가능했는지에 대해, 상대의 배려와 미덕을 바탕으로 기록해보세요.

나는 타인과 좋은 대화를 나눌 수 있는 사람인가요? 더 좋은 대화를 나누기 위해서 나는 어떤 부분을 더 고려해볼 수 있을까요? 붓다가 지적한 네 가지 부정적 요소(p.287)에 해당되는 것이 있는지 돌아보고 이것에 대해 기록해보세요.

애착 유형

어린 시절 양육자와의 관계에서 형성된 관계의 형태가 성인기에 만들어지는 친밀한 관계에 재현되는 경향을 일컫는다. 연인에게서 연락이 뜸할 때, 안정형의 경우 '바쁜가 보지'라고 생각하지만 불안형의 경우 '결국 나는 버려질지도 몰라'라는 생각을 하게 된다고 보는 입장이다. 하지만 애착 유형은 단지 내면을 보는 하나의 도구일 뿐이며, 절대 변하지 않는 고정값도 아니다. 자기자비 훈련, 인지적 거리 두기 훈련 등을 통해 불안이나 혼란을 상당 부분 내려놓을 수 있다.

외상 후 성장 Post-Traumatic Growth

큰 상실이나 충격의 경험, 즉 트라우마적 경험 이후에 세계관이 재조정되어 이후 자기인식이나 관계, 삶의 의미에 대해 오히려 긍정적인 변화를 겪게 되는 것을 가리킨다. 우리에게 닥쳐온 고통스러운 경험이 우리를 성장하게 할 수 있을까? 당시에는 너무도 괴로웠던 경험이지만 시간이 지나고 우리가 더 지혜로워졌을 때, 과거에 일어났던 일을 재조명해 볼 수 있을 것이다. 고통을 통해 삶의 의미를 더 깊이 생각해볼 수 있다는 희망은 우리 모두에게 필요하다.

스토아 철학 Stoicism
일어난 사건 그 자체가 아니라 그에 대한 자신의 판단과 태도를 다스려 자유와 지혜, 용기와 절제, 정의를 추구하는 철학의 한 분류. 스토아 철학은 불교 철학과도 비슷한 측면이 많다. 부정적인 상황 앞에서 자신의 감정을 억압하는 것이 아니라 나의 반응을 얼마든지 선택할 수 있다는 '반응 선택의 자유'는 스토아 철학의 핵심 개념 중 하나다. 폭풍 속에서도 키는 내가 쥐고 있다는 자기확신과 적절한 통제감은 불안함의 요소로 가득한 현대 사회를 살아가는 우리 모두에게 필요한 자질이라고 볼 수 있다.

공감적 경청 Empathic Listening
대화를 할 때 단순히 상대의 이야기를 듣는 것에서 멈추지 않고 그 안에 있는 감정과 경험을 이해하고자 하는 태도. 상대의 관점에서 상황을 바라보는 것, 섣부른 판단이나 조언을 보류하고 그 말을 있는 그대로 수용하는 것이다. 당면한 문제를 해결하거나 관계를 강화하는 데 중요한 역할을 한다. 공감적 경청이 가능하기 위해서는 불쑥불쑥 올라오는 자신의 생각을 지속적으로 알아차림하며 상대방에게 마음을 열 수 있어야 한다. 선한 마음과 자기조절에의 의지 없이 공감적 경청을 하기란 쉽지 않다.

지혜

WISDOM

6

어떻게 일상에서
지혜를 만들 것인가

―

지혜롭다는 말은 일상에서 매우 자주 쓰이지만, 그 의미를 깊이 통찰하는 사람은 그리 많지 않다. 고작 남의 마음을 거스르지 않게 말하거나, 상황에 센스 있게 대처하는 것 정도가 지혜일 수는 없다. 지혜를 최상의 목적지로 제시한 초기경전의 입장을 살펴보고, 이를 바탕으로 지혜를 리더십의 영역에 어떻게 적용할 수 있을지 알아보자.

불교 철학을 공부하면서 배운 많은 새로운 가치 중에서도 듣자마자 곧장 눈이 반짝거리며 '아, 이거다!'라는 느낌을 가졌던 말이 있다. 바로 문사수 聞思修라는 용어다. 들을 문 聞, 생각할 사 思, 닦을 수 修, 세 개의 아름다운 한자로 조합된 이 단어를 처음 접하자마자, 마치 환한 불이 켜진 길 위에 서 있는 듯 느껴졌다. 어두운 망망대해를 건너가는 한 척의 배에서 멀리 보이는 등대의 불빛과도 같은 말, 문사수는 지금까지의 내 삶을 돌아보고 또한 앞으로의 삶에 대한 기준을 세울 수 있게 해주었다.

문사수란 무엇인가? 이것은 지혜로움과 어떻게 연결되는가? 문사수는 초기불교의 가르침으로, 듣고, 사유하고, 실천하는 세 단계를 뜻하는 말이다. 이는 지혜를 훈련하는 세 가지 방식이자, 이를 떠받치는 세 기둥이다. 하나하나 살펴보자. 먼저 '문'은 배우는 단계를 의미한다. 지혜로운 존재로 발전하기 위해서는 반드시 학습의 과정이 기초가 되어야 한다. 일반적으로 지식이 많은 사람이 똑똑하고 생각도 깊을 것이라 넘겨짚기 쉽지만, 불교 철학에서는 지식과 지혜를 엄밀하게 구분한다. 지식이 쌓이는 '문'은 중요한 단계이지만, 지혜가 완성된 것이라기보다는 그저 과정에 불과하다. '문'의 단계에서 중요한 것은 잘 듣는 일이다. 경청하는 태도가 탄탄한 '문'을 쌓는다. 겸손한 마음으로, '혹시 내가 모르는 건 없을까?'라는 생각으로 배워야 한다.

그런데 우리는 이 '문'의 단계를 어떻게 경험하고 있나? 불합리한 교육정책과 선발 제도의 문제는 하루이틀에 생겨난 것이 아니며, 한국 사회의 많은 문제가 여기서 기인한다고 보기도 한다. 과도한 경쟁과 줄 세우기, 획일적인 교육 시스템, 그중에서도 가장 문제가 되는 것은 생각하는 능력을 거세하도록 짜인 교육의 커리큘럼이 아닐까 싶다. 줄 세우기를 위한 과도한 지식 경쟁 시스템은 시험이 끝나면 써먹지도 못할 지식을 외우게 하고, 충분히 다른 방향으로 자극받고 성장할 수 있었을 10대의 학생들은 이 과정에서 생각할 힘을 잃고 오직 돈과 미래의 특권을 향해 밤을 새우는 공부 기계로 길러진다. 선수 학습과 부모들의 정보 경쟁이 치열한 한편 자신의 삶을 주체적으로 살아가는 데 도움이 되는 지식을 접할 기회는 주어지지 않는다. 제대로 된 '문'이 쌓인 적이 없으니 제대로 된 '사'가 들어설 자리도 없다. 붓다가 현재 한국의 교육 시스템에 대해 들었다면 어째서 허황된 지식으로 아이들을 괴롭히냐고 물으며 깊은 탄식을 금치 못했을 것이다.

다음으로 '사'는 성찰하고 사유하는 단계를 말한다. 앞의 '문'의 단계에서 듣고 학습한 내용을 나의 관점에서 소화하고 곱씹는 과정이다. 붓다는 45년간의 설법을 통해 정말 다양한 사람을 만나, 왕부터 빈민까지 가리지 않고 자신의 지혜를 전달했다. 여든이 넘어 쇠약한 몸으로 마지막을 맞이할 때까지 귀한 지식을 나누며 많은 이를 사유의 길로 인도했다. 여기서 중요한 점은 타인이나 책을 통해 접한 지식을 단순히 외우는 것만으로는 '사'의 단계로 볼 수 없다는 것이다. 이 단계를 온전히 경험하기 위해서는 내가 경청했던 그 말들이 내 삶에 어떤 울림을 주었고, 혹은 어떤 면이 잘 이해가 가지 않았는지 되물어야 한다. 마음의 저항감이 일어났다면 '구체적으로 어떤 점에 저항감이 느껴지는 거지?'라고 스스로에게 물어볼 수 있어야 한다.

10년 전 인도로 명상을 배우러 떠났을 때, 구루가 전하는 모든 내용에 고개가 끄덕여졌지만 나에게 상처 준 사람을 용서하는 것에 대한 강의를 들을 때만큼은 마음이 그리 편치 않았고, 억울한 느낌이 들었다. 질문 시간에 나의 마음을 솔직히 털어놓았더니, 구루는 용서에 저항감을 느끼는 것은 당연한 반응이라고 설명해주었다. '그래, 용서는 좋은 거니까 언젠가 하면 되겠지'라고 생각하는 것은 깊은 사유라 말할 수 없다. 그것은 지식을 듣고 가볍게 흘려보내는 일일 뿐이다. 귀한 지식을 들었다면 그것을 내 마음에 비추어 보는 작업이 반드시 필요하다. 심리학 도서를 읽었는가? 나에게 상처 주는 부모에 대한 유튜브 클립을 보았는가? 단지 책을 읽고 밑줄을 긋는다고 해서, 단지 영상을 보고 몇 개의 댓글에 하트를 누른다고 해서 내 삶이 변하지는 않을 것이다. 삶의 실질적인 변화는, 깊이 있는 통찰과 사유로부터 일어난다는 것을 기억하자. 비단 책과 자료만이 나의 배움을 가능하게 하는 것도 아니다. 오늘 하루 있었던 일들이 나에게 '문'이 되고, 그 일들을 통해 얼마든지 '사'할 수 있기 때문이다. '나는 오늘 무엇을 배울 수 있었지?' '오늘 있었던 일들이 나에게 어떤 감정을 불러일으켰지?' 이렇게 스스로에게 묻고 저널링이나 감사 일기로 하루를 마무리한다면 그 또한 가볍게 시도해볼 수 있는 사유의 예시일 것이다.

마지막으로 '수'는 당신이 예상했듯 지혜가 완성되는 마지막 단계다. 초기불교에서 '수'는 두 가지 의미로 해석할 수 있을 듯하다. 하나는 몸으로 닦는 명상 수행의 시간 그 자체이며, 다른 하나는 일상에서 마음의 괴로움을 마주하며 그 속에서도 성장을 도모하기 위한 실천들이다. 어떤 지식을 알고 나서는 충분히 마음 안에서 소화하여 자신을 돌아보아야 하고, 매일 아침 수행을 이어가며 이후 이어지는 일상에서 내 마음에 새로 들어선 것들을 실천에 옮겨야 한다. 예를 들어 자기자비와 타인자비에 대해서 지식을 쌓았다면[聞], 배운 내용을 돌아보며 내가 지금까지 나를 사랑하지 않고 미워했다는 것을 진심으로 깨닫고[思], 매일 아침 자애 수행으로 하루를 시작하여 일상에서 실수를 저질러 자신을 책망하는 마음이 올라오려는 순간 '내가 이 순간에도 편안하기를' '내가 나의 편이 되어주기를'이라고 자애의 마음을 일으키는 것[修]이 자애로운 태도, 즉 지혜를 완성하는 체계가 된다. 자애에 대한 책을 아무리 많이 읽어도, 나 자신을 사랑하지 않았다는 것을 아무리 확실히 돌아보았어도, 그것은 단지 머리에서 잠시 일어난 일일 뿐이다. 얼마나 많은 사람이 "머리로는 알겠는데 실천이 잘 안 돼요"라는 말로 변화 앞에서 무릎을 꿇곤 하는가. 변화는 머리와 몸이 하나로 연결되었을 때 찾아온다. 마음을 하나의 방향으로 모으고, 일상에서 온전히 깨어 그것을 실천하는 삶. 머리 위에서 모든 것을 해결하려는 현대인에게, 붓다는 지혜로운 존재가 되기 위해서는 머리로만 생각해서 되는 것이 아니라 몸으로 닦고 몸으로 실천해야 한다고 강조한다. 이 참된 지혜를 얻기 위해서는 각자의 실천적이고 반복적인 수행이 필요한 것이다.

그러면 우리가 일하는 상황에서 이 세 가지 여정을 어떻게 적용할 수 있을까? 여러 사람의 의견을 조율하고, 통합하고, 새로운 흐름을 만들어가야 하는 책임을 가진 리더에게 지혜로움의 길이란 어떻게 만들어질 수 있을까? 여기서 리더란 조직에서 높은 위치에 오른 사람만을 의미하는 것은 아니다. 우리는 각자의 인생을, 커리어를 만들고 구상하는 사람이다. 즉 누구나 스스로의 삶을 이끌어가는, 자신의 리더로 살아간다는 사실을 생각하자. 문사수는 직위의 높고 낮음, 지금 일하고 있는 조직의 규모, 커리어 패스의 방향과는 상관없이 자신의 재능을 펼치고 일적으로든 인간적으로든 제대로 성장하고 싶은 사람에게 필요한 세계관이며 성실한 가이드다.

문사수를 현대적으로 이해하고 적용해보자. 들어서 지식을 쌓는 첫 번째 단계에서는 그야말로 '잘 듣는 것'에 초점을 맞춘다. 우리의 삶이 점점 더 많은 자극 속에 놓이며 잘 듣는 능력이 쇠퇴해가는 느낌이 들 때가 있다. 20분 길이의 영상을 느긋하게 볼 수 있던 당신은, 이제 5분짜리 영상도 길다고 느낀다. 상대방의 이야기에 온전히 집중하려고 해도, 연신 울리는 알람 때문에 자꾸만 스마트폰을 만지작거린다. 그러나 산만한 마음으로는 경청할 수 없다. 자신에게 유리하거나 필요한 정보도 얻을 수 없을 것이다. 잘 듣지 않는 리더는 자기 생각에만 휩싸이고, 지혜는커녕 독선만이 자리 잡을 것이다. 상대방이 상사이든 부하이든, "혹시 내가 당신에 대해 모르는 것이 있을까요?"라는 선량한 호기심으로 대화에 임해보자. 대화를 통해 새로운 것들을 알게 되고, 이를 통해 당신은 새로운 생각들을 시작할 수 있을 것이다. 두 번째의 사유 단계에서는, 함께 일하는 이들로부터 들은 피드백을 자신의 생각과 통합하고 조율해보는 과정이 일어난다. 붓다는 제자이자 아들인 라훌라에게 이와 같이 설했다. "라훌라여, 행위를 하기 전에, 또 행위를 하는 중에, 또 행위를 한 뒤에 성찰하는 것을 통해 신체적으로, 언어적으로, 정신적으로 행위하라."* 즉 깊이 성찰한 후에 행동하고, 말하며, 앞으로 나아갈 방향을 정하라는 가르침이다. 일을 하다 보면 나도 모르게 행동이나 말이 먼저 튀어나가 후회하는 일이 얼마나 많은가. 말 한마디를 하더라도 '이 말이 나를 해치는 것은 아닌가, 타인을 해치는 것은 아닌가, 혹은 나와 타인 모두를 해치는 것이 아닌가'라는 합리적 의심을 가져야 한다는 것이 붓다의 가르침이다. 오늘, 사람들을 만날 때 이 가르침을 가슴에 새기고 대화해보자. 그저 생각나는 대로 말하지 말고, 정말 필요한 말만 정제해서 하는 연습을 하자. 그런 과정에서 무엇을 느꼈는지도 차분히 기록해보면 좋을 것이다.

• 《맛지마니까야Majjhima Nikāya》, 〈MN.61, 암발랏티까에서 라훌라를 가르친 경 Ambalaṭṭhikarāhulovādasutta〉

마지막으로 자신을 닦는 단계에서는 조금 더 많이 자신을 독려해야 한다. 아침저녁으로 지혜를 닦는 수행을 이어가는 노력도 필요하고, 내가 이해한 지식과 내 안에 일어난 사유들을 '오늘의 내 삶에서 실천해보았는가?'라고 자문하기도 해야 한다. 두더지 게임에서 쉴 새 없이 올라오는 두더지 머리를 처리하듯 일하는 것이 일상인 삶에서 당신의 지혜는 쉽게 개발되지 않을 것이다. 홀로 공부하고, 자신을 돌아보며, 오늘 이런 부분을 실행에 옮기겠다는 최소한의 가이드라인이 반드시 있어야 한다. 문사수라는 세 가지 지혜의 단계에 대해서 처음 알고 그 의미를 내 삶에 실천하겠다고 다짐한 이후로, 나는 내게 필요한 지식이 무엇인지 명확히 분간할 수 있게 되었고, 크고 작은 자책으로 스스로를 괴롭히던 습관과도 완전히 작별했다. 결코 영원하지 않을 나의 삶을 어떤 자세로 살아갈 것인지의 문제에 대해 명료해졌고, 수없이 책을 읽어도 회복되지 않던 정신적 공허감도 이제는 과거의 일들이 되었다.

지혜는 하루아침에 완성되지 않는다. 어제까지 아무 노력도 하지 않았던 사람이 갑자기 훌륭한 책 한 권을 읽거나 유명한 영적 지도자의 강연 한 편을 들었다고 해서 지혜로운 사람이 될 수는 없다. 지혜는 통찰을 통한 실천이다. 배움이 모든 것의 첫 열쇠가 된다. 오늘 나는 무엇을 배우고자 하는가? 오늘 나는 어떤 사유를 할 것인가? 그리하여 나는 오늘 얼마나 진심을 다해 방석 위에 고요히 앉을 것인가? 나는 어떤 성장과 가치를 거둘 것인가? 아직 완성되지 않은, 내 안의 지혜로움이 나에게 묻고 있다.

인생을 관통하는
세 가지 진실을
어떻게
이해할 것인가

―
모든 행위는 무상하다. 이것을 지혜로 꿰뚫어본다면 괴로움에서 벗어날 것이니 이것이 청정의 길이다. 모든 행위는 괴롭다. 이것을 지혜로 꿰뚫어본다면 괴로움에서 벗어날 것이니 이것의 청정의 길이다. 모든 존재는 그 실체가 없다. 이것을 지혜로 꿰뚫어본다면 괴로움에서 벗어날 것이니 이것이 청정의 길이다.

_《법구경 Dhammapada》, 〈Dhp.277-279, 길의 품 Maggavagga〉

바로 지금 스마트폰을 들어 사진첩을 열어보자. 그리고 손가락을 몇 번쯤 움직여서, 3~4년 전 혹은 그 이전의 사진들에 접근해보자. 그 안에는 웃고 있거나, 포즈를 취하고 있거나, 혹은 다른 사람들과 함께하는 당신의 모습이 있을 것이다. 지금 어떤 생각들이 떠오르는가? '나 그새 좀 늙었네'라는 생각? '그땐 이 옷이 맞았는데 지금은 맞지 않겠지'라는 생각인가? '이때 참 힘들었는데 요즘은 그래도 많이 나아졌지'라는 생각 같은 것을 할 수도 있다. 그러면 이제 조금만 더 시간을 거슬러 올라가, 사진첩에 남아 있는 가장 오래된 사진들을 둘러보자. 몇 년 전 사진까지 간직하고 있는가? 내 스마트폰엔 14년 전 사진들이 보인다. 한창 젊었던 날들의 내 모습, 지금보다 세련되지 않았지만 참 열심히 살았던 직장인 시절의 내 모습이 거기에 아직 선명히 남아 있다. 하지만 그때의 그 모습은 그냥 거기에 남아 있을 뿐이다. 시간이 많이 흘렀고, 더 이상 그때의 내 모습은 거울 속에서 찾을 수 없다. 그때 친하게 지내고 함께 사진을 찍었던 사람도 지금은 만나기 힘든 사람들이 되어버렸다. 당신만의 이야기도, 나만의 이야기도 아니다. 다들 그렇다.

모든 것이 참 많이 변했다는 것을 깨닫는 순간, 우리는 삶의 허무함에 대한 생각으로 빠지기 쉽다. 나이가 들고 살아온 날보다 살아갈 날이 적을 수도 있다고 자주 생각하다 보면 우울증에 빠지는 것도 이상한 일은 아니다. 허무하고, 무상하고, 덧없다는 탄식을 한다. 그러나 그냥 이렇게 삶이 허무하다는 결론에 이르는 것 말고 다른 길은 없을까? 아무리 열심히 살아도 결국 다 의미 없다는 생각은 자칫 극단적인 방향으로 흐르기 쉽다. '인생 뭐 있어?'라며 무분별하게 쾌락을 추구하는 삶으로 향하거나, '살아봐야 소용없어'라며 우울증으로 빠지기도 한다. 누구도 이 문제에서 자유롭지 않다면, 우리의 지혜는 어떻게 자라날 수 있을까?

앞에서 배운 문사수를 활용해볼 시간이다. 스마트폰 속의 사진 하나도, 그저 습관적으로 잡생각을 떠올리며 바라보는 게 아니라 지혜를 구하는 마음으로 볼 수 있다. 그 과정에서 새로운 개념으로 사진을 살펴볼 수도 있을 것이다. 이제 사진을 보자. 과거의 내 모습은 지금 어디에 있는가? 그 모습은 이미 사라지고 없다. 젊은 날에는 딱히 오늘의 내 모습이 언젠가 사라질 것이라 생각하지 않았지만, 당신은 시간이 흐르고 나서야 깨달았다. 그때의 그 모습은 영원하지도 않고 실제로 더 이상 존재하지 않는다는 것을 말이다. 이것이 바로 무상無常, 즉 항상 거기 있지 않고 사라진다는 것의 예다. 지금보다 젊고 싱그러웠던 예전의 사진을 바라보는 나의 마음은 어떤가? 물론 많은 성장을 거듭했다면 뿌듯하고 자랑스러운 마음이 들 수도 있다. 하지만 지나가버린 젊음, 이제는 만날 수 없는 사람들을 떠올리면 마음 한편에 안타까움과 슬픔도 지나간다. 사라져버리거나 변해버린 것들, 시간의 흐름에 따라 내 손을 떠나간 것들에 대해 떠올려보라. 너무 많은 것이 변하고 사라졌다는 사실이 기쁘거나 유쾌한 일로 느껴지지는 않을 것이다. 이제 마지막으로 한 가지를 더 숙고해보자. 과거의 사진 하나를 클릭하고, 거울 앞 지금의 내 모습과 번갈아 바라보라. 이 두 모습은 많이 다를 것이다. 둘 다 '나'이긴 하지만, 모습도 생각도 처지도 참 다르다. 나의 자아란 여기서 어떻게 발견할 수 있는가? 나라는 것의 정체성이 존재한다면, 이 두 가지 모습 전체에 깔려 있을 것이다. 하지만 그것의 실체가 어디에 있나? 당신은 오직 나만이 갖고 있는 자아라는 실체를 이것이라고 명명할 수 있는가?

  지금 우리가 함께 돌아본 것은 불교 철학의 중요한 맥락 중 하나인 '삼법인三法印'에 대한 내용이다. 삼법인은 붓다가 깨달은 삶의 본질을 세 가지 핵심적인 법칙으로 정리한 개념으로, 지혜로운 삶의 필수 덕목이다. 우리는 우리가 오랫동안 갖고 있던 사진들을 통해 잠깐이나마 삼법인의 관점을 일깨워보았다. 내 모습이 변해왔음을 깨달았다면 당신은 '무상無常, anicca'을 이해한 것이고, 그 사진첩을 바라보며 마음이 슬퍼짐을 느꼈다면 '고苦, dukkha'를 경험한 것이며, 과거에도 나는 살았고 지금도 살고 있지만 나라는 존재는 끊임없이 변화해왔기 때문에 진짜 나라고 말할 수 있는 그 명확한 실체를 규정하기는 어렵겠다는 생각을 했다면 당신은 이미 '무아無我, anattā'라는 개념을 잠시라도 이해한 것이다.

삼법인의 지혜는 자칫 허무주의나 비관주의로 오해될 수 있다. 하지만 이것은 삶의 본질을 일깨워주는 철학이라는 점을 기억하자. 모든 것이 무상하니 다 내려놓고 아무 노력도 하지 말라는 것이 아니다. 물질도, 마음도, 상황도, 관계도 처음의 상태에 고정되는 법이 없으니 이것이 변하고 사라진다 해서 어리석게 괴로워하지 말라는 것이다. 처음에는 서로 너무도 사랑했던 연인과 어느 순간 마음이 변하며 싸움이 잦아지고 으르렁대다 끝내 다시는 보지 않을 관계로 변했던 것을 기억하라. 한때 시대를 풍미했던 유명인이 어느 날 부고란에 이름을 올리는 것을 보라. 삶에 일어나는 모든 조건과 상황은 한자리에 머물러 있지 않고 시시각각 변해간다. 잡을 수 없는 것을 잡으려 하는 어리석음을 내려놓고, 조절할 수 있는 것을 조절하는 지혜가 필요한 이유다. 예전에는 예의 바르고 낙천적인 태도로 회의에 참석하던 팀원이 갑자기 부정적인 의견만 제시할 때, 당신은 그 사람이 이상하게 변했다고 생각하거나 '대체 무슨 문제야?'라고 의아한 마음부터 올라올 수 있다. 하지만 무상의 관점에서 보면 그 사람은 그저 '모든 것이 변한다'라는 삶의 본질을 보여주고 있을 뿐이다. 당신이 그저 당신 생각으로 넘겨짚었을 뿐이다. 그 사람은 예의 바르고 낙천적인 캐릭터이니, 그것은 변하지 않을 것이라고 생각했던 것이다.

고통이라는 두 번째 관점도 마찬가지다. 우리는 고_苦라고 하면 질병이나 사업 실패, 죽음 같은 크고 어려운 사건을 떠올린다. 하지만 큰 고통도 있지만 우리 삶에 미세하게 흐르는 작은 고통도 있다. 아무리 열심히 해도 우리는 인정받지 못할 수 있고, 정직하게 행동했는데 남들의 오해를 받을 수도 있다. 늦잠을 자서 지각할 위기인데 엘리베이터는 감감무소식이고, 하필이면 지하철도 연착될 때 당신의 마음은 작은 고통들로 가득하지 않았나? 확고하게 원하는 것이 있지만 상황이 내가 원하는 대로 흘러가지 않는 일은 일상다반사이며, 불확실성은 불만족으로 이어지기 쉽다. 웃고 행복을 느끼는 순간은 너무도 짧고, 불만족이나 불편감을 느낄 일들은 상대적으로 많다. 그러나 어쩌겠는가? 본래 불만족감으로 가득한 것이 인생이다.˚ 그리고 이러한 고통이 삶의 기본적인 요소이기 때문에, 이것을 상수常數로 받아들이는 것이 지혜라고 말하는 것이 불교 철학이다. 팀원 간 협업이 잘 안 될 때, 리더와 팀원은 함께 노력해야 한다. 그건 당연한 일이다. 다만 '왜들 이렇게밖에 못 하는 거야?'라며 짜증과 비난을 품고 노력하는 것과, '우리가 다들 불완전한 존재들이니 협업이 잘되지 않을 수 있지. 하지만 그렇게 모두 불완전하니까 서로를 좀 더 독려해볼 수 있을 거야'라는 마음으로 노력하는 것은 완전히 다른 결과를 만들 것이다. 완벽한 성과나 완벽한 팀워크를 얻으려고 노력하면 당장은 소기의 성과들을 거둘 수 있을지 모르지만, 도전적이거나 어려운 과제 앞에서 언젠가는 좌절하고 반목할 수 있다. 고통과 불만족감을 피하려고 하는 것이 아니라, 고통과 불만족감의 존재를 인정하고 그와 함께 머물려고 하는 유연성을 지닐 때, 개인도 조직도 함께 발전한다.

삼법인이라는 세 개의 지혜 중에서, 제대로 이해하는 데

• 팔리어로 '둑카dukkha'는 한국어에서 '고통'으로 번역된다. 고통이라는 단어가 갖고 있는 묵직한 뉘앙스 때문에 이 의미를 다소 오해하는 경우도 있는 것 같다. 그러나 둑카의 본래 어원은 '불만족감'이라는 의미를 가지고 있다. 늙음, 질병, 죽음처럼 삶에 흐르는 거대한 고통뿐 아니라 원치 않는 상황, 원치 않는 느낌, 배고픔이나 몸의 불편함조차도 넓은 범주에서는 둑카로 보아야 마땅하다.

제일 애를 먹은 것은 마지막의 무아였다. 나는 이런 몸을 가지고 이런 정신을 가지고 이런 일들을 해온 사람인데, 그 모든 것이 나의 일부라고 믿어 의심치 않았는데, 깊은 차원에서는 진짜 나라고 말할 수 있는 것이 없다니 도대체 이 개념을 어떻게 이해해야 할지 난감해하며 2년 정도를 보낸 것 같다. 어쩌면 당신도 이 개념을 온전히 받아들이기가 어려울지 모른다. 현대심리학에서는 자아ego, 자존감, 자신self이라는 개념을 강조하고, 자신이 누구인지 이해하고 찾아가는 것이 중요하다고 말하기 때문이다. 불교 철학의 무아 개념은 한마디로 표현한다면 '내가 하나로 고정되어 있는 값이 아니다' '나는 그저 다양한 요소의 조합이며 이 조합 또한 쉴 새 없이 변화한다'라는 것이다. 앞서 살펴본 무상의 개념을 나라는 존재에 적용한 것이 바로 무아다. '나는 이런 상사야' '나는 팀원들에게 항상 이런 모습을 보여야만 해'와 같은 생각들, 우리를 지켜주는 것 같지만 오히려 우리를 더 완고하고 틀에 박힌 사람으로 만드는 이러한 관념들을 내려놓는 것이 무아를 이해하고 실천하는 가장 기본적인 방법이다. 크고 작은 실패들 속에서 '내가 실패를 경험하고 있는 것이지, 내 정체성이 실패자인 것도 아니고, 내 인생이 실패한 것도 아니야'라고 스스로에게 일깨워주려고 노력한다면 무아라는 철학을 내 삶에 스며들게 하려고 노력하는 것이다. 무아는 자기 존재를 부정하는 것이 아니며, 당연히 허무주의와도 결을 달리한다. 나의 것, 나의 생각에 집착해서 발생하는 정신적 오류를 극복하는 발판이 되고, 더 자유로운 생각과 결정들이 일어나는 철학적 근거가 된다. 무아의 지혜를 알지 못했을 때, 나는 단 한 순간도 나 자신에 대한 생각을 내려놓을 수 없어 괴로웠다. 하지만 나라고 할 만한 것이 없다는 것을 문사수 세 가지의 단계로 온전히 이해할 수 있게 되자, 자아와 똘똘 뭉쳐 있던 집착과 두려움들이 내 인생에서 놀라우리만큼 사라졌다.

인간은 왜 삼법인을 알고 사유해야 하는가? 이것이 바로 삶에 흐르는 진리이며 법칙이기 때문이다. 어떤 경기이든, 규칙을 모르고 뛰어들 순 없다. 마찬가지로 삶에 면면히 흐르는 엄연한 지혜의 법을 모른 채로 이 삶을 제대로 살 수는 없다. 모든 것이 변하고, 그래서 쉽게 고통과 불만족을 느끼며, 나라고 할 만한 고정된 것이 존재하지 않음을 명료히 바라보는 지혜, 이 지혜를 우리가 오늘 재능을 펼치는 그곳에 적용하는 성찰의 순간, 우리는 새로운 영감과 빛나는 기회들을 만나게 될 것이다. 사물의 본질을 보는 지혜를 지닌 사람은, 모든 상황에서 배우고 또한 모든 순간에 깨어나게 마련이다.

Awareness Journal

우리의 삶을 바라보는 통찰적 관점으로서의 삼법인三法印에 대해 생각해보고자 합니다. 무상, 고, 무아라는 세 가지 진리에 대해 숙고해보세요. 내 삶에서 이 삼법인의 요소를 찾을 수 있을지에 대해서 생각해봅니다. 그리고 아래의 내용을 기록해봅니다.

나의 것, 내 정체성이라고 생각되는 모든 것을 5분간 쉼 없이 적어보세요. 얼굴, 이름, MBTI, 성격, 습관, 학력, 취미, 경력 등 어떤 것이든 좋습니다. 이 리스트에 적은 것들 중에서 오직 나만이 갖고 있으며, 과거부터 지금까지 조금도 변하지 않았고, 앞으로도 변하지 않을 요소가 있는지 살펴보세요.

살아가면서 내가 완벽히 조절할 수 있는 '진정한 나의 것'에 대해서 생각해봅시다. 당신이 소유한 것들 중에서 당신이 완벽히 조절할 수 있는 것이 있는지에 대해서도 생각해보고, 그런 것이 있다면 기록해보세요.

지혜와
마인드풀니스에 대한
당신의 오해

―

마인드풀니스라는 단어는 전 세계적인 유행어가 되었고, 너도나도 유행에 편승해 이에 대해 이야기한다. 이제는 마인드풀니스, 마음챙김, 알아차림, 명상, 수행의 의미가 모두 한데 엉켜, 마인드풀니스는 고전적이면서도 가장 '힙'한 정신적 진통제 혹은 자기계발 테크닉으로 여겨지기에 이르렀다. 그런데 마인드풀니스에 대한 오해가 우리의 성장을 가로막고 있다면, 우리는 어떻게 대처해야 할까?

마음챙김, 마인드풀니스라는 단어를 검색창에 넣어보라. 마인드풀니스와 관련된 서적, 의류, 음악 그리고 감정조절 프로그램이나 명상 수업 같은 것들의 광고를 만나게 될 것이다. 심지어 카페, 오일, 스파, 센터, 핸드크림과 같은 키워드가 연관검색어로 뜰 것이다. 우리는 마인드풀니스에 대해 제대로 알고 경험하고 그것을 체득하기도 전에, '이런 상품들을 사면 나의 기분이 안정되고 행복해질 거야'라는 근거 없는 기대감을 갖게 된다. 유튜브에는 또 어떤가. 마음을 편안하게 해주는 15분 명상, 잠자는 동안 듣는 수면 명상, 조급한 마음을 내려놓게 해주는 바디 스캔……. 온갖 섬네일로 다양한 효과를 뽐내는 명상 콘텐츠가 끝도 없이 밀려온다. 약국에서 진통제, 소화제, 수면제를 찾는 것보다도 가벼운 마음으로 우리는 마인드풀니스를 취사선택하고, 평가하고, 쇼핑한다. 마인드풀니스라니! 뭔가 세련되고 따뜻한 정신적 행위를 하는 나 자신이 꽤 괜찮은 사람이라는 느낌이 든다.

나 역시 그랬다. 처음 명상을 접했을 때, 명상이라는 단어에는 약간의 거부감이 들기도 하고 어쩐지 고루하거나 종교적으로 느껴졌다. 하지만 마인드풀니스라는 단어는 훨씬 모던하고 부담 없게 들렸다. '요즘 명상을 배우고 있어'라고 말하면 '그거 이상한 거 아니야?'라고 말하는 친구들이 있었지만, '요즘 마인드풀니스 코스 다니고 있어'라고 하면 아무도 그런 식으로 반응하지 않았다. 그런데 막상 마인드풀니스를 바탕으로 한 명상 지도자 코스를 마치고 나서도, 혼자서 명상을 이어갈 수 있겠다는 자신이 들지 않았다. 정해진 시퀀스대로 사람들에게 가이드 멘트는 할 수 있었지만, 내 스스로 깊이 있게 명상을 한다는 확신이 없었다. 안 하는 것보다는 분명히 나았고, 마음은 예전보다는 괜찮아졌지만 내 공부가 완전하지 않은 일종의 수박 겉핥기라는 자각이 점차 커져서 괴로웠다. 이 순간을 판단하지 않고 바라보는 게, 멘트를 듣는 것만으로 바로 될 수 있나? 그게 그렇게 쉬우면 굳이 명상을 할 필요가 있을까? 내가 잘 배우고, 잘 가르치고 있는 게 맞을까? 의구심은 점차 커져갔다.

명상을 전한다는 것, 마인드풀니스를 가르치고 전한다는 것에 대해 여러 가지 자괴감을 경험하고, 그 후에 대학원에서 공부를 하며 너무도 명백한 사실을 알게 됐다. 마인드풀니스는 서구의 유명 심리학자들이 따로 고안해낸 마음의 태도나 자세 같은 것이라고 생각했는데, 알고 보니 불교 수행의 '사띠sati'라는 원개념으로부터 번역된 용어였다. 서구의 심리학자들이 미얀마와 스리랑카 등 남방불교의 고승들에게 불교 수행을 연마한 후 고국에 돌아가 배운 것을 사람들에게 전하며 전체 수행의 단계를 간략화하고 팔리어 단어를 영어로 바꾸면서 마인드풀니스라는 단어가 중심으로 떠오른 것이다. 즉 마인드풀니스는 서구에서 창시한 개념이 아니라, 불교 수행의 철학을 간소화하여 영어로 옮긴 단어일 뿐이었다. 그렇게 불교 철학에서 차용된 개념을, '마음챙김'이라는 단어를 통해 서구로부터 일종의 역수입을 한 것이 지금의 현실이다.

과정이야 어떻든 좀 더 접하기 편한 방식으로 명상을 배운다면 문제라 할 순 없다. 진짜 문제는 서구 심리학자들이 이 개념과 수행법을 다소 개조하고 프로그램화하여 사람들에게 전하는 과정에서, 수행의 본질적인 의미와 배경이 상당 부분 증발했다는 점이다. 기독교 중심의 서구 사회에서는 불교의 종교적인 뉘앙스가 전파되는 것이 여러모로 부담스러웠을 수도 있다. 하지만 안타깝게도 이 과정에서 핵심적인 철학적 측면이 누락되어버렸다.

불교 철학의 실천은 삼학三學으로 요약된다. 이는 마음의 번뇌를 끊기 위한 세 가지 배움의 길이자 수행의 구조를 뜻하는데, 이른바 계정혜戒定慧를 가리킨다.* 수행의 전체적인 구조를 이해하기 위해서는 각각의 글자가 뜻하는 바를 주목할 필요가 있는데, 계sīla는 기본적인 도덕률을 일컫는다. 자신의 말과 행동, 마음까지도 단속해 해를 끼치지 않고, 자비의 마음을 일으키는 것이다. 정samādhi은 산란한 마음을 하나의 대상에 집중시켜 고요하고 맑은 상태로 만드는 노력을 의미한다. 가장 첫 챕터에 나왔던 '사마타'가 바로 이러한 '정'을 훈련하는 구체적인 수행법이다. 혜paññā는 실상을 꿰뚫어 보는 심오한 통찰을 가리키는데, 앞서 제시한 삼법인을 완전히 깨달아 집착과 무지로부터 벗어나는 지혜의 단계를 뜻한다. 마지막의 혜는 가장 도전적인 단계이지만, 가장 빛나는 단계이기도 하다.

  각각의 단계를 완성하는 것은 굉장히 고단한 과정이다. 그냥 안다고 해서 되는 것도 아니고, 부단한 문사수의 과정이 동반되어야 한다. 인생은 끊임없는 자극들과 사건들로 가득한데, 그 속에서 마음을 단속하고 말을 단속하면서 꾸

- 앞서 언급한 팔정도八正道를 요약하면 삼학이 된다. 팔정도의 목록이 너무 많으니 붓다는 친히 이것을 세 가지로 나누어 간단히 외울 수 있도록 했다. 정어, 정업, 정명은 계에 속하고, 정정진, 정념, 정정은 정에 속하며, 정견, 정사유는 혜로 구분된다. 삼학이 곧 팔정도이고, 팔정도가 곧 삼학이다.

준히 열린 알아차림, 즉 명상을 수행하며, 있는 그대로의 진실을 꿰뚫을 수 있는 지혜에 이르는 과정이 어떻게 원데이 클래스를 듣거나 유튜브 클립 한 편을 보는 간단한 일만으로 가능하겠는가. 평생을 다 바쳐 열심히 수행을 해도 인간이 본래 갖고 태어난 마음의 욕심과 분노, 어리석음을 제거하는 일이란 결코 쉽지 않을 것이다.

남방불교의 수행방식을 서구에 전한 의사와 심리학자들은 계와 혜를 삭제하고, 정의 일부분, 그러니까 사마타 수행의 일부분을 명상과 마인드풀니스로 소개했다. 종교적 색채를 삭제해 우울증을 겪는 환자를 대상으로 프로그램화했고, 용어를 더없이 세련되게 바꾸었으며, 많은 사람에게 일괄적으로 적용할 수 있도록 규격화해 전 세계에 전파했다. 그러나 삼학을 나무에 비유한다면, 계는 뿌리고 혜는 열매다. 뿌리 없는 나무는 튼튼히 서 있을 수 없고, 열매 없는 나무는 효용이 없을 것이다. 당장 마음의 우울을 덜어내는 치료제나 잠을 편히 자게 해주는 수면제처럼 명상을 사용하고자 하는 가벼운 마인드풀니스 콘텐츠에는 정작 그 근원인 불교 수행에 대한 몰이해가 고스란히 담겨 있다. 다른 사람에게 상처 주는 말조차 그만두지 못하면서 어떻게 마음의 고요함을 얻을 수 있겠는가? 마음을 판단 없이 지켜보려 아무리 노력한들, '내 마음이다' '내 고통이다'라고 뒤엉켜 있는 채로 어떻게 비판단非判斷이라는 것이 가능하겠는가? 그냥 내 마음, 내 기분을 있는 그대로 바라보기만 하면 충분하다는 잘못된 가르침 때문에, 계정혜 삼학의 깊은 철학적 사유는 제대로 전달되지 못했다. 명상은 있는 그대로 느끼는 것으로 충분하다는 설명 때문에, 오히려 자기 마음의 문제에 더 천착하고 몰입하는 부작용이 생겨났을 뿐이다. 우리는 오래된 마음의 문제를 원데이 클래스로 마비시킬 수 있다는 만용에 빠져 있다.

《마음챙김의 배신》을 쓴 로널드 퍼서Ronald Purser가 지적하는 것도 이러한 맥락이다. 그는 마인드풀니스가 그저 있는 그대로 지켜보기만 하면 모든 문제가 사라진다는 식의 감언이설로 전달되고, 그로 인해 스트레스나 불안을 개인의 문제일 뿐이라고 축소하는 입장에 힘을 싣게 되었다고 지적한다. 오직 내적으로 평온해진다고 해서 모든 문제가 해결될 리 없고, 사회 경제적인 문제들이 산적해 있는데도 평온의 가치를 지나치게 강조하는 것 또한 비판의 대상이 된다. 불교 전통의 핵심적인 가치인 이타성, 윤리성, 사회성 등의 중요한 덕목들이 사라진 채, 마인드풀니스는 단지 자신의 내적 평온을 추구하는 이기적인 지침으로 변질되어가고 있는지도 모른다.

계정혜는 연속되어 일어나는 과정이자 동시에 작동하는

주요한 축이다. 계와 정과 혜는 서로 유기적 관계에서 작동된다. 계가 없으면 정이 생기지 않고, 정이 없으면 혜가 자라지 않는다. 또한 혜가 없으면, 계와 정은 올바른 방향으로 나아가지 못할 수 있다. 계정혜 삼학은 지혜로운 삶의 세 가지 축이며 서로 관련을 맺고 있는 체계이기 때문에 이 중에 하나만 취사선택해서 자기에게 유리하게 활용하는 방법 같은 것은 존재하지 않는다. 나무에 뿌리가 없다면 그저 조화일 뿐인 것처럼, 계정혜라는 체계를 모른 채로 그저 현재의 마음 상태에 집중해보는 수준의 인스턴트 마인드풀니스 테크닉은 우리에게 의미 있는 변화를 가져다줄 수 없다. 그저 이기적인 목적을 품고 시작한 명상은 오히려 번뇌로 가득 찬 경험이 되고, 결과적으로 당사자에게 스트레스만 더 촉발할 수 있다. 물론 그냥 잠만 좀 잘 자고 싶고, 마음이 조금 가벼워지기를 원한다면 그렇게까지 심각하게 생각하지 않아도 된다. 모두가 수승한 지혜를 추구할 수는 없을 테니까. 유튜브에서 편안한 수면 음악이 나오는 클립을 찾아 틀고, 머릿속으로 '다 잘될 것이다'라며 스스로 토닥토닥해주는 것도 어느 정도는 도움이 될지 모른다. '들숨에 좋은 기운이 들어오고, 날숨에 부정적인 마음이 빠져나간다'라고 생각하며 그저 '기분 좋음'을 추구한들 그 또한 스스로의 자유일 것이다. 하지만 겨우 그런 것이 원하는 바의 전부라면 굳이 명상을 시도할 이유도 딱히 없다. 재미있는 것이 넘쳐나는 시대에, 방석 위에 몇 시간이고 앉아 호흡을 느낄 필요가 있는가? 좋아하는 사람들과 맛있는 음식을 먹고, 적당히 와인 한잔 기울이면 지금보다는 기분도 컨디션도 좋아질 것이다. 스스로에게 물어보라. 나는 그냥 좀 편안해지고 싶고 좋은 기분을 느끼고 싶은가? 아니면 인류의 정신적 자산으로 여겨지는 명상 수행의 본질적인 영역에 들어가보고 싶은가? 만약 답이 후자라면, 당신은 위빠사나 수행을 시도할 준비가 된 사람이다.

계를 바탕으로, 정을 쌓아 올려, 혜를 이룩하는,
지혜의 문 앞에 당신은 서 있다.
이제 문을 열 시간이다.

지혜를 닦는 통찰 수행, 위빠사나 수행기

―

지식과 지혜는 다르다. 지식은 머리로 얻지만 지혜는 몸과 마음으로 성취해나가는 여정이며 그 결과물이다. 누구든 지식을 쉽게 얻을 수 있는 시대이지만 아무나 지혜를 얻을 수는 없는 까닭이다. 아무리 지식을 쌓고 또 쌓아도 충분하지 않다고 느껴본 적이 있는가. 가장 깊은 단계의 통찰이란 어떤 것인지 궁금해본 적이 있는가. 지혜를 닦는 통찰 수행, 위빠사나 Vipassanā 는 그런 당신을 위한 수행의 길이다.

◎

 처음 명상을 배우기 시작했을 때, 나의 목표는 단지 마음의 평온과 치유였다. 마음이 괴로워서 시작한 명상이었기에 그저 지금의 괴로움이 조금이라도 편안함으로 바뀌기를 기대하며 명상 수업에 참여했다. 부드러운 명상 음악, 공간을 채우는 푹신한 방석, 라벤더와 레몬그라스 향 같은 것들. 친절한 명상 선생님이 미소로 반겨주고 수업 시간 내내 부드러운 목소리로 다양한 가이드 멘트를 전해주면, 몸과 마음이 편안해지는 것 같았다. 아름답게 울려 퍼지는 싱잉볼 소리에 몸을 맡기면 마음의 번뇌가 조금씩 녹는 느낌이었다. 그렇게 두세 달이 지나자 명상 수업에 참여하는 것은 나의 자연스러운 취미 혹은 루틴이 되었다.
 여느 날처럼 명상 수업 시간에 맞추어 차를 타고 강남으로 향하던 그 날은 아침부터 그리 컨디션이 좋지 않았다. 덕분에 조금 꾸물거리게 됐고, 그래서 출발이 늦었고, 설상가상으로 차가 많아 도로 사정도 좋지 않았다. 이제 몇 개의 신호만 잘 지나가면 되는데, 차들은 연신 내 앞으로 끼어들었고, 그 때문에 충분히 갈 수 있었던 신호등 앞에서 발이 묶였다. 어찌어찌 시간을 맞출 수도 있겠다는 기대감에 차

있던 나는 핸들을 두 손으로 내리치며 소리를 질렀다. "아, 진짜 짜증나, 운전을 저따위로 하다니! 이제 완전히 늦었잖아!" 내 두 눈은 뜨겁게 달아올라 이글댔고, 꽉 쥔 두 손의 긴장과 분노가 어깨와 목덜미까지 전해졌다. 그리고 곧장 생각했다. '지금 내가 뭐 하고 있는 거지?' 마음을 평온하게 하고 싶어 명상하러 가는 길에, 나는 스스로 마음의 고통을 일으키고 있었던 것이다.

명상을 배우고 그것이 삶에 스며들고 있다 생각했지만, 내 착각이었음을 깨달았다. 그리고 내가 뭔가 배우고 있다고 생각했지만, 아직도 배울 것이 한참 남았다는 사실도 느낄 수 있었다. 수업에 참여할 때만 마음이 편안하고, 평상시엔 여전히 분노와 짜증에 사로잡힌다면 나는 대체 지금까지 무엇을 해온 것이지? 커다란 의문이 내 마음 안에 떠올랐다. 그리고 이 자괴감 섞인 의문 덕분에, 나는 보다 본질적인 명상 수행의 길을 공부하고 실천하고 싶다는 열망을 마음에 품을 수 있었다.

불교의 선학禪學과 명상 수행을 박사 과정 전공으로 택한 것은 이런 이유에서였다. 가이드 멘트를 듣고 일시적으로 마음이 편안해졌다고 느끼는 수준이 아니라, 정말로 내 삶을 전환할 수 있는 수행, 인류의 정신적 자산으로서 정통성과 체계성을 갖춘 학문적이며 실천적인 체계의 본질을 경험하고 그것을 내 삶으로 들여오고 싶었다. 제대로 된 선생님을 만나고, 내 삶과 의식을 특별한 수준으로 끌어올려 정말로 '좋은 존재'가 되고 싶었다. 신성이나 여타의 매개자에게 바라는 것을 갈구하는 것이 아니라, 있는 그대로의 내 존재 자체로 삶의 정수에 다가서고 싶었다. 그동안의 수많은 노력, 원치 않았던 방황과 내적 고통, 이 모든 것이 결국 어디로 향해야 하며 무엇이 되어야 하는지 깨닫고 싶었다.

세계의 주요한 종교들은 모두 명상이라 불릴 수 있는 나름의 체계와 방식을 갖고 있다. 묵상과 기도도 넓게는 명상의 일환으로 보기도 한다. 하지만 내 마음에 들어온 것은 결국 '마인드풀니스'와 관련된 가치들이었다. 있는 그대로, 판단하지 않고 수용하며 그것을 통해 현재를 산다는 서구 심리학자들의 설명에 호기심을 갖게 되었고, 그 모든 설명의 기저에 불교 철학이 존재한다는 것을 알았기에 나의 선택은 자연스럽게 불교명상이 될 수밖에 없었다. 그중에서도 의식의 뿌리로 내려가 마음의 깊은 차원을 탐색하도록 체계적인 틀을 제공하는 상좌불교Theravada Buddhism의 전통에 주목하게 되었다. 그리고 결론부터 이야기하자면, 이것은 내 인생의 최고의 선택, 최고의 공부였다.

남아시아와 서남아시아의 유구한 문화 속에서 2500년이라는 긴 시간 동안 보존되고 전승되어온 이 명상의 체계는 크게 두 가지 갈래로 나뉜다. 집중과 고요함을 닦는 사마타Samatha라는 집중 수행, 지혜와 통찰을 닦는 위빠사나Vipassanā라는 통찰 수행이 그것이다. 그러나 사마타 수행은 마음을 하나에 집중하고 그 과정에서 생각과 인식을 배제한다는 점에서 다른 종교적 수행이나 몰입과 아주 많은 차별점을 갖는다고 보기 어렵다. 오직 하나의 대상에 집중하면 일상에서 느끼기 어려운 희열과 황홀경 같은 것도 맛보게 되긴 하지만, 일상으로 돌아왔을 때 그 느낌은 지속될 수도 없고 지속되어서도 안 된다는 단점이 있다. 붓다 역시 사마타를 어린 시절부터 수행했지만, 이것이 갖는 명확한 한계를 알았기에 고행과 유행을 하며 지혜를 찾기 위해 애썼다고 초기경전은 기록하고 있다.

위빠사나명상은 단순한 몰입이나 집중과 구별되는, 불교의 특별한 수행 체계다. 위빠사나가 더욱 특별한 것은 붓다께서 직접 깨달음을 얻은 수행 방법이기 때문이다. '붓다'라는 말 자체가 '스스로 깨달은 자'라는 의미이고, 그런 그가 창시한 수행 체계가 바로 위빠사나이니 우리는 단지 위대한 사람의 숭고한 수행 체계를 따라 자신을 부단히 갈고닦는 아름다운 수행자로 살아갈 수 있다. 《다비 - 위빠사나 수행기》를 쓴 명상가 정해심은 우리가 태어나 죽을 때까지 수없이 많은 육체적, 정신적 고통을 겪지만, 이 시달림 속에서 왜 시달려야 하고, 그 원인은 무엇이며, 어떻게 벗어날 수 있는지 생각해볼 기회도 없이 살아간다고 말한다. 만족과 불만족의 교차에서 오는 감성을 행복이라고 착각하고, 이내 사라질 수밖에 없는 조건적 행복을 진정한 행복으로 착각하는 것 또한 삶의 고통이라 지적한다. 지혜를 닦고 수행하고자 한다면 자신을 희생하거나 포기할 필요도, 다른 존재를 추종할 필요도 없이 그저 스스로가 스스로를 지혜로 극복하고자 하는 마음이 가장 중요하다고 강조한다.• 불상 앞에 가서 무릎 꿇고 성공하게 해달라거나 건강하게 해달라고 비는 것이 불교 수행이 아니라, 인간 붓다가 걸어간 숭고한 수행의 길을 따라 스스로 지혜에 도달하는 것이 불교 수행의 정수인 것이다.

사마타 수행을 열심히 이어간 지 한 해가 지나자, 나는 본격적으로 위빠사나 수행을 시작했다. 물론 다른 모든 시작과 마찬가지로 처음에는 쉽지만은 않았다. 호흡이 드나드는 코 아래 지점, 아주 좁은 곳에 모든 주의를 모으고 집중하기만 하면 되었던 사마타 수행에 비해, 위빠사나 수행은 시작부터 난관이었다. 앉아서 호흡에 주의를 두는 것은 같았지만, 위빠사나는 호흡이 일어날 때 배가 부풀고 꺼지는

- 정해심 지음, 《다비-위빠사나 수행기》, 에디터, 2017.

것에 마음을 두는 것이 핵심이었다. 숨이 들어와 배가 부풀면 '부풂'이라고 명명하며 알아차리고, 숨이 빠져나가 배가 꺼지면 '꺼짐'이라고 명명하며 알아차리는 것이다. 이때 요가 수업이나 여타의 명상 클럽에서 안내하듯이 숨을 일부러 깊게 들이마시려 하거나, 들이마시고 내쉬는 간격을 몇 초씩 의도적으로 조절해서는 안 된다. 인위적으로 변화를 주지 말고 그냥 쉬어지는 대로 자연스럽게, 부드럽고 꾸준하게 하면서 그 과정에서 배가 부풀고 꺼지는 움직임에만 마음을 두어야 한다. '그냥 이름만 붙이면 되는 건가? 굉장히 쉽네'라고 생각할지 모르지만 막상 시도하면 단 1~2분 집중하기도 생각보다 어려워 좌절하게 된다. 배의 미세한 부풂과 꺼짐을 인식하는 것 자체가 처음엔 어렵게 느껴지고, 그 미세한 움직임에 마음을 두자니 마음은 끊임없이 요동친다. 밀린 집안일, 며칠 전에 만났던 사람, 어제 봤던 유튜브 영상 같은 기억의 조각들이 밀려들고, 어깨의 뻐근함, 이유 없이 나타나는 가려운 감각, 자세를 바꿔 앉고 싶은 충동 같은 감각적인 현상들도 끊임없이 나타난다. 위빠사나 수행의 멋진 포인트는 바로 이 지점인데, 배의 감각에 대한 주의가 달아나게 하는 현상들이 나타날 때, 그것을 억지로 '밀어내거나 무시하지 않고 있는 그대로' 이름을 붙이며 주시를 이어가는 것이다. 가려우면 '가려움, 가려움' 하며 주시하고, 망상(잡념)이 올라오면 '망상, 망상' 하며 주시한다. 가려움을 있는 그대로 주시하는 과정에서 가려움을 내려놓고, 망상을 이름 붙여 주시하다 보면 망상을 내려놓는다. 몸과 마음에서 일어나는 모든 것을 있는 그대로 바라보며 끊임없이 마음의 집중을 이어가는 연습인 셈이다. 꽤 많은 집중의 힘이 필요하지만, 그렇다고 너무 애쓰거나 긴장하는 것도 금물이다. 시냇가에 앉아 맑은 물속에서 노는 고기를 바라보듯, 그저 연속적으로 주시하며 객관적인 마음으로 보는 연습을 이어가면 된다.

긴장은 없지만 온 마음으로 정신을 모으고, 모든 것에 열려 있으되 하나하나 빠짐없이 주시하는 위빠사나는, 처음엔 무척이나 도전적인 수행법으로 느껴진다. 그저 한곳에만 마음을 모으면 되었던 사마타 수행을 양궁 경기에 비유할 수 있다면, 일어나는 모든 것을 주시하며 끊임없이 관찰하고 내려놓는 과정을 반복해야 하는 위빠사나 수행은 마치 달리는 말 위에서 들짐승을 쫓는 사냥에 가까운 여정이다. 엄청난 집중과 끈기는 물론 세밀한 알아차림을 이어가야 하기에, '그냥 한번 해볼까'라는 마음으로는 수행이 진전되지 않는다. 졸음이 올 때조차 '졸음, 졸음' 하고 졸음을 주시해야 한다고 배웠지만 막상 졸리기 시작하면 주시의 힘은 저 멀리 달아나고 꾸벅꾸벅 졸기 일쑤였다. 생각이 일어나면 '생각함, 생각함'이라고 해야 했지만 온갖 생각들로 성대한 파티를 몇 번이고 즐긴 후에야 알아차리는 일이 반복되었다.

제대로 몰입해보고 싶어서, 인간 붓다의 길을 따라가보고 싶어서 나는 열흘간 위빠사나 수행을 하기로 결심했다. '그래도 내가 명상 구력이 몇 년인데'라며 어쭙잖은 자신감을 품고서 수행처에서의 생활에 도전했다. 하지만 그간의 경험은 다 무엇이었던가, 위빠사나 수행을 본격적으로 시작하고 나서 전에 없던 새로운 어려움들이 일어났다. 배를 주시해야 하는데 마음은 여전히 익숙한 곳인 코끝에 맴돌았고, '이렇게 하면 뭐가 있는 걸까?' '나 잘하고 있는 걸까?'라는 망상이 끊임없이 나를 괴롭혔다. 사마타 수행을 이어가며 다 정복했다고 생각한 통증의 문제가 가장 심각했다. 허리는 그래도 버틸 만했는데, 무릎이 문제였다. 분명히 한 시간을 앉아 있어도 별 통증을 느끼지 않았었는데, 어쩐 일인지 10분만 앉아도 피가 통하지 않고 다리가 끊어질 것 같은 느낌이 들자 수행홀로 들어가는 것이 두려울 지경이 되었다. 하지만 여기에 머물 순 없었다. 나는 그저 앉아서 지켜보고 싶었다. 내게 일어나는 이 많은 상념과 감각을, 오래전 붓다께서 그러했듯 나 역시 고요히 앉아 주시하고 그로 인해 지혜의 힘을 얻고 싶었다. 비록 아직은 수행이 부족해 수많은 상념에 지고, 졸음에 굴복하고, 다리가 끊어질 것처럼 아파 온몸이 식은땀으로 뒤덮이고 부들부들 떨리지만 한 번 시작한 공부, 부끄럽지 않게 그 길을 걸어가보고 싶었다.

하루에 열다섯 시간 이상 오직 몸과 마음에 일어나는 모든 현상을 주시하는 노력을 이어간 지 8일째로 넘어가면서, 초반에 느꼈던 몸과 마음의 피로감이 서서히 걷히는 것을 느꼈다. 몸에 일어나는 현상과 마음에 일어나는 현상을 구분하고 있다는 자각이 일어났고, 끝도 없이 생겨나던 망상과 몸의 통증도 서서히 잠잠해졌다. 주시의 힘이 점점 커지니, '온전히 주시하면 사라진다'라는 말이 무엇인지 이해할 수 있었다. 주시의 힘이 약할 때는 매 순간이 걸림돌이고 도전이었는데, 그 힘이 커지자 매 순간이 다만 배움의 디딤돌이 되었다.

내게 일어나는 모든 현상을 그저 있는 대로 알아차리는 위빠사나 수행을 통해, 나는 비로소 이완, 집중, 지혜로 이어지는 불교 수행의 여정에 온전히 안착했다고 느낄 수 있었다. 방석 위에 앉을 때만 명상하는 자가 아니라, 삶의 호흡이 일어나는 모든 순간에 명상적인 삶을 선택하는 자가 되어야겠다는 깨달음도 일어났다. 중년의 나이라는 길목에서 내린 공부라는 내 인생의 선택은 틀리지 않았음을 깨달았다. 수행의 여정은 고달프기도 했지만, 살아가며 한 번도 경험하지 못했던 특별하고 신비한 순간으로 나를 인도하기도 했다. 하지만 그 또한 찰나에 지나가는 무상한 것일 뿐, 집중의 대상은 아니었다. 아홉째 날 밤, 좌선 도중 별안간 머리가 하늘로 열리는 듯하고 우주의 모든 별이 내 머릿속으로 쏟아져 내리는 것 같았던 환상적 경험조차도, 그 경험에 빠져들어 자만하지 않고 그저 '보임, 보임' 하며 주시했다. 나는 알고 있다. 나의 경험, 나의 노력, 나의 수행이라는 생각조차 내려놓기까지, 이 모든 번뇌로부터 완전히 자유롭기까지는 여전히 많은 여정이 남아 있다는 것을. 하지만 매일 자신을 닦아가는 나에 대한 믿음과 존중은 붓다의 유언인 '자등명 법등명'의 가치로 내 가슴에서 작동하며 나를 응원하고 좋은 삶으로 향하게 만든다. 매일 아침 감사와 자애의 마음으로 눈을 뜨고, 고요히 앉아 '부풂, 꺼짐'으로 하루를 시작한다. 아직 멀었지만, 그래도 감사하다. 아직 많이 부족하지만, 이 삶이 좋다. 있는 그대로의 알아차림과 붓다의 수승한 수행을 삶에 받아들이고 걷는 이 한 호흡 한 호흡이 사무치게 애틋하다. 집착 없이 두려움도 없이, 내게 주어진 삶의 여정을 걷고 싶다.

  물론, 당신과 함께 이 길을 걷는다면 더 좋겠다.

Awareness Journal

조용한 곳에 자리를 잡고 앉아, 타이머를 켜세요. 숨이 들어와 배가 부풀면 '부풂'이라고 명명하며 알아차리고, 숨이 빠져나가 배가 꺼지면 '꺼짐'이라고 명명하며 알아차려보세요. 다른 생각이 떠올라 호흡에 대한 알아차림을 놓치면 '생각함, 생각함'이라고 다시 명명하며 그 순간의 경험을 알아차림해보세요. 그러고 나서 다시 '부풂, 꺼짐'을 알아차리는 것으로 돌아오세요. 이 과정을 계속 반복해보세요. 적어도 10분간 이것을 시도하고 나서, 아래의 내용을 기록해봅니다.

배의 미세한 부풂과 꺼짐에 집중하는 것이 처음부터 쉽지는 않았을 것입니다. 가장 어려운 점은 무엇이었는지 기록하고, 나는 어떻게 대처했는지에 대해서도 기록해보세요.

10분으로 시작해 15분, 20분으로 전체 훈련 시간을 늘려가세요. 그러고 나서 '있는 그대로 온전히 주시하면 사라진다'라는 말에 대해 숙고해보세요.

어떤 의도를 갖고 살아갈 것인가

―

매일 아침, 잠에서 깨면 나는 몸을 정갈히 하고 침대 발치에 놓여 있는 나의 좌선 자리에 앉는다. 그리고 아침 수행을 하기 전, 잠시 느껴본다. 마음이 평온한지 조금은 불편한지, 몸은 컨디션이 좋은지 조금은 좋지 않은지 본다. 그리고 고요히 물어본다. '오늘 너의 삶의 의도는 무엇이지? 너는 다시 돌아오지 않을 오늘 하루를 어떻게 살기 원하지?' 나의 대답은 언제나 정해져 있다. 나의 삶은 그래서 확신으로 가득하다.

에이브러햄 매슬로Abraham H. Maslow의 욕구 위계이론은 심리학의 고전 이론 중 하나다. 인간에게는 순서대로 생리적 욕구, 안전에 대한 욕구, 소속감에 대한 욕구, 존중에 대한 욕구, 자아실현, 마지막으로 자아초월에 이르기까지 욕구의 위계가 존재하기 때문에, 앞의 욕구를 먼저 추구하고자 하는 경향성이 있다고 보았다. 이 이론을 아주 쉽게 요약한다면, '먹고사는 것이 해결되어야 그다음에 뭐라도 해볼 생각이 들지 않겠어?'가 될 것이다. 위계이론은 다양한 문화권에 보편적으로 적용되기 어렵고, 욕구의 위계 서열이 반드시 단계적이지만은 않다는 비판도 존재하긴 했지만, 그럼에도 여전히 참고할 만한 가치가 있다. 삶이 어려운 지점에 부딪혀 멈춰 있거나 좌초한 것 같다고 느낄 때, 우리는 우리의 욕구들을 하나하나 살펴보며 삶의 어느 단계를 조정해나가야 할지에 대한 혜안을 얻을 수 있다.

매슬로의 이론에 삶을 빗대어보면, 어쩌면 우리는 인생의 상당한 시기를 1단계에서 3단계까지를 확고히 만드는 데 쓰는 것 같다. 생존을 위한 1단계는 당연히 전 생애를 걸쳐 지속되는 욕구이니 당연하다 치고, 안전에 대한 욕구, 즉 주거와 건강, 경제적, 신체적 안정에 대한 욕구 역시 사회생활이 시작되는 즈음부터 점점 더 강렬해지고 견고해진다. 3단계 소속감과 사랑의 욕구는 어떤가. 우리는 가족, 친구, 연인, 배우자, 이외의 다양하게 소속되어 있는 집단 안에서 정서적 유대를 갈구한다. 외로움과 소외감은 마음의 큰 고통으로 이어져 다음 단계의 욕구 추구가 불가능한 무기력 상태로 우리를 이끌고 가기도 한다.

열심히 출근해 돈을 벌고, 번 돈을 가지고 좋아하는 사람들과 맛있는 밥을 먹고, 나에게 맞는 연인을 만나기 위해 노력하고, 결혼해 좋은 가정을 꾸리기를 꿈꾸는 것, 더 좋은 아파트에 살고 싶어 하고, 건강해지기 위해 열심히 운동하고, 친구의 경조사에 참여하는 것. 우리가 일상적으로 경험하고 또한 소망하는 많은 것이 매슬로가 말하는 1단계에서 3단계까지의 영역에 포함된다. 열심히 돈 벌고, 노력하고, 또 때로 열정적으로 놀면서 인생은 그냥 이렇게 사는 것이라고 만족하면서 그렇게 시간이 흘러간다.

4단계인 존중에 대한 욕구와 5단계인 자아실현은 일을 본격적으로 해나가며 점차 구체화된다. 커리어 경험이 늘어날수록, 노력의 성과와 보상이 쌓일수록 인간은 더 많은 존중과 자아실현 욕구를 경험하게 마련이다. 그래서 '이렇게 계속 살면 되겠구나'라는 마음이 들 때, 통장에 언제든 꺼내 쓸 수 있는 돈이 쌓여갈 때, 사지 않아도 될 것들을 살 수 있는 경제적인 여유가 생길 때 자기계발이라고 불리는 많은 행동을 시작한다. 이와 관련해 매슬로는 '나는 왜 사는 거지?' '어떻게 살아가야 하지?'라는 의문은 일종의 철학적 질문으로서 그 사람이 5단계에 들어와 있다는 것을 의미한다고 보았다.

하지만 인간의 욕구는 여기서 끝이 아니다. 욕구 위계이론을 처음 주창했을 때 매슬로는 오직 다섯 단계만을 설정했으나, 나중에 자아실현만으로 담을 수 없는 것을 설명하기 위해 '자기초월self-transcendence' 단계를 추가했다. 타인의 고통을 나의 고통과 동일하게 느낄 수 있는 공감의 능력, 종교적 헌신, 깊은 명상 경험 등으로 대표되는 '이타심'과 '자비심' '영성'의 영역이다. 욕구 위계이론의 1단계에서 5단계까지, 우리는 그저 우리 자신만을 본다. 자신의 유익이 가장 큰 목표이고, 자신의 안전과 발전이 가장 중요한 가치다. 하지만 6단계에서 자신에 대한 집중은 그저 부차적인 것이 된다. 진정 옳다고 믿는 것을 위해 자신의 굳은 생각과 이득까지도 겸허히 내려놓을 수 있는 자기초월의 단계에 들어선 사람은, 더 이상 자신만을 바라보지 않는다. 타인을 보고, 세상을 보고, 지혜의 눈으로 모든 것을 본다. '어떻게 해야 내가 이득을 얻을 수 있지?'의 문제로부터 '무엇이 옳은 일이지?' '나는 어떤 의미를 가지고 살고 있지?'라는 주제로 옮겨 온다. 이른바 '목적의식'의 영역이다.

세계적인 영적 지도자 웨인 다이어는 바로 이러한 목적의식의 중요성에 대해 강조했다. 대부분의 사람은 자기 삶의 목적을 거의 느끼지 못하고 살아간다. 그는 《의도의 힘The Power of intention》에서 이러한 목적의식과 관련해 중요한 힌트를 준다. 그의 조언을 정리하자면 다음과 같다. "직업을 고르는 일이나, 당신이 꼭 해내야 하는 그런 일들과 상관없는 마음속 공간에 자신이 머물도록 해야 합니다. 구체적인 방법은 이런 겁니다. 타인에게 순수한 마음으로 봉사하거나 당신이 갖고 있던 생각의 경계를 넘어서 마음속으로 친절을 베풀어본 적이 있나요? 아마 그 짧은 순간, 당신은 무언가 아주 근원적인 힘과 연결되었다는 느낌을 받게 될지 몰라요. 당신은 행복감과 만족감을 느낄 것이고, 또 옳은 일을 하게 되었다는 느낌을 받을 거예요."* 어떤 느낌인지 알겠는가? 이득을 얻기 위해서가 아니라, 스스럼없이 그저 내면이 이끄는 대로 누군가에게 친절이나 고마움을 표현한 순간 당신의 마음에 아주 짧은 순간 스쳐 지나가는 미세한 기쁨 같은 것 말이다. 그는 이러한 순간이야말로 우리

- Dr. Wayne W. Dyer, *The Power of Intention*, Hay House LLC, 2005.

가 조금씩 깨어나는 순간이며, 삶의 목적과 의도에 접촉하는 기회라고 조언한다. 잘 살아야 한다는 생각, 성공해야 한다는 생각, 지나치게 자신에게 몰입하는 그 마음의 습관을 내려놓고, 타인에게 순수한 마음으로 봉사할 수 있다면 그때 비로소 '목적의식'이 현실에서 힘을 갖게 된다. 5단계까지 나아가는 여정에서 인간은 스스로를 멋지게 만들기 위해 애쓰지만, 마침내 6단계에 이르면 그 모든 성취를 타인과 나누는 사람이 된다.

나를 내려놓고 타인에게 선한 마음을 일으키기, 그래서 타인의 존재에 도움이 되기, 우리는 이 내용에 이미 익숙하다. 불교의 자애 수행, 메타 바와나가 지향하는 것이 바로 이 지점이기 때문이다. 자아를 쌓아 올리고 자아를 실현하는 것 또한 중요하고 귀하지만, 우리는 자신을 아름답게 만든 후 그것을 더 많은 타인과 나누는 여정에 대해서도 생각해보아야 한다. 오직 자신만을 위해, 자기가 아는 몇 사람을 위해 살아가는 삶이 우리의 유일한 목적지가 아니라는 것을 매일 자신에게 주지할 수 있다면 그보다 더 좋을 수 없을 것이다.

고요함과 집중을 기르는 사마타 수행, 이를 바탕으로 지혜와 통찰의 힘을 기르는 위빠사나 수행, 모든 존재에게 사랑과 공감의 마음을 일으키고 나와 타인이라는 구별조차도 온전히 내려놓는 사무량심 수행. 불교의 철학과 이를 통해 정립된 수행법들은 매슬로가 정리한 욕구에서 정확히 5단계와 6단계에 연동된다. '내가 느낀다' '내가 호흡한다'가 아니라 '느낌이 있다' '호흡이 있다'라고 알아차리며 일어나는 모든 현상을 있는 그대로 관찰하고 주시하는 위빠사나 수행은, 자신의 마음에 일어나는 모든 것을 가감 없이 보게 도와준다. 남보다 잘되고 싶은 욕망, 내 생각은 언제든 옳다는 교만과 아집, 그로 인해 일어나는 분노와 어리석음을 모두 미세한 단계에서 알아차리도록 돕는다. 주시하면 사라지고, 사라진 것은 모두 무상하니 이것들에 끌려가는 일도 점차 줄어든다. 무상함을 깨달은 지혜의 마음으로, 내가 결심하고 노력하는 모든 일이 다른 모든 존재에게 귀한 도움이 되는 데 헌신한다. 그 과정에서 나는 더욱 성장하고 번영한다. 나를 내려놓는다는 것의 의미, 자기를 진정으로 초월한다는 것의 의미는 바로 이러한 방식으로 개인의 구체적 삶 안에서 실현된다. 매슬로가 말하는 자기초월의 길은, 불교의 보살행菩薩行에 본질적으로 맞닿아 있다.

우리는 우리 자신에게 끊임없이 물어야 한다. '너는 어떤 삶을 살고 싶은 거지?' '이 삶이 어디로 향하기를 원하지?' 겨우 이 한 몸이 멋지게 사는 것이 목적이 아니라, 내게 주어진 이 삶의 하루하루를 가치 있게 살아가는 것이 목적이 되어야 한다. 그리고 그 목적을 이루기 위해서, 순간순간의 내 의도에 주목하고, 그것이 오직 나의 기쁨만을 향하는지 아니면 타인을 향한 마음을 품고 있는지 지켜보아야 한다.

당신이 살아가는 그곳에 당신의 사랑을 전하는 방법을 고민하라. 아무것도 갖고 태어나지 않았지만, 이미 많은 것을 누리고 살고 있음을 기억하라. 당신이 기억하든 기억하지 못하든, 당신의 삶은 이미 누군가의 배려와 사랑으로 가득하다. 때로 부족함도 있었고, 때로 고통도 있었겠지만, 당신은 그 고통과 부족함 속에서도 여기까지 잘 견디고 살아남았다. 경쟁하기보다 협력하고, 미워하기보다 미워하는 마음을 돌아보라. 언젠가는 예고도 없이 끝나버릴 당신의 한 번뿐인 삶이, 그저 다른 모든 생명과 함께 흐르게 하라. 당신이 하는 모든 행동이, 아름다운 의도와 목적의식으로 가득하게 하라. 아름다운 의도로 당신의 정신이 채워질 때, 비로소 진정한 행복이 당신을 따를 것이다. 그 여정을 걷는 동안, 《법구경》의 말씀이 당신 삶의 빛이 되어 비추도록 하라. 괴로움을 벗어나, 삶의 진정한 기쁨에 접속하라.

정신은 현상보다 먼저 일어나는 것이고, 정신은 모든 현상 중에서 최고의 것이며, 이 모든 것은 정신으로 이루어져 있다. 그러므로 만약에 사람이 오염된 정신으로 말하거나 행동한다면 괴로움이 그를 따를 것이다. 마치 수레바퀴가 황소의 발굽을 따라 생겨나는 것처럼. 그러나 정신이 현상보다 먼저 일어나고, 정신은 모든 현상 중에서 최고의 것이며, 이 모든 것은 정신으로 이루어져 있으니 만약에 사람이 깨끗한 정신으로 말하거나 행동한다면 즐거움이 그를 따를 것이다. 이는 마치 그림자가 자기 자신을 떠나지 않는 것과 같은 이치다.●

● 《법구경Dhammapada》, 〈Dhp.1-2, 쌍의 품Yamakavagga〉

문사수 聞思修

배우고, 숙고하고, 수행으로 체화함을 뜻하는 말. 지식이 경험을 통해 지혜로 나아가는 과정을 표현하고 있다. 흔히 지식을 많이 쌓은 사람을 '유식하다' '똑똑하다'라고 표현하지만 단순히 지식을 쌓는 것[聞]에만 집중한다고 해서 지혜로워질 수는 없다는 점을 기억해야 한다. 스스로 생각하는 과정을 통해 지식을 비판적으로 숙성시키고, 수행을 통해 반복실습하는 과정이 있어야 지식이 지혜로 전환될 수 있다.

삼법인 三法印

불교 철학의 정수 중 하나로, 실존을 보는 세 개의 창에 비유할 수 있다. 모든 것은 변한다[無常], 고정된 자아라고 부를 수 있는 것은 없다[無我], 집착은 괴로운 것이다[苦]. 이 세 가지 창은 '삶을 어떻게 바라볼 것인가' '어리석은 집착이란 무엇인가'라는 질문을 담고 있다. 인간은 평생 내 것, 내 생각, 내 명성에 집착하고 고군분투하지만 이러한 모든 것이 실존을 제대로 바라보지 못하는 어리석음 때문이라고 보는 것이다. 삼법인을 온전히 이해하면 삶의 목표와 방향성이 새롭게 전환되는 까닭이 여기에 있다.

계정혜 戒定慧

여덟 가지 성스러운 길, 팔정도를 그 내용에 따라서 분류해 묶으면 계정혜라는 세 가지 방향, 즉 윤리, 집중, 지혜라는 삼학三學이 된다. 팔정도는 곧 삼학이고, 삼학은 곧 팔정도인 셈이다. 이는 마치 집을 지탱하는 세 개의 기둥에 비유되며 하나가 기울면 전체가 흔들린다고 보아야 한다. 윤리를 토대로 집중과 정서조절을 기르고, 이를 통해 통찰과 지혜를 구하는 불교 수행의 체계는 계정혜라는 표현 안에 모두 함축되어 있다. 오늘 내가 노력한 계의 요소, 정의 요소, 혜의 요소는 무엇이었는지 돌아보는 습관은 통찰의 힘을 길러줄 것이다.

위빠사나 Vipassanā

홀로 고요히 앉거나 걷거나 호흡을 하며 경험되는 신체의 감각은 물론 모든 현상을 있는 그대로 알아차리는 훈련으로, 붓다가 깨달음의 과정에서 체계화하였다. 수행방법 자체는 매우 간단하지만 수행자는 이 훈련을 통해 일상의 변화를 체감하게 된다. 자기 감정이나 생각에 '휩싸여서 경험하는 자'가 아니라 '있는 그대로 깨어 관찰하는 자'로 성장하게 되기 때문이다. 내 인생에서 스스로 괴로움을 일으키는 요소가 무엇인지 스스로 관찰할 수 있게 되며 여기에서 궁극의 지혜가 자라난다. 괴로움을 피하거나 없애지도, 좋은 기분을 추구하지도 말며 단지 그 괴로움의 정체를 지켜보는 자가 되어 그 괴로움으로부터 해방되라는 것이 붓다의 가르침이다. 깨어난 자의 지혜를 얻고 싶은가? 그렇다면 위빠사나 수행을 시작하라.

나가는 말

《어웨어니스》와 함께한 마음 여행을 마치셨군요. 수고 많으셨습니다. 그러나 이 여정은 여기서 끝이 아닙니다. 지식은 또 다른 지식으로 대체되곤 하지만, 지혜는 여러 번 숙고하고 몸으로 실천하며 쌓아가는 것이기 때문입니다. 마음이 시끄럽거나 어려운 결정 앞에 있을 때, 괴로운 감정이나 힘든 관계로 혼란할 때, 이 책의 어떤 페이지로든 돌아오기 바랍니다. 이 책을 통해 자기 자신과 연결되고, 마음의 소리에 알아차림할 수 있기 바랍니다. 하지만 가장 좋은 것은 아마도, 당신이 경전의 가르침에 귀 기울이고 개인 수행을 이어나가 더 이상 이 책이 필요 없어지는 지점이겠지요. 삶을 바꾸는 것은 언제나 작은 선택이었습니다. 그 선택의 길목에서 이 책이 지혜의 문으로 들어서도록 돕는 문지기 역할을 했다면 저는 그것으로 충분합니다.

저의 글을 기꺼이 감수해준 서울불교대학원대학교 정준영 교수님께 깊은 감사의 말씀을 드립니다. 김영사와, 한 권의 책이 세상에 나오기까지 모든 순간 진심 어린 존중과 귀한 재능으로 함께해준 이정주 편집자님께는, 다음 책도 꼭 함께하고 싶다는 말씀으로 감사 인사를 대신합니다. 또한 김성태 팀장님께도 깊은 고마움을 전합니다.

이 책을 펼친 모든 분의 삶이 평온과 지혜로 채워지기를 발원합니다.

AWARENESS